U0139148

核心素養的課程發展與設計

課程學的想像

蔡清田　著

五南圖書出版公司 印行

序

　　因應「十二年國民基本教育」108新課綱改革與素養導向教學創新，本書是升級版的「課程發展與設計」，強調「核心素養」的「課程發展與設計」，指出「課程即科目」、「課程即目標」、「課程即計畫」、「課程即經驗」與「課程即研究假設」、「課程即核心素養」等六種課程理念及其相對應的「精粹主義」、「經驗主義」、「社會主義」、「科技主義」、「專業主義」與「重構主義」等六種課程理論，並將課程有如塊莖一般延伸擴展的「理念建議的課程」、「官方計畫的課程」、「教材支援的課程」、「實施教學的課程」、「學習獲得的課程」、「評量考試的課程」、「評鑑研究的課程」等進行回顧分析前瞻綜整，並透過核心素養的「課程校準」加以重構爲緊密連結的「核心素養之理念建議的課程」、「核心素養之官方計畫的課程」、「核心素養之教材支援的課程」、「核心素養之教學實施的課程」、「核心素養之學習獲得的課程」、「核心素養之評量考試的課程」、「核心素養之評鑑研究的課程」，進而探究核心素養的課程學想像研究與重構主義課程理論重新建構後的課程研究發展。

　　本書的完成要特別感謝恩師黃光雄教授的提攜與陳伯璋教授的指導，一方面將「核心素養」視同「十二年國民基本教育」課程發展與設計的DNA，作爲各教育階段及各領域／科目課程設計的核心，強化各教育階段之間的課程連貫，以及領域／科目之間的課程統整，更透過「課程想像」創新「核心素養的學校本位課程發展RPDIEM模式」、「核心素養課程實施教學設計OSCP模式」與「核心素養的SIE學習模式」及「核心素養的SIEA學習評量模式」，以重構「十二年國民基本教育」的核心素養課程研究發展；另一方面可作爲各大學教育研究所及師資培育中心「課程發展與設計」上課研用書，更可供各級學校教師資格考與教師甄試及教師專業發展學習社群共同備課、觀課、議課之專書。

目 次

第一章

核心素養之課程研究發展設計

　　21世紀人類已從水力、電力、自動化製造升級為「人工智慧」（Artificial Intelligence, AI）製造整合系統「工業4.0」社會，智慧生活涵蓋智慧手機、智慧家電、智慧城市、第5代行動通訊人工智慧物聯網（5th Generation Mobile Network of Artificial Intelligence of Things, 5G AIot），「聯合國教育科學文化組織」（United Nations Educational, Scientific and Cultural Organization）、「經濟合作開發組織」（Organisation for Economic Cooperation and Development）、「歐洲聯盟」（簡稱歐盟）（European Union）皆倡導以「核心素養」（core competence）培養新世紀人才（OECD, 2021），激發了核心素養「課程發展與設計」（curriculum development and design）的「課程想像」（curriculum imagination）。

　　本書是升級版的「課程發展與設計」，強調核心素養的「課程發展與設計」，探討「課程即科目」、「課程即目標」、「課程即計畫」、「課程即經驗」、「課程即研究假設」、「課程即核心素養」等課程理念，及「精粹主義」、「經驗主義」、「社會主義」、「科技主義」、「專業主義」、「重構主義」等課程理論；透過「課程想像」將核心素養視同課程發展與設計的DNA，以核心素養作為各教育階段及各領域／科目課程發展核心，設計「教育階段核心素養」及「領域／科目核心素養」，並進行核心素養課程校準，將不同層次的「理念建議的課程」、「官方計畫的課程」、「教材支援的課程」、「教學實施的課程」、「學習獲得的課程」、「評量考試的課程」、「評鑑研究的課程」，重構為緊密連結的「核心素養之理念建議的課程」、「核心素養之官方計畫的課程」、「核心素養之教材支援的課程」、「核心素養之教學實施的課程」、「核心素養之學習獲得的課程」、「核心素養之評量考試的課程」、「核心素養之評鑑研究的課程」，可透過核心素養「課程發展」促進「個人發展」與

「社會發展」，並重構課程理念與課程理論。因此，本章探討第一節核心素養的課程研究、第二節核心素養的課程發展、第三節核心素養的課程校準。

第一節　核心素養的課程研究

因應國際潮流，我國自1968年歷經三波國民教育改革（黃光雄、蔡清田，2017），第一波「九年」國民義務教改重視「學科知識」；第二波國民中小學「九年一貫」課程改革強調培養學生帶得走的「基本能力」（教育部，1998）；第三波「十二年國民基本教育」課程綱要培養新世紀「核心素養」（教育部，2014）。十二年國民基本教育新課綱核心素養，緣自2005年陸續啟動中小學課程發展基礎研究，並經國家教育研究院「十二年國民基本教育課程研究發展會」（又稱「課程發展委員會」）及教育部「十二年國民基本教育課程審議會」（又稱「高級中等以下學校課程審議會」）審議通過《十二年國民基本教育課程發展建議書》（國家教育研究院，2014a）與《十二年國民基本教育課程發展指引》（國家教育研究院，2014b）作為研修課綱建議，教育部2014年11月28日公布《十二年國民基本教育課程綱要總綱》（教育部，2014），並於2019年8月1日（108新學年）正式實施十二年國教新課綱（簡稱108新課綱）核心素養。是以本節核心素養的「課程研究」，先回顧過去並分析現在及前瞻未來課程理念及課程理論，再就課程學研究、課程研究方法進行探究。

一、課程理念

「課程」（curriculum）是什麼（Deng, 2021; Pacheco, 2012）？眾說紛紜如同在不同角度觀察到不同「課程現象」（curriculum phenomenon），例如：家長認為課程是教學「科目」（鄭志強，2021）、教師重視「教科書」（李子建、黃顯華，1996）、行政主管強調課程是「目標」（黃政傑，1991）、學者主張課程是學校教育「計畫」（Clandinin & Connelly, 1992）、學生學習「經驗」（Jackson, 1992），有如蘇東坡所云：「橫看成嶺側成峰，遠近高低各不同；不識

廬山真面目，只緣身在此山中。」黃光雄、蔡清田（2017）曾從科目、經驗、目標、計畫、研究假設等向度分析課程現象的「課程理念」，本書則新增「課程即核心素養」的課程理念，以下說明之。

(一)「課程即科目」

「課程即科目」（curriculum as subject）是傳統課程理念（黃光雄、蔡清田，2017；周淑卿、白亦方、林永豐、黃嘉雄、楊智穎，2021；Ornstein & Hunkins, 1993），學科知識是主要學科內容。例如：1893年「美國教育學會」（National Education Association）《中等學校教育十人委員會報告書》（*Report of the Committee of Ten on Secondary School Studies*），建議以拉丁文、希臘文、英文、語言、數學、物理、化學、歷史、政治、地理等傳統學科作為中學科目，此種「精粹主義」（Essentialism）長久以來影響美國中學課程（Willis, Schubert, Bullough, Kridel, & Holton, 1994）。又如英國1988年「國定課程」（The National Curriculum）強調英語、數學、科學等核心科目及歷史、地理、科技、藝術、音樂、體育和現代外語等基礎科目，我國《十二年國民基本教育課程綱要總綱》「部定課程」強調語文、數學、社會、自然科學、健康與體育、藝術、綜合活動、科技等領域／科目（教育部，2014），都說明「科目」是政府官方及教師強調的課程（黃政傑，1991；Marsh, 1997）。

就科目功能而言，「課程即科目」強調學科的重要性，例如：宋儒朱熹強調科目課程指出「寬著期限，緊著課程」，又謂「小立課程，大做工夫」，科目可使教師教學引導學生於學科上獲得知識，其優點是清楚區分領域科目方便管理；而且課程組織重視知識結構，例如：英國漢米爾頓（Hamilton, 2009）認為課程可回溯到1633年格拉斯哥大學（University of Glasgow）文件記載curriculum係指學生所須修習的多年期進程，重視科目內容的結構連貫性（structural coherence）與內在順序性（internal sequencing）（楊俊鴻，2018），甚至科目內容具體的教科書也常被當成課程，強調課程要忠實反應學科知識，師生都要瞭解學科知識。

黃光雄、楊龍立（2012）認為「課程即科目」是狹隘觀念有不足之

處，其一是忽略學生對於學習活動的主觀認知、創造思考能力，使學生處於被動接受的角色；其二是忽略教學過程動態因素，成為學科內容之單向灌輸，導致教師重內容而輕過程；其三是易將課程淪於「教材本位」，課程內容與教學過程兩者截然分開是不當的；其四是忽略課程設計的引起動機、教學活動、師生互動；其五是只注意學科知識權威性，忽視學生個別差異。因此，黃炳煌（1982）認為此種定義下，課程改革易流於科目間上下左右搬動、上課時數調整、教材內容粗略增刪。

(二)「課程即目標」

　　「課程即目標」（curriculum as objectives），將課程視為「目標」是預期達成的結果（Bobbitt, 1918; Charters, 1923），不論是教育目的（purposes）、宗旨（aims）、一般目標（goals）、具體目標（objectives）、行為目標（behaviour objectives）或表現目標（performance objectives）皆可由學習行為改變展現其成果。圖1-1泰勒的「目標模式」（objectives model）是「課程即目標」的典型代表（黃光雄、蔡清田，2017；黃政傑，1991），這源自美國「八年研究」（The Eight Year Study）「課程與教學的基本原理」的泰勒原理（Tyler, 1949）：(一)學校應達成哪些目標？(二)要提供哪些學習經驗才能達成目標？(三)如何有效地組織學習經驗？(四)如何確定這些目標已經達成？強調課程設計人員以學生行為及內容的「雙向分析表」來敘寫具體目標，並根據目標設計課程，重視「目標掛帥」引導選擇學科知識及學習經驗，強調目標與手段的連結，最後的評鑑在判斷目標達成程度。

　　各國政府經常透過「課程目標」作為課程定義，例如：1989年美國總統布希（George Bush）召集全國教育會議並建議六大國家教育目標，1993年美國柯林頓（Bill Clinton）總統簽署「目標2000：教育美國法案」（Goal 2000: Educate America Act），除保留布希政府六項國家教育目標外，又新增兩項目標（高新建，1997；黃光雄、蔡清田，2017）；我國《十二年國民基本教育課程綱要總綱》則將過去《國民中小學九年一貫課程綱要》與《普通高級中學課程綱要》整合為一套《十二年國民基本教育課程綱要總綱》（教育部，2014），更將過去各教育階段分立的課

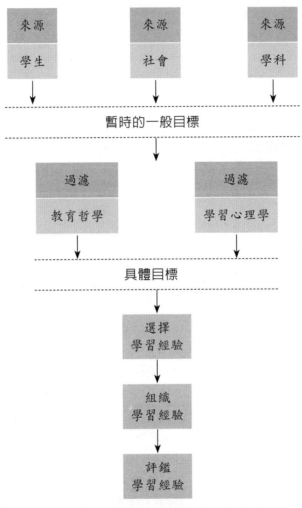

§圖1-1 泰勒的目標模式課程設計

程目標統整為「十二年國民基本教育」四項總體「課程目標」：「啟發生命潛能、陶養生活知能、促進生涯發展、涵育公民責任」。

可見「課程即目標」的理念具有統一目標、易進行課程評鑑的優點（Bobbitt, 1918），透過目標管理以提升效率，如「目標與關鍵成果」（Objectives and Key Results，簡稱OKR）及「關鍵表現指標」（Key Performance Index，簡稱KPI），並將課程視同製造產品的生產線，透過

運用「科技主義」（Technologism）控制品質以合乎教育績效（Bobbitt, 1924），其特色在教學前確定學生起點行為，並列出可測量的具體目標，引導學生完成預定工作。此種目標導向課程，往往將課程定位為預定目標，導致過度重視預期學習結果，漠視教學內容與方法過程，忽略學習者的個別經驗（黃政傑，1991）。

(三)「課程即計畫」

「課程即計畫」（curriculum as plan），是從事前角度來規劃課程（Glatthorn, Carr & Harris, 2001; Pratt, 1994），主張課程是預先規劃的「計畫」（Schubert, 1986），如課程綱要與學校課程計畫皆具「課程即計畫」的意義。教育部的《十二年國民基本教育課程綱要總綱》、《普通高級中學課程綱要》、《職業學校群科課程綱要》、《國民中小學九年一貫課程綱要》等課程綱要都是課程政策計畫，課程綱要總綱包括：課程目標、核心素養、領域／科目、每週教學時數、實施通則；而《領域／科目課程綱要》則決定學科目標、領域／科目核心素養、學習重點、時間分配、實施方法。「課程綱要」更影響學校課程計畫的規劃，如《十二年國民基本教育課程綱要總綱》指出，學校課程計畫至少包含總體架構、校訂課程規劃、各領域／群科／學程／科目之教學重點、評量方式及進度等，學校課程計畫由「學校課程發展委員會」審議同意後，陳報各該主管機關備查（教育部，2014）。

「課程即計畫」強調事先規劃可達成預期結果，此為「課程即計畫」之優點（黃政傑，1991）。但易受下列批評：其一往往重視官方課程計畫、重視社會價值傳遞，偏向「社會主義」（Socialism）意識型態；其二是課程實施不同於課程計畫，因此課程規劃人員難以單方面從事前規劃的計畫，來瞭解學校實際教學過程與教學結果；其三是要求教師必須依預定課程計畫進行實施，否則事前規劃的努力便是徒勞無功，因此「課程即計畫」的觀點容易形成監督管理與控制的手段（Tanner & Tanner, 1995），不易探討學校實際運作課程，漠視教師在課堂隨機應變另類思考；其四是「課程即計畫」容易忽略學習的複雜過程或學生的「經驗課程」。因此，極可能忽略「潛在課程」（hidden curriculum）與「懸

缺課程」（null curriculum）之發現處理（蔡清田，2016）。

(四)「課程即經驗」

「課程即經驗」（curriculum as experience）將課程視為一種「學習經驗」，是學習者、學習內容與教學環境之間交互作用後所產生的經驗歷程與結果，黃炳煌（1982）、黃政傑（1991）、杜威（Dewey, 1900）、泰勒（Tyler, 1949）皆主張「學習經驗」是指學習者與其所處情境之間的交互作用。派那（Pinar, 2015）強調課程是生活的教育經驗（Educational Experience as Lived），課程拉丁字根currere是指由過去到現在到未來不斷在跑道（race course）往前跑的經驗（running the course），如同求道之旅（pilgrimage）（Pinar, 1976），不同於靜態跑道、不同於預定目標、更不同於教科書。傑克森（Jackson, 1992）強調學生從學校科目獲得學習經驗外，也從學校開學典禮、畢業典禮、運動會及各種活動獲得學習經驗，甚至有意無意習得「潛在課程」。因此，重視學生從學校情境獲得學習經驗的「情境模式」（situational model）課程設計（Skilbeck, 1984），其基本假定是以個別學校作為課程發展焦點，是促進學校改變的有效方法。圖1-2史克北的「情境模式」課程設計（黃光雄、蔡清田，2017），有五項主要構成要素，第一項是分析情境，第二項是擬定目標，第三項是設計課程方案，第四項是實施課程方案，第五項是課程評鑑。可見「情境模式」是一折衷模式，涵蓋「目標模式」和「歷程模式」，針對學校文化情境分析進行課程設計，較具有彈性與適應性。

「學習經驗」意指學生是學習的參與者，針對有興趣的情境進行學習，而且教師可藉由布置教學環境、安排學習情境，並引發學生學習動機習得可欲的學習經驗。因此，課程設計的原則是提供可欲的學習經驗，而不只是提供學生所面對的事物而已，教師必須瞭解學生興趣，才能經由安排布置環境情境以引導學生學習興趣動機。這呼應杜威強調的學習經驗（Dewey, 1902），重視學生個人學習經驗之意義理解，以學生興趣需要作為學校教育課程設計之依據。這也呼應泰勒（Tyler, 1949）將「學習」界定為「經由經驗獲得新的行為型態」，如獲得新技能、習慣、興趣、態度、思考方式、認知複雜現象的方法等都是人類學習經驗，此種「課程即

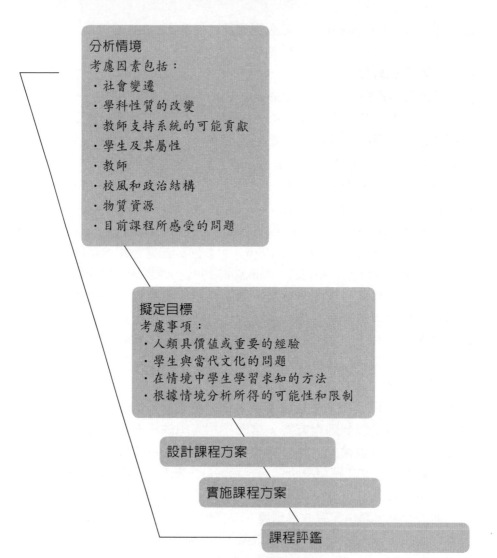

分析情境
考慮因素包括：
· 社會變遷
· 學科性質的改變
· 教師支持系統的可能貢獻
· 學生及其屬性
· 教師
· 校風和政治結構
· 物質資源
· 目前課程所感受的問題

擬定目標
考慮事項：
· 人類具價值或重要的經驗
· 學生與當代文化的問題
· 在情境中學生學習求知的方法
· 根據情境分析所得的可能性和限制

設計課程方案

實施課程方案

課程評鑑

§圖1-2　史克北「情境模式」課程設計

經驗」強調學生學習動機是內發而非外塑。因此，學校課程若能依此提供學生學習經驗，才能進一步促使學生在學習活動經驗中獲得學習和發展。

　　「課程即經驗」的優點，注重學生學習過程，特別強調學生在學習過程中的認知、技能、情意等方面之發展，重視學習活動對學生個人的教

育意義。「課程即經驗」的課程定義較為寬廣，重視「正式課程」、「非正式課程」與「潛在課程」。此種觀點強調學習者的個別差異，尊重學習者的主體性，重視學習者參與學習活動的機會，因此與「經驗主義」（Empiricism）課程理論關係密切。但由於每個學生都可能有不同「經驗課程」（experienced curriculum），易使課程意義混淆不清。因此遭受下列批評：其一是較少注意社會需求，易忽略社會文化對課程的影響，低估課程與社會之間的互動關係；其二是不能明確地區分正規學習的「正式課程」與學校活動的「非正式課程」與「潛在課程」，而且學生學習經驗的範圍廣闊，使課程研究成為高難度挑戰；其三是難有具體客觀評鑑標準，難以對學習者進行完整評鑑，教師與學生容易趨易避難，流於糖衣軟式教育。而且因為學生學習經驗包括可欲與不可欲的學習經驗，因此，教師是否應該為每一位學生的每一種學習經驗的結果負責任，這仍然是有待探討分析；其四是難以完整周全安排以順應個別學習者的需求，因此在實施方面產生困難（蔡清田，2008）。

(五)「課程即研究假設」

「課程即研究假設」（curriculum as hypothesis）強調課程是一套教學內容與方法的「研究假設」（Stenhouse, 1975），鼓勵教師透過「行動研究」以考驗課程是否具有教學的可行性（Elliott, 1998），此種課程理念與「專業主義」（Professionalism）有密切關聯（黃光雄、蔡清田，2017），重視行動研究的「歷程模式」（process model）課程實驗（蔡清田，2021；Raths, 1971）。「課程即研究假設」基本假定是校外的課程規劃人員可從教室情境之外提供課程計畫，但每一位教師都必須根據個別教室情境中的實際經驗，去接受、修正或拒絕任何普遍原則。校外的課程規劃人員必須告訴教師：「課程是在教室情境中有待考驗的研究假設」。教師必須從事探究以獲得教育理解進而開發課程潛能，課程對教室情境的教學有著不同影響，教師必須考慮其個別教室情境，而且課程研究假設有待教師在教室情境加以考驗或修正，此種觀點與教師教育專業關係密切。

「課程即研究假設」之優點，重視教師教學、學生學習思考、師生

互動等因素，同時透過課程研究發展的過程，改進教學歷程與教學結果（Stenhouse, 1983）。教師更需採取「研究假設」的教學，以教育批判方式來進行教學，藉以啟發學生心智發展，引發對未來的課程想像，因此，「課程即研究假設」重視批判教學方法，鼓勵學習者質疑、探究、討論的學習方式，而且師生關係同時也是一種民主平等、互惠協商與互為主體之關係與歷程。

然而「課程即研究假設」的理念，容易讓人產生飄忽不定、缺乏安全保障的感覺。此種具有實驗性質的課程，易造成教師莫名壓力，而且在實際的教室教學情境中，究竟學生是否真能對自己所扮演的實驗研究角色有充分認知，仍有待深入探究。此種「課程即研究假設」相當重視教師專業自主，但在教育現實中，若整體社會環境未能提供教師適當的專業發展機會，以及實際支持鼓勵等相關配套措施，則此種假設驗證的課程研究精神，容易流於形式！因此，因應新時代所需的「課程即核心素養」的課程理念便應運而生。

(六)「課程即核心素養」

「核心素養」是指個人為了健全發展，並發展成為一個健全個體，須透過教育而學習獲得因應現在與未來社會生活所不可欠缺的知識、能力與態度（陳伯璋、張新仁、蔡清田、潘慧玲，2007）；而且「聯合國教育科學文化組織」（UNESCO, 2003）、「經濟合作開發組織」（OECD, 2005）、「歐盟」（EU, 2005）皆倡導核心素養課程理念建議，此種「課程即核心素養」（curriculum as core competence）的理念具有哲學、社會學、心理學等學理依據，本書第二章會進一步說明。

「核心素養」具有課程發展與設計的理念價值（蔡清田，2020），可以將「課程即科目」、「課程即經驗」、「課程即目標」、「課程即計畫」、「課程即研究假設」加以重構為「課程即核心素養」的課程理念，例如：《十二年國民基本教育課程綱要總綱》的核心素養理念（教育部，2014），可轉化成為課程綱要的教育階段核心素養、「部定課程」的領域／科目核心素養與相對應的學習內容與學習表現、核心素養學校課程計畫、核心素養學習目標、核心素養導向教學與核心素養學習經驗，可以促

成各學習領域科目課程發展的統整與連貫，進而建構各教育階段課程的連貫體系（國家教育研究院，2014a、2014b），不僅可提升教師課程發展效能並可提升學生學習效能，促成個人發展與社會發展，因此核心素養被譽為是課程發展與設計的DNA（黃光雄、蔡清田，2017）。

　　十二年國民基本教育課程綱要核心素養，旨在協助學生學習一個核心的三面九項核心素養，以因應現在及未來社會生活，核心素養的核心強調培養以人為本的「終身學習者」，包括：「自主行動」、「溝通互動」、「社會參與」三大面向，以及「身心素質與自我精進」、「系統思考與解決問題」、「規劃執行與創新應變」、「符號運用與溝通表達」、「科技資訊與媒體素養」、「藝術涵養與美感素養」、「道德實踐與公民意識」、「人際關係與團隊合作」、「多元文化與國際理解」九大項目，透過課程發展各教育階段的先後順序，設計12歲、15歲、18歲等各教育階段核心素養及各領域／科目核心素養（蔡清田、陳伯璋、陳延興、林永豐、盧美貴、李文富、方德隆、陳聖謨、楊俊鴻、高新建、李懿芳、范信賢，2013），循序漸進學習進而建構個人、群體與全球人類生活的幸福感（楊俊鴻，2018；蔡清田，2019；OECD, 2019），本書稍後各章將詳細說明。

二、課程理論

　　如表1-1說明了上述六種課程理念，蘊涵不同課程理論之課程目的、課程立場、課程設計。

　　「課程理論」（curriculum theory）是指一套相關課程理念之間關係的理論，這是課程基礎研究的重要領域，例如：學術理性取向、認知過程取向、結構取向、內容取向等課程理論，甚至是課程哲學、課程心理學、課程社會學、課程美學（方德隆，2001；周淑卿，2021；黃炳煌，1982；黃政傑，1991；陳伯璋，2001；歐用生，2000；甄曉蘭，2004；Beauchamp, 1981; Eisner, 1994; Pinar, 2004）。課程理論一方面可滿足課程研究者的求知動機，藉由對課程變項間關係的課程研究敘述，作為觀察描述課程現象、課程理念、慎思熟慮課程問題與課程行動的理據（黃光雄、蔡清田，2017）；另一方面，可透過「課程理論化」（curriculum

§表1-1　六種不同「課程理念」的課程理論、課程目的、課程立場、課程設計

課程理念	課程理論	課程目的	課程立場	課程設計
課程即科目	精粹主義	傳遞學科學術文化遺產	學科學術取向	學科課程重視知識邏輯結構
課程即經驗	經驗主義	協助學生成為獨特個體	學生取向理論	經驗課程重視情境模式
課程即計畫	社會主義	強調社會功能、社會需求	社會計畫取向	核心課程重視社會功能
課程即目標	科技主義	透過課程為生活做準備	科技主義取向	目標模式課程設計
課程即研究假設	專業主義	引導思想民主平等	教師專業取向	歷程模式課程行動研究
課程即核心素養	重構主義	引導人類追求生活幸福	課程理論重構	概念重構後的課程研究發展

theorizing）不斷重新建構課程概念、課程現象及課程理論。

　　課程理論具有三種功能：第一個功能是「知識功能」，課程理論是對於假定存於理論中諸多關係的一種概念架構或理論組織體（Deng, 2020），可指出課程研究基礎問題及通則（McCutcheon, 1995）；第二個功能「應用功能」，課程理論可指出課程研究觀點與課程設計結構要素間關係的「課程模式」（curriculum model）（蔡清田，2016），如「目標模式」、「歷程模式」、「情境模式」可協助辨識現象及現象之間關係，進而能以系統思考概念間複雜關係，但模式並不是理論本身而是實際運作狀況縮影，藉以介紹示範設計藍圖，指引未來課程發展；第三個功能是「行動功能」，課程理論可建議或預估未來解決課程問題的途徑（黃政傑，1991）。以下就以「精粹主義」（Essentialism）、「經驗主義」（Empiricism）、「社會主義」（Socialism）、「科技主義」（Technologism）、「專業主義」（Professionalism）、「重構主義」（Reconceptualism）等六種常見課程理論加以論述。

(一)「精粹主義」理論

「精粹主義」理論強調學科知識的重要性，課程代表人類傳統理性的認知思考模式，如同我國古代的禮、樂、射、藝、書、術等六藝，或西方古代的文法、修辭、邏輯、算術、幾何、天文、音樂等七藝；或如美國1893年《十人委員報告書》（*Report of the Committee of Ten on Secondary School Studies*），建議傳統學科作為中等學校課程科目；科南特（J. Conant）、巴格萊（W. Bagley）等呼籲從學術文化遺產選擇文化精粹作為學科內容。「精粹主義」強調「課程即科目」的理念，採取傳統學科「課程立場」，重視「學科課程」的學科知識內容邏輯結構（黃光雄、蔡清田，2017），主張「課程目的」是以傳統學術為媒介，對下一代實施心智訓練，偏重傳統學科知識灌輸，課程便是學科專家透過教科書傳遞學科知識（Rugg & Others, 1969a），「課程設計方法」以教科書為中心安排主題順序指引教學內容，教師只是教科書的跟班（蔡清田，2016）。

「精粹主義」主張「課程目的」旨在傳遞學術遺產，學校的主要功能乃在於強化學生對學科知識的認知。「精粹主義」的課程內容強調學術是人類理想的智慧結晶，要成為有教養的人，就必須能理解學科的偉大著作及文化遺產精華，而且學科知識一旦組織成系統，作為教育陶冶工具最有價值。「精粹主義」的「課程設計方法」強調形式訓練，以維持傳統學科權威地位。學科專家是學科知識的守護神，是最有資格的學科課程設計人員，而教師的主要任務乃在於依據學科專家設計的學科課程內容，忠實進行課程實施，將精粹文化傳遞給學生。「精粹主義」包括三個主要論點：第一是依照學術科目分類課程；第二是教科書設計完全委諸學科專家，教師只能從教科書採擇內容；第三是依據預定的論理系統，組織教材內容，要求教師忠實進行課程實施。就課程選擇而言，由於學科知識是人類文化的精華，因此，學科知識比社會需求和學生需求更為重要。就課程組織而言，課程設計以學科知識為中心，重視「學科課程」的學科知識邏輯結構，協助學生獲得學科知識成為學術金字塔的成員。

「精粹主義」的課程設計有兩項優點，一方面由學科專家設計課本，論理組織嚴謹、內容可靠不致違反學科知識；另一方面，政府、家

長、師生也較信賴專家，甚至對能力較差、缺乏創造力的教師有一定的知識規範，不致造成嚴重錯誤。但黃政傑（1991）認為學科課程設計造成師生依賴教科書，缺乏活潑的教學創意。這種學科意識型態，使課程窄化為學科，甚至窄化為教科書；教學被窄化為教書並淪為灌輸知識；學習被窄化為教科書內容的記憶，甚至誤將教科書內容當成是真實生活世界。因此，這種傳統觀點應隨著歷史潮流而修正。

(二)「經驗主義」理論

「經驗主義」（Empiricism）理論又稱為「經驗論」，主張知識基本來源自感官經驗，此種觀點與英國洛克（John Locke）的白板理論有關，主張人的心智原本是一塊白板且是經驗註記其上，此種「課程即經驗」的理念實為傳統「精粹主義」的主要反動勢力（Kliebard, 2004），特別是杜威等「兒童中心」領導人在1918年冬集會於首府華盛頓成立「進步主義教育學會」（Progressive Education Association），此一學會陣營的「經驗主義」學者，主張「課程目的」在協助學生成為獨特個體，學生的親身經驗是學習的主要資源，學習經驗是學生與環境交互作用的結果，重視「做中學」與「問題解決法」，並且注重學習過程。課程以學生需求與興趣作為教育目標的主要來源，強調「學生本位」的經驗課程之重要性（Dewey, 1902），肯定學生主動參與學習，重視學生需求與興趣，強調教育即生活，學校是小型社會，設計課程的目的旨在幫助學生解決問題。

「經驗主義」採取學生取向的「課程立場」，重視「課程即經驗」的課程理念，強調課程存在學生的學習經驗中，學生學習經驗不同於教師教學，也與教科書內容不盡一致，因此主張教育引導學生個性發展，教師如同園丁提供成長環境，發展學生興趣與心智。課程選擇應依據學生興趣決定課程內容，「課程設計方法」依照心理順序組織學生學習經驗，這種型態稱為「活動課程」或「經驗課程」。「經驗主義」強調學生為學習的中心，知識是由學習者建構的，學生不斷學習，其知識亦不斷變化，學習者在與環境交互作用的動態過程中，不斷產生知識的學習經驗過程與結果。

泰勒（Tyler, 1949）認為杜威在美國芝加哥大學（University of Chicago）創立實驗學校，課程則以學生活動為主，重視學生的學習經

驗，開創「進步主義教育學會」倡導「青少年需求中心法」的課程設計先河，而與「概念經驗主義者」（conceptual-empiricist）及心理學「實驗主義」（Experimentalism）實徵論有關（Pinar, 1975）。此課程設計方法強調三個重點：第一強調教師責任是去發現學生興趣與經驗，並在此之上，建立教育活動；第二強調以學生興趣與經驗作為教學設計起點，因此，活動內容不能事先硬性規定的；第三重視學習者身心發展，教師應關懷學生的整個學習環境，並考慮學生的社會面向、心理面向和生理面向的發展，提供學生各種可欲的學習經驗。學校應尊重學生為主動的學習主體，並鼓勵傳統學校教育體制之外的學校課程改革，如英國夏山學校、美國自由學校與臺灣森林小學等另類學校，教師宜視學生為人性本善、獨特、主動的學習個體，而不只是班級中的一個數字號碼。黃政傑（1991）認為這種「學生本位」的「經驗主義」課程設計理念，其優點在於容易引發學習者的學習動機、參與學習活動。然而其缺失在於可能流於放任，特別是由於感染太濃的個人主義色彩未能符合社會需求。

(三)「社會主義」理論

「社會主義」理論強調「課程即計畫」的理念。這是由於進步主義教育學會強調「經驗主義」的個人價值，以致忽略社會需求而受到非議，加上美國羅斯福總統（T. Roosevelt）提倡「新政」，因此瀰漫「社會危機」與「社會改革」的氣氛。美國學者孔茲（Counts, 1932）譴責「經驗主義」可能形成無政府或極端個人主義的危險，因此呼籲「學校敢於建立新的社會秩序嗎？」，時風影響所及，社會主義逐漸受到重視。「社會主義」主張應該以社會問題為核心組織課程，學校應有智慧地處理當代生活事件，並提供師生必要的社會價值能力。例如：羅格（H. Rugg）在哥倫比亞大學（Columbia University）師範學院附設林肯實驗學校（Lincoln School）進行課程實驗，幫助學生瞭解並比較民主制度和其他制度的生活方式，培養學生批判態度，啟蒙了社會主義的理念（Rugg & Schumaker, 1928）。

「社會主義」的課程設計，強調社會計畫的重要性，主張從社會分析中，獲得學校課程目標之內容以服務社會。「社會主義」認為學校是社會代理人，其目的乃在提供滿足社會需求及合乎社會利益的課程，此種理念

分為兩派，社會適應觀認為目前社會大體上是合理的，需要加以維護；而社會重建觀則認為現存社會不健全，因此企圖建立新的社會觀並付諸行動重建理想的新社會。

「社會主義」強調社會活動或問題，此種課程理論強調課程選擇的依據是社會價值、社會活動與社會問題。此種課程理論強調選擇知識的社會價值（Rugg & Others, 1969b），強調以社會功能為課程組織核心，強調社會活動或社會問題，這種社會主義的課程設計經常以「核心課程」為形式，「課程目的」強調社會功能與社會需求，而且學校存在是為了社會有教育下一代的需要。社會適應觀認為目前社會是美好的、值得維護的，因此社會應該決定學校課程內容，引導學生學習，延續社會現有功能，而且課程應協助學生適應現存社會。而社會重建觀則認為傳統方法無法解決問題，因此企圖建立新的社會觀並付諸行動，所以課程應該提升學生的社會批判能力，培養建立新目標以促成有效的社會改變。

就「社會主義」的「課程設計方法」而言，美國課程學者卡司威爾（H. Caswell）提倡「社會功能法」（the social-function procedure），主張課程設計必須使學生容易實現其社會生活，幫助學生瞭解現實社會問題，以培養學生解決問題的社會能力（Rugg & Others,1969b）。「社會功能法」包括兩個觀點，第一是主張所謂社會功能就是在現實生活中，將個人活動、各種社會計畫及社會問題等綜整成社會核心問題，作為編制課程核心之用；第二是主張一切科目的學習應加統整，各科不可孤立，應以「核心課程」為主軸互相統整。

「社會主義」理論優點是與社會密切關聯，特別是課程設計人員協助學生獲得必要的社會知能，改善社會秩序。一方面，社會重建觀旨在喚起師生的社會批判意識，激發學生改變社會病態的意願，討論社會爭議問題，如宗教、性別、貪汙、種族歧視以改變社會結構，以重建健康、公平、正義的新社會；另一方面，社會適應觀旨在強調遵守社會秩序，重視親職教育、環境生態研究，引發大眾關心，以期改善某一社會偏差現象。但是「社會主義」流於偏重社會取向與成人本位，學習者的個人興趣容易遭到忽略，且學生個人淪為社會工具；特別是適應社會觀強調社會文化傳遞，一味重視適應社會道德權威，而忽略個人心智開展，甚至限制了個人自由公平參與社會知識的開創。而且「社會主義」意識型態重視社會的一

致性，容易忽略地方特色與課程的多樣性，這種「社會主義」仍有其不足
之處（黃光雄、蔡清田，2017）。

(四)「科技主義」理論

從1910年代後半，美國教育科學化運動盛行，採取科技至上的課程
立場，運用教育科學技術以實證實驗手段或計量統計方法解決課程問題，
此種「科技主義」理論，強調「課程即目標」的理念，重視「目標模式」
課程設計（黃光雄、蔡清田，2017；黃政傑，1991）。巴比特（Bobbitt,
1918）和查特斯（Charters, 1923）主張教育上一切問題，都應用科學
方法求得解決，因此要求教育人員採取「科技理性」（technological
rationality）完成工作任務（Klein, 1985），陳伯璋、歐用生等認為這種
「手段─目的」的派典，又稱為科學化課程理論或課程工學（curriculum
technology）。

「科技主義」的「課程目標」即在於透過科學方法，以裝備學生準備
未來生活能力，此乃承襲英國學者史賓賽強調科學知識之重要（Spencer,
1911）。特別是一次世界大戰爆發，與戰爭有關的行業需要大批技術工
人，傳統學徒訓練不敷急用，因此巴比特以及查特斯，利用科學方法調查
分析特定行業的知識、技能與習慣，以因應短期職業訓練之需，課程設計
專家如同教育工程師，接受訂單規格、規劃生產流程、根據標準評鑑產
品。

「科技主義」的課程立場，強調教育科技的重要性，主張課程設計
是技術性活動，企圖設計適當方法與內容以達成預定課程目標。因此學校
如同工廠，教師如同工人一般，將學生視同原料，透過課程生產線加工成
為產品，目的旨在控制學校教育目標並使其標準化以便於教育管理，並利
用既定課程目標評鑑該課程效率、效能。因此，學校教育必須有明確課程
目標，並設計適切方法與內容以達成課程目標。此種理論將科技的精確特
性，移植於學校教育，預測控制各種課程，提供教育效果證據，排除教育
上的模糊不確定性。

就「科技主義」的「課程設計方法」而言，巴比特（Bobbitt, 1924）
提倡「活動分析法」（activity analysis procedure），採用科學方法調查
成人活動，並且詳細分析教育目標，以作為決定課程的依據，此種「課程

設計方法」又稱「目標法」重視四大步驟，第一步驟是將人類經驗分析成為語言、健康、公民、社交、心智活動、休閒、宗教、親職、實用與職業等主要領域；第二步驟是特定活動分析，由大活動單元分析為小活動單元，一直到發現可履行的特定活動為止；第三步驟是「建立課程目標」，課程目標是實踐活動的能力，而且能力是指活動的履行；第四步驟是選擇「學校課程目標」，學校教育與一般教育有別，只有那些十分複雜，無法由普通生活養成的能力，才屬於學校課程目標。

查特斯（Charters, 1923）倡導的「工作分析法」（task analysis procedure），則是「活動分析法」在職業方面的運用，係指找出特定職業活動的組成元素，並確定實踐此種職業活動的方法與標準，以作為課程設計之依據。工作分析的課程設計包括八個步驟，第一個步驟是「決定目標」，先研究人類社會情境生活再決定目標；第二個步驟是工作分析，將目標分析為職業理想和職業活動；第三個步驟是繼續分析，將職業活動分析到每一個職業工作的單元出現，而且這些工作單元的一連串精密步驟，最好是學生本身可以直接從事，不須他人協助的工作步驟；第四個步驟是安排順序，依據程序排列職業活動的先後順序；第五個步驟是調整順序，依據職業活動對學生學習價值的高低，重新調整先後順序；第六個步驟是選擇內容，確定哪些職業活動適合於校內學習，哪些適合於校外學習；第七個步驟是研究發展，蒐集教導職業活動的最佳方法；第八個步驟是安排教學，依據學生心理特質和教材組織，以安排各種職業活動教學順序，並加以實施。

此種「科技主義」課程設計方法的優點，是應用科學方法設計課程目標，從實際生活中調查社會需求，因此，建立明確詳細目標是其重大貢獻之一。例如：「工作分析」可精密地發現職業活動所需特殊能力和技巧方法，因此，透過「工作分析」的課程設計可培養優良職業工作所需的方法技能。其優點乃在於課程設計選擇適當教材，縮短課程與目標的差距，避免盲目選材的缺失。但「工作分析」一味地接受既有活動，不一定合乎教育理想，且此種方法將工作分析為零碎行為單元，如同把化合物分析為元素、分子、原子一般，這種課程原子論易造成見樹不見林的缺失，甚至把課程窄化為無關價值的技術。此法較適用於職業技能訓練如機械操作練習，但對情意學習，如陶冶高尚情操或職業道德則難以周全顧及，此為其

限制。

(五)「專業主義」理論

　　「專業主義」（Professionalism）理論又稱為「專業論」，是指採取教師「教學專業主義」的課程立場，強調「課程即研究假設」的理念，重視教師的教育專業地位（黃光雄、蔡清田，2017）。其課程強調教學動態歷程，一方面在教學方法上協助學生學習如何學習（Clandinin & Connelly, 1992）；另一方面在教學材料上提供學習機會，強調教學互動的重要。這種教師教學「專業主義」強調「歷程模式」（process model）的「課程設計方法」（Elliott, 1998），而且與教師行動研究有著密切關係（McKernan, 2008）。「專業主義」與「課程即研究假設」觀點有關，皮特思（Peters, 1959）、史點豪思（Stenhouse, 1975）與艾略特（Elliott, 1983）等人強調學校教師的教育專業，強調師生在教室教學互動過程的「教育歷程」之重要性。

　　「專業主義」強調「課程即研究假設」的理念，主張課程是一套有關教學程序的理念說明，也是一套有待教師在教室教學情境中加以考驗的研究假設，以驗證教育理念是否具有教學的適用性。其課程選擇可包括教科用書，也可就每一個學習主題編輯材料；而且教師也可利用影片及印刷品作為師生課堂討論的證據來源。其課程組織同時強調論理組織與心理組織原理，兼重學科知識結構與學生心理結構發展。其課程評鑑強調學生學習過程的重要性，因為學生的學習結果，是無法精確預先測量的。

　　「專業主義」的「課程目的」旨在引導師生進入知識文化思想體系，並進而培養人類思考系統，以促進思考自由。教育方法主張探究討論教學法可以增進人類認知思考，成功的教育方法，是一種知識引導與啟蒙。就教師角色而言，教師主要任務乃在於蒐集並提供學習材料，並在學生討論過程中，扮演保持程序中立的討論主持人，這是一種具有教育專業的教師角色（Stenhouse, 1983）。

　　「專業主義」的「課程設計方法」，乃是根據教學歷程而加以規劃，「專業主義」強調教師教育專業發展與學生發展，重視教師的教室層次研究取向之課程發展，強調教師在教室情境與學生交互作用的動態歷程

（蔡清田，2016），主張課程設計必須透過「行動研究」落實在教室情境當中，教師必須將課程加以實地考驗，以進一步探究課程潛能，在教學中實踐課程理念，並根據學生學習進步情形，反省檢討教學，以提升學生學習品質。史點豪思運用「教師即研究者」（teacher as researcher）的途徑發展課程，鼓勵教師將課程視為有待教師於教室情境加以考驗的「研究假設」，教師須改變傳統教學角色，教師是一位具有發展學生理解能力的教育專業人員角色，以幫助學生經由探究討論，來理解社會議題。因此，學校課程鼓勵學生去界定自己企圖追求的問題，教師協助提供所需材料，教學乃在於透過教師激發學生提出問題，以引導學生認知、技能與情意的發展。

(六)「重構主義」理論

「概念重構主義」（Reconceptualism）強調課程的再概念化，「概念」（concept）是以特定的名詞陳述一個具有共同特徵屬性的事、物、現象（張新仁，2003；Jackson, 1992），概念具有共識的嚴謹定義，因此「重構主義」主張概念比想法、理念、理想等更為嚴謹明確（Pinar, 2015），但概念在形成普遍共識後，往往沉澱成為某種理所當然的意識型態，因此需進行概念重構，這就是歐用生（2000）與陳伯璋（2001）所稱「再概念化學派」，故黃光雄與蔡清田（2017）曾稱之「概念重建主義」或「概念重建理論」，然因部分人士將其與維高斯基（L. S. Vygotsky）的心理學「建構主義」及孔茲（G. Counts）的社會學「重建主義」混為一談，因此本書將其課程概念再重新建構（curriculum reconceptualization）及課程理論化（curriculum theorizing），故稱為「概念重構主義」簡稱「重構主義」。

「重構主義」的派那（Pinar, 1975）主張「課程」不是線性跑道而是不斷向前跑的歷程，這種動態「課程概念」，不同於過去傳統將課程界定為跑道的概念。派那（Pinar, 2006）批評傳統學者忽略課程動態過程，並指出「課程生於1918年，瀕死於1969年」，透過課程概念重構，才能讓課程起死回生。就課程立場而言，派那認為過去傳統目標模式的目標、選擇、組織與評鑑等課程行政語言，使得課程被限制於一個預定問題答案的

語言系統中，而「重構主義」挑戰此一傳統，主張課程功能不是在行政管理，而在理解教育經驗，尤其是從政治、文化、性別及歷史等多種面向理解課程。因此，主張透過歷史研究、政治分析、美學評論、現象學等多面向研究（Pinar, 1988），重視「理解課程為歷史文本」、「理解課程為政治文本」、「理解課程為後結構、解構及後現代文本」、「理解課程為自傳／傳記文本」、「理解課程為美學文本」、「理解課程為神學文本」、「理解課程為制度化文本」及「理解課程為國際文本」等課程文本以促進「課程理解」（Pinar, Reynold, Slattery, & Taubman, 1995），開展新研究重構課程理論（Pinar, 2004）。

　　就「重構主義」課程目的而言，派那（Pinar, 2015）指出課程是生活的教育經驗，更是繼續不斷向前跑的動態歷程，強調不斷地進行課程概念重構（Pinar, 2012）。「重構主義」不只將「課程」概念重構，更將「課程發展」概念重構，並促成「重構主義」課程理論重構之後的課程研究發展，開展了「社會領域」與「個人領域」之間「第三空間」（third space）的「課程發展」，可促進「個人發展」與「社會發展」；「重構主義」課程概念重構，也說明了21世紀人類生活所需「素養」隨著社會進化而不斷概念重構，已由過去強調讀書識字的知識「素養1.0」、進化到能力「素養2.0」、再進化為態度「素養3.0」，並再升級為統整知識、能力、態度的「素養4.0」之「核心素養」（蔡清田，2020），呼應國際組織（UNESCO, 2003; OECD, 2005; EU, 2005）與《十二年國民基本教育課程發展建議書》（國家教育研究院，2014a）、《十二年國民基本教育課程發展指引》（國家教育研究院，2014b）之「理念建議的課程」，彰顯核心素養課程發展有助學習者成為具備知識、能力、態度的全人，可促進個人發展與社會發展，本書稍後各章會進一步說明。上述六種「課程理論」各自偏好不同的課程理念，可能會被認為是「理所當然」而逐漸沉澱為意識型態，需透過課程學研究進行重構。

三、課程學研究

　　「課程學研究」（curriculum studies）是指課程人員對課程現象、課程理念與課程理論追求更寬廣、更深層的理解之哲學探索或科學探究（黃

光雄、蔡清田，2017）。「課程學」是相關人員對課程進行「研究」
（research）的歷程與成果，「課程研究」（curriculum research）是一
種系統化的活動，透過搜尋（search）的歷程，可以新視野重新搜尋（re-
search）探究課程現象、課程理念、課程理論、課程歷史（Doll & Gough,
2002），採取課程發展與設計、課程實施、課程評鑑、課程改革等課程
行動，並透過課程對話（curriculum dialogue）／課程會話（curriculum
conversation）（Pinar, 2012），理解前輩的課程經驗與課程問題及研究
方法（Ornstein & Hunkins, 1993），開拓前人所未知、所未發現、更為
寬廣之課程研究領域（Doll, 1992; Slattery, 1995），甚至擴展過去傳統
長、寬、高的三維（3D）空間（space）成為宇宙時空（spacetime）的四
維（4D）課程研究情境脈絡（Nespor, 1994），以重構課程理念與課程理
論及課程學（蔡清田，2008; Marsh, 2009; Pacheco, 2012）。

　　我國已有許多學者如黃光雄、黃炳煌、歐用生、黃政傑、陳伯璋、方
德隆、甄曉蘭等人發表課程專書與期刊論文研究成果壘壘，奠定我國課程
研究基礎。同時由於表1-2我國課程研究領域主要期刊的發行，逐漸開拓
課程學研究領域。

　　課程學研究可透過「課程學術探究」（curriculum scholarship）（蔡
清田，2016），有助於課程研究人員回顧分析前瞻綜整課程概念、課程
現象、課程問題與課程行動交織而成的課程學研究圖像。派那（Pinar,
2006）指出可透過回顧、分析、前瞻、綜整的課程學術探究以連結文本
與脈絡情境，特別是採取「回顧步驟」（regressive step）、「前瞻步
驟」（progressive step）、「分析步驟」（analytical step）、「綜整步
驟」（synthetical step），以解決課程問題，並持續不斷重新建構課程概
念與課程理論，並進行師生個人主體重構與社會重構，以促進個人發展與
社會發展。課程學術探究具有四個面向的意義，第一個面向是指細心謹慎
地精讀「回顧」課程文獻（Pinnegar & Hamilton, 2009）；第二個面向是
指在充分而廣泛地瞭解社會歷史文化脈絡情境之下，忠實地描述「分析」
所處的社會歷史文化脈絡，彰顯當時社會文化脈絡背景下的課程現象，並
且根據文獻資料等「探究證據」加以詮釋；第三個面向是指「前瞻」未來
課程行動；第四個面向是指富有綜整精神的研究評鑑，以便連結課程文本
脈絡情境，綜整課程現象、課程問題、課程行動、課程理論，並可從不同

§表1-2 我國課程研究領域的主要期刊

期刊出版單位	期刊名稱
(1)中華民國課程與教學學會	課程與教學季刊
(2)高等教育圖書公司	課程研究
(3) 英國 Routledge	課程學期刊（Journal of Curriculum Studies）
(4) 英國Triangle Journals	課程學（Curriculum Studies）
(5) 英國Taylor & Francis	課程期刊（The Curriculum Journal）
(6) 加拿大安大略教育研究所（The Ontario Institute for Studies in Education of the University of Toronto）	課程探究（Curriculum Inquiry）
(7) 課程理論基金會（Foundation for Curriculum Theory）	課程理論期刊（The Journal of Curriculum Theorizing）
(8) 美國視導與課程發展學會（Association for Supervision & Curriculum Development（ASCD））	教育領導（Educational Leadership）課程與視導期刊（Journal of Curriculum and Supervision）
(9) 英國東英格蘭大學教育應用研究中心（Center for Applied Research in Education, University of East Anglia, UK）	教育行動研究（Educational Action Research）
(10) 澳洲課程學學會（Australian Curriculum Studies Association（ACSA））	課程觀點（Curriculum Perspectives）
(11) 澳洲詹姆士尼古拉出版社（James Nicholas Publishers, Australia）	課程與教學（Curriculum and Teaching）

面向對課程概念與課程理論進行多面向課程研究，並理解課程現象極易遭到誤解的可能，因此，根據課程研究蒐集的證據獲得的只是暫時性的原理，可接受質疑挑戰並進行課程概念與課程理論的重構。

四、課程研究方法

黃光雄與楊龍立（2012）、周淑卿（2021）都主張課程的研究可描述、分析、詮釋過去的課程理念與實踐，以洞悉類似問題，據以分析、瞭解現在與未來的情境。課程研究者可以參考表1-3所列的課程研究方法及其所處理的課程問題，評估社會變遷、知識發展和學生需求對課程研究發展的期許進行課程研究（黃光雄、蔡清田，2017；Short, 1991a, 1991b, 1991c），增進對課程理念的理解以採取行動解決問題或重構課程理論。

§表1-3　課程研究方法及其所處理的課程問題

課程研究方法	所處理的課程問題
(1)分析的	「課程」一詞通常是指什麼？有什麼比「目標」更佳的「概念」可以引導課程實務？
(2)擴充的	支持某課程方案的論點所蘊涵的研究假設規範是什麼？其論點是否適切？其他另類的理論基礎是否更適切？
(3)思辨的	個人有關課程設計過程（或需要改變課程方案）的經驗知識，是否可與他人分享？是否能提出課程理論與實務貢獻？
(4)歷史的	何種因素使得美國三十六州在1983年至1986年間，通過增加高中畢業的課程要求標準？在1968年至1973年間，學校系統的課程決策過程及其所處政治脈絡為何？
(5)科學的	有多少學校利用芝加哥大學杜威實驗學校所發展的課程模式？「擴展的環境」是美國一至三年級社會科用以組織課程單元的最普遍架構嗎？
(6)俗民誌的	什麼要素構成影響學區或州層級的課程決策？課程規劃過程的何種因素改善或阻礙教師參與課程發展？
(7)敘說的	我的老師或我修過的課，對我的職業選擇，有何歷史性（自傳式）意義或影響？在過去二十五年來，我身為一位音樂教師，我對音樂課程重要內容的觀點有沒有改變？
(8)美學的	史密斯老師班上學生經驗到的課程影響，如何透過質性方式呈現出其美感經驗？某某公司研發的閱讀方案中，書面材料的美感特質為何？

課程研究方法	所處理的課程問題
(9)現象學的	學生對被安排半天在職業學校的課程方案，另外半天在綜合中學的課程方案，其感受和知覺為何？如果教師、學科主任或課程行政人員身為委員會一員，他們對學區所研發出來的健康教育課程方案是否有不同的觀感？
(10)詮釋學的	某高中被退學的學生在其週記寫出「我恨學校」的話，其真意為何？19世紀末期課程文獻所採用的「課程分流」名詞，其意義為何？
(11)理論的	「課程設計」是否能夠有效組織某一課程的不同部分，成為一個課程整體（包括：規範的、實用的和結構的面向）？
(12)規範的	在何種前提下，某一課程可被創造出來？某項建議的課程，有何理論的理念說明？
(13)批判的	當今課程決策實務與基本規範（如機會均等、學術自由、人類尊嚴）之間是否矛盾不一致？課程所指的「沒有偏見」（性別的、經濟的……）口號宣稱及其實際行動之間連結情形如何？
(14)評鑑的	教師使用課程指引是有助益或阻礙課程實施？
(15)綜整的	目前有關學校課程如何改變的實證研究是否與理論一致？是否能作為未來的研究假設？採用不同類型課程發展策略的個案研究所提出的解釋，是否能舉出證據證明哪一種策略最有效？
(16)慎思的	是否應改變課程綱要（如目標、內容、組織與資源分配）？什麼是完成理想目的的最佳行動方案？
(17)行動的	應採取何種行動，才能與目標一致？根據上一步驟的發生結果，必須如何調整下一步驟？

　　甄曉蘭（2004）指出在考慮所採用的研究方法時，須先思考研究問題企圖處理的是理論建構或實務應用，也須先釐清課程研究及其背後的方法論。因此，上述不同課程研究方法可提供課程學研究的理論基礎，並依其所處理的課程問題歸納為「課程基礎研究」（curriculum basic research）、「課程應用研究」（curriculum applied research）、「課程行動研究」（curriculum action research）等三種課程研究方法類型，各有其不同的課程研究目的與意涵如表1-4所示，以下論述說明。

§表1-4　課程基礎研究、課程應用研究、課程行動研究的課程研究目的與意涵

研究類型	課程研究目的	課程研究意涵
課程基礎研究	在於追求課程知識理論概念	課程研究人員希望自己的研究發現，能合乎自己個人或學者興趣所進行的研究
課程應用研究	追求課程實用價值，較不關心課程理論問題	課程研究人員希望自己的課程研究發現，能夠引起社會大眾的興趣與關注
課程行動研究	幫助教育人員慎思熟慮課程情境與學習途徑，並透過課程行動促進專業發展	課程研究人員利用「應用研究」的結果，透過課程行動解決實際課程問題

(一)「課程基礎研究」

　　「課程基礎研究」，是指課程研究人員希望自己的研究發現能夠合乎個人或學者興趣關注而進行課程理論研究，此類型的課程研究可稱為「課程基礎研究」。課程基礎研究之目的乃在於求知（黃炳煌，1982），呼應課程理論的「知識功能」，而與課程史、課程哲學、課程社會學等理論有關。例如：課程基礎研究可探討課程研究方法論，對於課程研究方法背後的哲學預設作更深層理解（歐用生，1984），以豐富課程研究內涵（楊俊鴻、蔡清田，2007）。甄曉蘭（2004）《課程理論與實務：解構與重建》，乃是透過課程理論發展脈絡重建、重要課程論述解析、核心課程議題批判及當前課程實務反省，不但有助於理解課程本質，更可作為觀點參照和比較的起始點，可引發更多元、更深入的課程探究，具有課程基礎研究價值。

　　例如：桑代克（F. L. Thorndike）的「學習遷移」心理學理論便是「課程基礎研究」的一例，桑代克發現學過幾何學的學生並不會比未學過幾何學的學生更能合乎邏輯地處理非幾何的材料，學過拉丁文的學生並不會比未學過拉丁文的學生更會記憶英文單字。桑代克的「學習遷移」基礎研究，推翻了「形式訓練」理論，因此「形式訓練」並不能成為課程設計的有效理論。又如洪裕宏、胡志偉、顧忠華、陳伯璋、高湧泉、彭小妍等

人（2008）進行《界定與選擇國民核心素養：概念參考架構與理論基礎研究》，這個基礎研究引發課程研究人員應用基礎研究結果以便進行核心素養課程發展相關研究。

(二)「課程應用研究」

「課程應用研究」，是指課程研究發展人員希望研究發現，能引起雇主、社會大眾、教育體制的顧客之關注。「課程應用研究」之目的，乃在追求課程之實用價值而與課程理論的「應用功能」有關，通常會將「課程基礎研究」的理論加以轉化為特定內容，此種應用研究與課程內容的採用及課程方案實施之轉化有關。換言之，「課程基礎研究」帶動了「課程應用研究」，例如：桑代克在1920年代調查了許多地區成人使用的數學，也研究了學生學習中的數學概念與技能，以及學生學習數學所遭遇的困難。根據上述研究結果，課程設計者就不再將「平方根」等列入學校數學課的重要學習內容，這即是「課程應用研究」之實例。又如蔡清田、陳伯璋、陳延興、林永豐、盧美貴、李文富、方德隆、陳聖謨、楊俊鴻、高新建、李懿芳、范信賢（2013）進行《十二年國民基本教育課程發展指引草案擬議研究》所研擬提出的核心素養課程發展指引草案，便是應用了洪裕宏、胡志偉、顧忠華、陳伯璋、高湧泉、彭小妍等（2008）《界定與選擇國民核心素養：概念參考架構與理論基礎研究》及陳伯璋、張新仁、蔡清田、潘慧玲（2007）之《全方位的國民核心素養之教育研究》等課程基礎研究，下一章將詳細說明。

(三)「課程行動研究」

「課程行動研究」是利用「課程應用研究」之研究結果，解決實際的「課程問題」。行動研究缺少基礎研究的知識推論與應用研究的預測控制功能，但行動研究，合乎課程理論的「行動功能」。行動研究是要解決先前所引發出來的教育問題，而這正是行動研究可貴之處，不僅融合了先前的理論，也強調實務探究的重要。行動研究是改善實務與教育理論之間關係的工具，可以縮短實務和理論間的距離，彌補傳統基礎研究與應用研究無法提出明確解決問題處方的缺點（蔡清田，2021）。

　　「課程行動研究」就是研究「課程知識」和「課程行動」，獲得有用的資訊，以解決遭遇的課程問題之一種研究，不在追求普遍的課程知識與理論原則，而在協助實務工作者處理所遭遇的課程實務問題（陳伯璋，2001）。從行動研究的觀點而言，理論是一種可被否證而邁向成熟發展階段的「概念架構」，會隨著實務工作情境的條件不同而改變，因此，行動研究強調研究過程當中方法與所欲解決問題的研究對象之互動關係，啟發實務工作者的問題意識，理解課程現象與進行課程問題反省批判，並採取課程行動嘗試解決課程問題。就知識論而言，課程行動研究重視對課程問題的說明、理解與辯證，強調「知」與「行」的協作統合，重視個體反省思考與主體意識型態批判，強調主體在批判思考和自覺行動中促進社會情境改造的「實踐」，這是一種理性與開放的精神，是一種改造教育情境的課程行動（張芬芬、謝金枝，2019）。因此，進行行動研究可以鼓勵實務工作者，根據行動實務考驗理論，建立實務工作者的專業判斷素養，結合由下而上的課程發展與由上而下的課程改革，合力促成革新進步，實現實務工作者的「專業化」終身學習的理想願景。

　　「課程行動研究」引導教育實務工作者檢討課程問題，並反省課程研究與課程行動之間的關係，協助實務工作者處理所遭遇的課程實務問題。課程行動研究，可以是課程設計者採取反省批判方法，扮演「省思的實務工作者」的角色（Schön, 1983），處理特定學校教育情境課程問題，將課程問題發展成課程研究主題，在行動螺旋中不斷地進行反省檢討實務工作促成專業發展。例如：國立中正大學研究生古士傑《國三英聽策略課程設計之行動研究》、黃宏仁《社區資源融入國小五年級英語課程設計之行動研究》、高于涵《運用繪本實施國小一年級情緒教育之行動研究》、蔡玉珊《運用合作學習於高中英文閱讀理解教學之行動研究》、黃娟娟《幼兒多元智能課程發展行動研究》，都是在職教師，在教授指導下透過行動研究，一方面進行學校課程改革，另一方面撰寫論文獲得學位，說明了「課程行動研究」可促進教育專業發展（蔡清田，2021；黃政傑，1991；陳伯璋，2001；歐用生，1996），不僅協助教師轉型為「教師即研究者」，更成為學生終身學習的「助學者」，本書第八章將進一步說明。

第二節 核心素養的課程發展

「課程發展」是指課程經過規劃之後，就有必要進一步將課程目標，轉化成為可供學生學習之學習內容，這個轉化歷程往往被稱為課程發展（黃光雄、蔡清田，2017）。黃政傑（1991）、歐用生（2010）、陳伯璋（2010）均指出「課程發展」是指課程經由發展而轉趨成熟的轉化歷程與結果，強調演進生長的課程轉化歷程，以彰顯課程並非只是純粹思辨的理念，更是付諸行動的歷程與結果。從課程學研究的觀點而言，生活、課程、教學、學習與評量之間不連貫的缺口現象，產生「課程落差」（curriculum gap），除了可能是課程發展的不同階段過程在課程研究、課程規劃、課程設計、課程實施與課程評鑑之間不一致所導致的結果外，往往與不同課程人員的課程理念有關（蔡清田，2008），值得進一步探討此一課程現象。

我國「十二年國民基本教育」課程綱要研究發展主要是教育部的權責，主要包含國家教育研究院「十二年國民基本教育課程研究發展會」、技術與職業教育司的課程研修，與教育部「十二年國民基本教育課程審議會」的課程審議任務。十二年國民基本教育課程研修乃是一個系統的課程發展歷程，分為五大進程如圖1-3十二年國民基本教育課程研發歷程（國家教育研究院，2014c）。

「十二年國民基本教育」中小學課綱研發包括五大階段：第一階段是規劃與基礎性研究，尤其是中小學課程發展基礎研究，主要包括《十二年國民基本教育課程發展建議書》（國家教育研究院，2014a），以及《十二年國民基本教育課程發展指引》（國家教育研究院，2014b），歷經《界定與選擇國民核心素養》、《中小學課程相關之課程、教學、認知發展等學理基礎與理論趨向研究》、《K-12中小學一貫課程綱要核心素養與各領域連貫體系研究》、《K-12各教育階段核心素養與各領域課程統整研究》、《十二年國民基本教育課程發展指引草案擬議研究》等我國核心素養「八年研究」，本書第二章會進一步論述。

第二階段是《十二年國民基本教育課程綱要》研修制定：進行課綱研修，包括《十二年國民基本教育課程綱要總綱》與各領域課綱。「研發

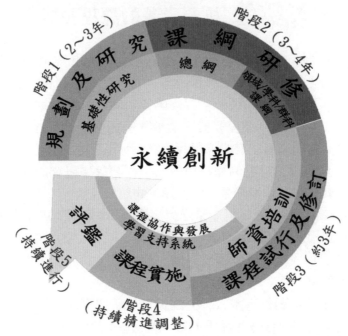

§圖1-3　國家教育研究院十二年國民基本教育課程研發歷程

系統」是以國教院為主的相關課程教學研究為核心，經「十二年國民基本教育課程研究發展會」的研議確認，再經教育部「十二年國民基本教育課程審議會」進行課綱審議，透過《十二年國民基本教育課程綱要總綱》將「核心素養」界定為一個人為適應現在及未來生活，所應具備的知識、能力、態度（教育部，2014）。第三階段為師資培訓與課程試行修訂：著重研發推展十二年國教課綱之教學模組與推廣前導學校試辦經驗以推動課程試行修訂，建立協作中心協調教育部相關單位，包括師資培育的配合調整配套建置，並啟動持續進行課程協作發展及學習支持系統等。第四階段是課程實施持續精進調整：以推動實施為主要任務的「課程推動」階段。這階段以「教育部中小學師資、課程、教學與評量協作中心」，邀集師資培育與藝術教育司、國教署與其他單位進行推動事務的相互分工配合支援，綜整相關人力與推動事務，俾利資源有效利用，促進課程實施順利開展。第五階段是課程評鑑持續進行課綱實施情形調查資料蒐集，建置課程

實施資料庫等。

　　從課程發展而言，這如同美國古德拉（Goodlad, 1979）提出「理念的課程」（ideal curriculum）、「正式的課程」（formal curriculum）、「知覺的課程」（perceived curriculum）、「運作的課程」（operational curriculum）、「經驗的課程」（experienced curriculum or experiential curriculum）的不同層次課程，代表不同人員觀點，Brophy（1982: 4）以圖1-4說明各層次課程之間轉化造成課程落差：

一、圖中A代表是由美國州政府或地方學區層次官方選用的正式課程。

二、在地方學區層次轉化時，被學校校長及教師所組成的委員會加以改變，這些改變包括由正式課程（A）中刪除Ao的部分及加上B的部分。

三、學校層面採用的正式課程（C）已非原本州政府或地方學區的官方正式課程的A課程。（C = A + B – Ao）

四、每位教師在解釋學校所採用的課程（C）時，可能依據教師本身的喜

§圖1-4　課程轉化造成的落差

　　愛及對於學生需求的觀點，而刪除圖形中Co的部分，加進D的部分。

五、因此每個個別的教師所採用預定的課程E（E = C + D − Co），既不同於官方正式課程（A），也和非官方的正式課程（B）不同。

六、教師在根據自己預定的課程（E）於實際教學的過程中，可能由於時間限制而調整刪除部分課程（Eo），又以錯誤或偏差的方式教導了一部分課程（F），因此，學生就可能被教導一些不同於預期的或錯誤的引導或不正確的知識。

七、在學生學習的層次，所有個別的教師實際上所教導的正確的（E）或不正確的（F）課程中，學生所學習及保留的部分只有E1和F1，某些部分學生可能因為教師教導得太簡略或含糊不清而漏失掉（E2、F2），又可能因為學生本身錯誤的先入概念，扭曲了部分的知識（E3、F3）。到最後，只有E1部分是教師預定所採用的課程（E）中，所成功教學而成為學生實際經驗的部分。

　　國民中小學九年一貫課程發展存有落差，諸如宿命式的落差、能量的落差、結構的落差、表象與實質的落差（吳俊憲、吳錦惠，2021；吳麗君，2002；歐用生，2002）。十二年國教課程發展也有「課程差異性」（curriculum diversity），包括：「科內差異」（intra-subject diversity）、「科際差異」（inter-subject diversity）、「階段差異」（stage diversity）、「系統差異」（system diversity）的課程現象（蔡清田，2020）。

　　第一種是「科目之內的差異性」，是指國語文、英語文、數學、物理、化學等各學科課程「科目內涵」的理念、目標、學習內容的知識結構、研究方法技術、情意態度價值取向及所期望學生的學習表現，形成各個科目目標及內部要素的選擇組織之差異與各個「科目學術造型」之差異性，形成「科內差異」。第二種是「科目之間的差異性」，是指各「領域／科目內涵彼此之間的親疏關係」，而形成個別科目各自獨立或聯合結盟成為相關科目（如國語文、英語文、本土語文／新住民語文／手語皆可稱為語文相關科目），或科目之間交集統整成為學習領域，如歷史、地理、公民統整成為社會領域，生物、物理、化學、地球科學可統整成為自然科學領域，上述科目之間既競爭又合作的競合關係，以及其所結合構成的差異

性，而形成「科際差異性」；各科目之間的關係越強，越能組成堅強的聯盟關係，較能維持穩定的科目界線與科目彼此之關係。

第三種是「階段之間的差異性」，是指課程在不同階段如「年級階段」、「學習階段」、「教育階段」、「學校教育階段」等差異性，特別是各年級之間、各學習階段之間、不同「教育階段」之間，以及「同一教育階段不同學校類型」（如後期中等教育階段的普通高中／職、單科高中與綜合高中、或高等教育的綜合大學與科技大學）之間形成的「情境脈絡」差異性，課程必須因應不同階段學生程度差異與學習情境差異的現實情境與學生生涯發展的需求，因此必須有回應學生所處情境之「差異性」的課程與教學。例如：「社會」與「自然科學」在小學階段低年級可以統整成為「生活領域」；歷史、地理、公民等學習科目在小學中高年級可以統整成為「社會領域」；而歷史、地理、公民等學科在中等教育階段可聯合成為社會相關科目；歷史、地理、公民等學習科目在大學階段可各自單獨成立成為獨立學科課程。

第四種是「系統之間的差異性」，是指組成不同層次面向的課程系統之差異存在於不同系統的「人員認知」之差異性，如學者、政府、民間出版社、學生家長權益、教師教學實務、升學考試評量系統等不同層次課程系統之間所形成的「差異性」，而形成理念的課程、計畫的課程、教材的課程、教學的課程、學習的課程、評量的課程等不同層次課程系統，而且每一個層次的課程系統都有其獨特性形成「系統差異性」。上述科內差異性、科際差異性、階段差異性、系統差異性等不同層次的課程現象的差異性，以及各個不同課程系統之間的「課程落差」，值得進一步研究。

第三節　核心素養的課程校準

過去中小學教育分成前九年的國中小學義務教育，以及後三年的高級中等教育，但兩者之教育目標和課程內容各有不同法令依據而分開規劃課程綱要，因此置身於不同系統的人員往往產生本位主義觀點或盲人摸象，易造成生活、課程、教學、學習、評量之間不連貫（黃光雄、蔡清田，2017；黃炳煌，1996），導致「理念建議的課程」（ideal/recommended curriculum，簡稱I）轉化為「官方計畫的課程」（formally planned curriculum，簡稱P），可能減損（-P）或增加（+P）；轉化為「教材支援的課程」（resources supported curriculum，簡稱S），可能減損（-S）或增加（+S）；轉化為「教學實施的課程」（taught/implemented curriculum，簡稱T），可能減損（-T）或增加（+T）；轉化為「學習獲得的課程」（learned/achieved curriculum，簡稱L），可能減損（-L）或增加（+L）；轉化為「評量考試的課程」（assessed/tested curriculum，簡稱A），可能減損（-A）或增加（+A）（Brophy, 1982）；不同層次課程的落差，已引起「課程校準」（curriculum alignment）的探究（蔡清田，2008；李文富，2011；楊秀全、李隆盛，2017；楊俊鴻，2018；English, 1992; Glatthorn, 2000）。校準係指減少差異性並促進一致性，如同校準汽車前後輪定位方向一致以確保行車安全，因此「課程校準」又稱「課程一貫」（蔡清田，2018），係指課程綱要、教材、教學、學習和評量等各層次課程一貫的「緊密連結」（黃政傑，1991），提升學生學習成效（賴志峰，2004；謝政達，2010）。

因此，本書進一步探討如圖1-5核心素養課程發展與設計：課程學的想像，透過核心素養課程評鑑研究的課程校準，將不同層次課程視為如同塊莖（rhizome）可加延展（Deleuze & Guattari, 1987），並重構為動態發展的緊密連結課程體系，呼應課程發展的動態理念。

一方面，透過核心素養課程校準以縮短不同層面課程落差，減少不同層次課程的差異性；另一方面，強調核心素養是各教育階段領域／科目的DNA，可使各層次課程發揮個別功能與統整功能如表1-5「核心素養課程發展與設計：課程學的想像」，重構為緊密連結的「核心素養之理念建議的課程」（core competence ideal/recommended curriculum，簡稱CCI）、「核心素養之官方計畫的課程」（core competence formally planned curriculum，簡稱CCP）、「核心素養之教材支援的課程」（core competence resources supported curriculum，簡稱CCS）、「核心素養之教學實施的課程」（core competence taught/implemented curriculum，簡稱CCT）、「核心素養之學習獲得的課程」（core competence learned/achieved curriculum，簡稱CCL）、「核心素養之評量考試的課程」（core competence assessed/tested curriculum，簡稱CCA）、「核心素養

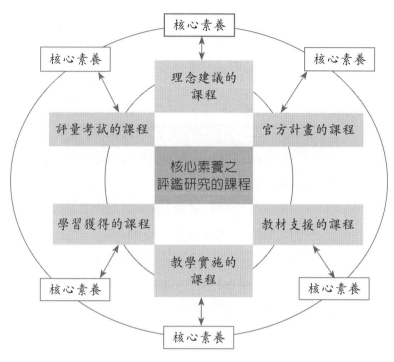

§圖1-5 核心素養課程發展與設計：課程學的想像

之評鑑研究的課程」（core competence evaluated/researched curriculum，簡稱CCE），有效因應中小學課程的共同性及差異性，並透過課程發展循序漸進轉化為國小、國中、高中等各「教育階段核心素養」、「領域／科目核心素養」與「領域／科目學習重點」，達成各教育階段領域／科目的連貫與統整，建構核心素養課程緊密連結的一貫體系。

此種「課程即核心素養」的「課程想像」，可將核心素養視同十二年國民基本教育課程發展DNA，以核心素養作為分教育階段及分領域／科目的課程設計核心，強化教育階段之間的連貫及領域／科目之間的統整，重構核心素養課程研究發展理論，一方面呼應21世紀人類智慧生活所需核心素養之人才培育；另一方面也呼應國際組織倡導核心素養研究，重構核心素養課程發展，促成核心素養課程研究發展。以下各章，將依序針對「核心素養之理念建議的課程」、「核心素養之官方計畫的課程」、「核

心素養之教材支援的課程」、「核心素養之教學實施的課程」、「核心素養之學習獲得的課程」、「核心素養之評量考試的課程」、「核心素養之評鑑研究的課程」，進行核心素養發展與設計的課程學想像。

§表1-5　核心素養課程發展與設計：課程學的想像

核心素養課程研究發展設計
CCI核心素養之理念建議的課程
CCP核心素養之官方計畫的課程
CCS核心素養之教材支援的課程
CCT核心素養之教學實施的課程
CCL核心素養之學習獲得的課程
CCA核心素養之評量考試的課程
CCE核心素養之評鑑研究的課程

第二章

核心素養之理念建議的課程

　　「理念建議的課程」（ideal/recommended curriculum）簡稱「理念的課程」或「理想的課程」（ideal curriculum），又稱「建議的課程」（recommended curriculum）（Goodlad, 1979），例如：黃光雄、黃炳煌、黃政傑、歐用生、陳伯璋、方德隆、甄曉蘭、陳麗華、劉美慧、周淑卿、杜威（J. Dewey）、巴比特（F. Bobbitt）、泰勒（R. Tyler）、史點豪思（L. Stenhouse）、史克北（M. Skilbeck）、艾斯納（E. Eisner）、派那（W. Pinar）等學者，或「經濟合作開發組織」、「歐盟」、「聯合國教育科學文化組織」提出課程理念之建議。例如：圖2-1「經濟合作開發組織」邁向2030年的學習架構（OECD, 2019），建議透過核心素養培

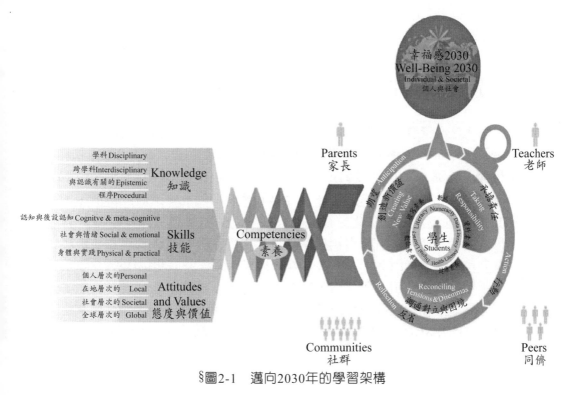

§圖2-1　邁向2030年的學習架構

養學習者成為具備知識、能力、態度的全人，可建構個人、群體與全球人類生活的幸福感，形塑功能健全社會之共同美好未來。

　　我國國家教育研究院以中小學課程發展基礎研究為理據，提出《十二年國民基本教育課程發展建議書》與《十二年國民基本教育課程發展指引》，作為研擬「十二年國民基本教育」課程綱要之理念建議。《十二年國民基本教育課程發展建議書》建議由「十二年國民基本教育課程研究發展會」統籌課程綱要研發，採一份總綱敘寫以「成就每一個孩子～適性揚才、終身學習」為課程願景，結合「自發、互動、共好」基本理念，「啟發生命潛能、陶養生活知能、促進生涯發展、涵育公民責任」的課程目標（國家教育研究院，2014a）。《十二年國民基本教育課程發展指引》提出以「核心素養」作為課程連貫與統整的主軸，導引各級課程連貫，並以核心素養達成各領域／科目、生活經驗與社會情境的統整，作為指引研修「十二年國民基本教育」課程綱要之理念建議（國家教育研究院，2014b）。因此，本章就核心素養之課程理念加以說明，包括：第一節國際組織的核心素養課程改革理念、第二節外國學者核心素養理念的理論研究、第三節世界先進國家的核心素養課改理念、第四節臺灣核心素養取向之理念建議課程。

第一節　國際組織的核心素養課程改革理念

　　就「核心素養」的課程理念而言，核心素養是指一個人為適應現在生活及未來挑戰，所應具備的知識、能力與態度（教育部，2014；國家教育研究院，2014a、2014b；黃光雄、蔡清田，2017），能積極地回應個人及社會生活需求，使個人得以過著成功的社會生活（蔡清田，2011）。核心素養可作為各教育階段各領域／科目連貫與統整設計的「核心」，可作為指引課程綱要課程目標、設計教材教法及學習活動與評量之重要依據，因此，「核心素養」被譽為課程發展關鍵DNA（陳伯璋、張新仁、蔡清田、潘慧玲，2007）。此種「課程即核心素養」的課程理念是建立在國內外課程研究基礎上，包括：「聯合國教育科學文化組織」（UNESCO, 2003）、「經濟合作開發組織」（OECD, 2005）、「歐盟」（EU, 2005）等國際組織的「核心素養」理念建議。

一、聯合國教育科學文化組織的「核心素養」

「聯合國教育科學文化組織」係由21世紀國際教育委員會（The International Commission on Education for the Twenty-first Century）負責研究「核心素養」，並由教育研究所出版《學習：蘊藏寶藏》（*Learning: The treasure within*）建議「學會求知」（learning to know）、「學會做事」（learning to do）、「學會共處」（learning to live together）、「學會自處」（learning to be）等終身學習「核心素養」四大支柱（Delors, J. et al., 1996），其後出版《開發寶藏：願景與策略2002-2007》（*Nurturing the Treasure: Vision and Strategy 2002-2007*）新增「學會改變」（learning to change）視為第五支柱（UNESCO, 2003），如表2-1「聯合國教育科學文化組織」建議的核心素養。

§表2-1 「聯合國教育科學文化組織」建議的核心素養

核心素養架構的五大支柱	核心素養的十七項內涵
學會求知	1. 學習如何學習 2. 專注力 3. 記憶力 4. 思考力
學會做事	1. 職業技能 2. 社會行為 3. 團隊合作 4. 創新進取 5. 冒險精神
學會共處	1. 認識自己的能力 2. 認識他人的能力 3. 同理心 4. 實現共同目標的能力
學會自處	1. 促進自我實現 2. 豐富人格特質 3. 多樣化表達能力 4. 責任承諾
學會改變	1. 接受改變 2. 適應改變 3. 積極改變 4. 引導改變

二、經濟合作開發組織的「核心素養」

「經濟合作開發組織」（OECD, 2005）於1997年至2005年進行大規模研究「素養的界定與選擇：理論與概念的基礎」（Definition and Selection of Competencies: Theoretical and Conceptual Foundations，簡稱DeSeCo），提出「核心素養」是一個人能成功因應情境的複雜要求與挑戰，順利進行生活或達成工作任務所需三類相互關聯的素養，亦即「能自主地行動」（acting autonomously）、「能互動地使用工具溝通」（using tools interactively）、「能在異質社群中進行互動」（interacting in socially heterogeneous groups），如表2-2「核心素養」的三維架構。

§表2-2 「經濟合作開發組織」建議的核心素養

核心素養的三維架構	核心素養的九項內涵
「能自主地行動」	1.能在宏觀開闊而圖像遠大的環境脈絡中進行行動 2.能規劃並執行生活的計畫與個人的人生計畫 3.能捍衛維護與伸張自己的權利、利益、限制與需求
「能互動地使用工具溝通」	1.能互動地使用語言、符號與文本 2.能互動地使用知識與資訊 3.能互動地使用科技
「能在異質社群中進行互動」	1.能與他人維持優質人際關係 2.能與人團隊合作 3.能管理與解決衝突

(一)「能自主地行動」，強調個人「相對的自主性」與「自我認同主體」；是指人格發展與決定、選擇與行動的相對自主性，強調個體具有掌握大局的情境視野，以便與外在世界產生互動；這類「核心素養」包括：1.能在宏觀開闊而圖像遠大的環境脈絡中進行行動；2.能規劃並執行生活的計畫與個人的人生計畫；3.能捍衛維護與伸張自己的權利、利益、限制與需求。「素養的界定與選擇」之「能自主地行動」提及之三項「核心素養」，實際上與「聯合國教育科學文化組織」的「學會自處」、「學會做事」、「學會改變」等面向相通，其

中能在宏觀開闊而圖像遠大的環境脈絡中進行行動，乃為「學會做事」不可或缺之「核心素養」；能規劃並執行生活的計畫與個人的人生計畫，能捍衛維護與伸張自己的權利、利益、限制與需求的核心素養，則可與「聯合國教育科學文化組織」所提出「學會自處」、「學會改變」等面向相通。

(二)「能在異質社群中進行互動」，強調學習者個人與他人的人際互動，尤其是與不同族群、不同文化背景、不同價值的他人之間互動。這是指適應多元文化、多元價值與多族群、多種族、多宗教等異質社群的素養，包括：1.能與他人維持優質人際關係；2.能與人團體合作；3.能管理與解決衝突。這些「核心素養」與「聯合國教育科學文化組織」所提出的「學會共處」之「核心素養」相互呼應。

(三)「能互動地使用工具溝通」，其焦點強調公民能使用物質的與社會文化的工具，以便與世界產生互動，包括：1.能互動地使用語言、符號與文本，用以理解世界宇宙和與人溝通，發展知識與有效與環境互動；2.能互動地使用知識與資訊；3.能互動地使用科技。「經濟合作開發組織」之「能互動地使用工具溝通」的這些核心素養與「聯合國教育科學文化組織」的「學會求知」、「學會改變」等面向之「核心素養」相互輝映。

　　「經濟合作開發組織」根據《素養的界定與選擇》之研究，進行《國際學生評量計畫》（the Program for International Student Assessment，簡稱PISA）調查發現，大部分國家生活所需具備的關鍵知識與技能有待加強，這卻是公民所應具備的素養（洪裕宏、胡志偉、顧忠華、陳伯璋、高湧泉、彭小妍等人，2008）。「經濟合作開發組織」進而提出「邁向未來2030年的教育與技能」之學習架構（OECD, 2018, 2019），強調「核心素養」能協助每一位學習者透過學習發展成為實踐學習潛能的全人，可建構關於個人、群體與全球人類生活的幸福感。

三、歐盟的「核心素養」

　　「歐盟」將培養核心素養視為因應新世紀的重要教育改革策略，歐盟執行委員會於2005年提出《終身學習核心素養：歐洲參考架構》，界

定：1.母語溝通；2.外語溝通；3.數學素養以及科技基本素養；4.數位素養；5.學習如何學習；6.人際、跨文化與社會素養及公民素養；7.積極創新應變的企業家精神；8.文化表達等為終身學習八大核心素養。歐盟並透過教育方案培養上述「核心素養」，旨在促使歐洲人能更積極參與永續發展並行使民主公民權，以增進歐洲繁榮與社會融合。此核心素養架構如表2-3，於2006年正式被歐洲議會採用成為各會員國的實踐策略（European Commission, 2007）。

§表2-3　歐盟的核心素養

核心素養的架構	貫穿核心素養的七項共同能力
1.母語溝通 2.外語溝通 3.數學素養以及科技基本素養 4.數位素養 5.學習如何學習 6.人際、跨文化與社會素養及公民素養 7.積極創新應變的企業家精神 8.文化表達	1.批判思考 2.創造力 3.主動積極 4.問題解決 5.風險評估 6.作決定 7.感受管理

　　歐盟八大「核心素養」彼此連結且相互支持，特別是語言、識字、數學及資訊與通訊科技等素養是必要的學習基礎，學習如何學習的素養則支持一切學習活動。此外，批判思考、創造力、主動積極、問題解決、風險評估、作決定、感受管理貫穿於八大核心素養之內，扮演重要角色（European Commission, 2005）。

第二節　外國學者核心素養理念的理論研究

　　上述國際組織重視核心素養的理念，受到各國學者理論支持說明如下：

一、核心素養的國外學者論點

各國學者均主張公民需要許多素養，以因應社會生活之所需，這些居於核心地位的素養叫做「核心素養」。

(一)德國學者F. E. Weinert

德國學者Weinert（1999）主張核心素養至少有四個不同面向，包括：1.基本素養，如計算能力、識字、理解等通識能力；2.方法素養，如解決問題的規劃能力、運用各種媒體獲取訊息的工具素養；3.溝通素養，如外語能力、論辯、寫作及口語表達能力；4.判斷素養，如批判思考、多元價值評估等。核心素養可作為學校或社會職場所需素養，可透過各種情境脈絡加以運用。

(二)法國學者Edgar Morin

法國學者Morin（1999）為聯合國推展全球永續發展之願景提出《未來教育的七項複雜功課》，建議七項核心素養包括：1.學習偵查錯誤與妄想；2.學習真正的知識；3.學習瞭解人類情境；4.學習地球認同；5.學習面對不確定性；6.學習相互理解；7.學習為人類負責的倫理，其關鍵在於學習富有同情心以培養公民素養。

(三)德國與加拿大學者Knapper和Cropley

德國與加拿大學者Knapper和Cropley（2000）主張七項核心素養，包括：1.以符合實際方式確定個人目標的素養；2.有效率的應用所具有知識的素養；3.善於評估自身學習的素養；4.資訊素養；5.善於使用各種學習策略，並能在各種情境中學習；6.能使用圖書館與媒體以輔助學習的素養；7.利用與闡釋來自不同學科領域材料內容的素養。

(四)英國學者Longworth

英國學者Longworth（2003）建議十六項核心素養，包括：1.資訊處理；2.正式發表溝通；3.非正式討論溝通；4.學習如何學習；5.傾聽、記憶；6.創新力；7.實踐力；8.作決定；9.批判性判斷、推理；10.解決問

題；11.自尊、自我管理、自我意識；12.對他人的同理心與寬容；13.創造力、幽默感；14.協商力；15.靈活力、適應力、變通力；16.思考、遠見、規劃。

(五)美國學者Nussbaum

美國學者Nussbaum（1997）在《人文涵養：博雅教育改革的古典辯護》指出，核心素養包括：1.就自我與傳統進行澈底批判檢視；2.不只是將自己歸屬於某一個特定地區社群，同時應清楚認識自己透過相互認同與人際關懷，將人類緊密地結合在一起成為全球社會公民；3.「敘事性想像」，有必要被視為公共理性的一環，期待藉由同理心的想像以避免律則性道德推理所招致的危險（王俊斌，2009）。

(六)美國學者Wagner

為哈佛大學教育學院變革領導團隊共同主持人，建議學生在畢業前獲得創新、想像、思考、分析、溝通、領導、適應等七大「核心素養」，包括：1.解決問題與批判思考；2.跨界合作及以身作則的領導影響力；3.靈活性與應變力；4.主動進取的創新精神與企業家的創業力；5.有效的寫作與口語溝通力；6.資訊的獲取與分析評估；7.好奇心與想像力（Wagner, 2008）。

(七)美國學者Stoltz

美國明尼蘇達大學博士史多茲（Paul Stoltz）1997年專書《逆境智商：將障礙變成機會》（*Adversity Quotient: Turning Obstacles Into Opportunities*）發現成功的關鍵是面對逆境的「挫折忍耐力素養」，「逆境智商」（Adversity Quotient，簡稱AQ）是評估一個人處理壓力的「挫折忍耐力素養」，又稱「復原力」／「恢復力」（resilience）或「韌性」（Rènxìng）。一個人「逆境智商」越高，越能忍耐以彈性面對逆境，因此能不屈不撓，越挫越勇，而終究解決問題。史托茲認為「逆境智商」，是決定個人是否能夠脫穎而出，甚至造就團隊合作、企業表現的關鍵性因素，因此，「逆境智商」也可用來預測解決問題和成功機會。

　　「逆境智商」包含四要素CORE：「控制力」（Control，簡稱C）就是指逆境發生當下自覺自己對逆境有多大的控制力及回應力；「責任感」（Ownership，簡稱O）是指不論哪一個環節出了差錯，都願意承擔任務的責任，會採取行動試圖復元狀況，改善現況；「影響度」（Reach，簡稱R）則是指逆境發生時，如何評估它對問題的延伸影響範圍？人對逆境範圍認知不同，這影響解決逆境的方式，當問題看來越嚴重，會覺得害怕、無助而不去行動；反之若能比較不擔心，甚至更能解決問題；「忍耐力」（Endurance，簡稱E）是指一個人面對逆境挫折的持續忍受耐力，包括：認識到逆境問題的持久性及它對個人的影響會持續多久的研判，通常及早「看到痛苦盡頭」的人會更堅強。

　　各國學者主張之「核心素養」觀點或有不同，但大都認為「核心素養」係指每一個人都必須具備的「素養」，因此，宜進一步探討核心素養理論基礎。

二、「核心素養」的五種學術理論基礎

　　「經濟合作開發組織」《素養的界定與選擇》之研究，就哲學、人類學、心理學、經濟學及社會學進行探討，建立「核心素養」之學理基礎（OECD, 2005; Rychen & Salganik, 2001）。我國洪裕宏、胡志偉、顧忠華、陳伯璋、高湧泉、彭小妍等人（2008）、胡志偉、郭建志、程景琳、陳修元（2008）、高湧泉、陳竹亭、翁秉仁、黃榮棋、王道還（2008）、顧忠華、吳密察、黃東益（2008）、彭小妍、王瑷玲、戴景賢（2008）、陳伯璋、張新仁、蔡清田、潘慧玲（2007）也從哲學、心理學、社會學、教育學等建立「核心素養」之理據，因此，可就哲學、心理學、經濟學、社會學及教育人類學進行學理探討，如圖2-2核心素養的理論基礎所示。

§圖2-2 「核心素養的理論基礎」

(一)「核心素養」的哲學理論基礎

哲學是一門探討思辨的「愛智之學」，有助於個人探索生命智慧的知識、能力與態度之統整。透過哲學思辨的方法，可協助個體瞭解自我觀念，以及其生活世界中的人、事、物所交織而成的社會情境，以解決生活上問題之需求與因應未來的挑戰。核心素養與哲學理念有著密切的關聯：一是核心素養可以協助人類獲得「優質生活」；二是核心素養可以協助人類面對當前社會及未來「優質社會」的挑戰。例如：法國哲學家Morin（1999）透過複雜科學／系統思考之複合思維，重視以「人」為學習主體的核心素養整體論，提出關鍵而重要的核心素養（馮朝霖、范信賢、白亦方，2011）。

法國哲學家Canto-Sperber與Dupuy（2001）便指出個體不僅具有相似的社會需求與素養，能從過去經驗中獲得學習並且規劃未來，並建立了一套與主流社會道德具有一致性的「優質社會」價值系統，亦即：1.自我實現的成就，「優質」是建構於人類對日常生活的價值判斷，這種自我實現的成就評價之價值，有別於一般成就；2.人類存在的要素，選擇個人自己的生活方式，並擁有正常的人類生活，每個人終身的課題，就是努力獲

得「優質生活」，這些要素包括：獨立自主、自由自律，以及人文特質；3.理解要過「優質生活」，最重要的就是理解自己及自己置身所處的外在世界，進而評價當前的現實生活，可免於無知與錯誤；4.享受歡樂，人類重視享受歡樂與優美的事物，並且對日常生活感到滿意；5.深層的人際關係，有別於享樂與外在利益的價值。

綜上所述，核心素養是建立在哲學理論之上，彰顯了核心素養是一種涵蓋了認知、技能、情意的複合構念，呼應了核心素養之「整體論」，彰顯了核心素養的哲學理據，特別是洪裕宏、胡志偉、顧忠華、陳伯璋、高湧泉、彭小妍等人（2008）進行《界定與選擇國民核心素養：概念參考架構與理論基礎研究》，從哲學面向進行核心素養之研究，提出「能使用工具溝通互動」、「能在社會異質團體運作」、「能自主行動」、「展現人類的整體價值並建構文明的能力」等四維架構，強調人文素養形式邏輯能力、哲學思想能力，以及與生活相關邏輯能力、社會正義、規範相關邏輯能力、意志價值追求相關邏輯能力，呼應核心素養可協助人類面對當前及未來挑戰的哲學理論基礎。

(二)「核心素養」的心理學理論基礎

核心素養是建立在當代生活所需的個體內部心智運作機制的認知、技能、情意等先決條件之上，透過個體對生活反省所需的內部心智運作機制，可以促進個體與環境互動的學習，有助於個體獲得「優質生活」（Weinert, 2001）。這種論點已經超越古典心理學的行為主義層次之「能力」，其內涵包括認知的技能或心智能力與非認知的技能與情意。例如：心理學者Haste（2001）指出，進行自我管理和持續不斷適應等所需的五項「核心素養」包括：1.科技素養：不僅是針對科技資訊、溝通傳播、或修理日常生活器具，而是採取解決問題的角度，運用「後設素養」理念，因應新科技發展所造成個人與世界互動之改變。2.處理不確定性與多樣性：處在多元文化與後現代主義的多元差異情境下，涵養容忍、正義與考慮他人的美德。3.找出並維持社群的連結：面對瞬息萬變的社會，兼顧面對面社群與虛擬社群的理念，強調以民主理念營造道德氛圍。4.管理動機、情緒與欲求：通過多元方式思考與情緒相關理念。5.自律自主的行動

力與責任：自律自主的行動力，係指行動主體能與所處環境主動互動，積極學習與成長。

胡志偉、郭建志、程景琳與陳修元（2008）從教學心理學層面進行「能教學之適文化國民核心素養研究」，其研究顯示依據特定核心素養所發展的教學活動，將有助於學生提升其核心素養。這種論點，重視學生心理潛能的教育發展，促進學生的能力發展，啟發好奇心、求知欲和探索創新的精神，協助學生形成完善人格，學會認識和接納自己、學會人際交往、認識學習的價值，形成正確的學習動機及學會學習的策略，如此才能適應未來社會的挑戰。這種論點相當接近人本主義的教育目的，著重在建立學生的積極自我概念，重視積極人際關係發展及真誠的人際溝通，強調人性尊嚴，重視品德態度價值等。

因此，Haste（2001）便指出核心素養必須跳出「以內容領域為基礎的技能」，因為核心素養涉及自我管理、自我監控、主動進取等高階心智運作，強調管理動機、情緒、欲望、行動主體性與責任等「高階複雜」的素養，核心素養涉及既有深度又有廣度的高階複雜反省思考運作機制，如同DNA是存在於人體細胞的一種高階複雜的基因密碼，而且是人體細胞所構成的各種器官與複雜組織系統之構成要素，可以組合成為各種不同領域的組織系統，並展現出各種不同功能。

核心素養具有外顯的及內隱的「冰山」特質（Spencer & Spencer, 1993），「外顯的」特質往往是比較容易描述且容易觀察到的知識、能力，也比較容易培養發展與進行評價。至於「內隱的」態度情意價值、動機，就較不易直接描述觀察而難以培養發展與直接進行評價。核心素養不只是「外顯的」知識、技術能力表現，更重視「內隱的」態度等高階複雜深層面向，強調人性問題與人類文明精神等內在層次價值提升，而顯得深邃與宏觀（彭小妍、王瑷玲、戴景賢，2008）。

(三)「核心素養」的社會學理論基礎

從社會學論點而言，核心素養是行動主體能動者與社會生活環境脈絡的「多元場域」進行情境互動，涉及到主體能動者的行動實踐智慧之知識、能力與態度等多元維度，並能結合個體內部認知、技能與情意等複雜

心智之行動先決條件，進而統整個體的知識、能力與態度，透過行動反思與學習，促成個體展現主體能動者的負責任之行動，以因應社會情境之需求（Giddens, 1984）。這種核心素養的社會學理據，可闡述個體及其所處的社會制度結構之間的動態關係，核心素養可以協助個體，彈性地因應不同社會情境領域之不同需求與任務挑戰，有助於個體「成功」地因應社會情境之需求。

瑞士社會學家Perrenoud（2001）認為21世紀優質生活所需的「核心素養」，不特別限定於哪個場域，而是跨越了所有社會場域，並跨越各級學校的主要學科領域／科目課程，這些因應各種社會場域情境的素養是：1.確認、評估與捍衛自己的資源、權益限制與需求；2.提出計畫、執行計畫與發展策略；3.分析情境及人際關係；4.能團隊合作及分享領導；5.建立並運作民主組織與集體行動系統；6.管理並解決衝突；7.遵守與運用社會規則並使其更加精緻化；8.跨越文化差異並建構經過磋商的秩序。這彰顯「核心素養」的社會功能，是有助於行動主體能動者與生活環境脈絡的情境在進行互動過程中，習得主體能動性的行動實踐智慧，足以勝任個人所處生活情境的任務行動。

顧忠華、吳密察與黃東益（2008），也從社會學面向進行「我國公民歷史、文化及社會核心素養研究」，其研究發現「公民身分」包括：1.具有明確的認同意識；2.享有基本的公民權利；3.願意承擔責任與義務；4.能積極參與公共事務；5.接受民主價值論。特別是臺灣人民十分理解目前全球化的趨勢，但也希望能夠「瞭解自己的位置、差異，在全球化的浪潮下不致迷失」，採取相容並蓄的態度。而在群體及個人權益之間的權衡上，則明顯偏於「自身的權利必須勇於爭取，勇於表達自己的意見」，較注重個人主義的價值論，呼應人民自主性的特質。這也回應了社會學論點主張核心素養是行動主體能動者與生活情境互動過程中，具有主體能動性的行動實踐智慧，促成個體展現主體能動者的負責任之行動。

(四)「核心素養」的經濟學理論基礎

美國經濟學家Levy與Murnane（2001）認為受到資訊科技及全球化趨勢影響所及，造成社會變革進而影響到職場所需的「核心素養」。從經濟

學的論點而言，世界是複雜多變化且相互依賴的，同時也可能是彼此矛盾衝突並充滿挑戰的，不僅國家、社群、制度、組織都是如此，未來的社會發展將隨著國際資本主義的發展，跨國公司將資本、人力、商品和物資運送到世界各地，造成文化全球化現象。經濟學家以經濟學理論及實證研究探討勞動力市場中，成功的工作人員所需素養包括：1.閱讀與數學運算的技能；2.口語與書寫的溝通能力；3.在各種社群工作的技能；4.情緒智慧及與人協同合作的能力；5.熟悉資訊科技。從經濟學的學理基礎而論，核心素養同時具備促進個人發展與社會發展之「多元功能」，可以達成不同的目標，具有協助個人經營「成功的個人生活」，並可以建構「功能健全的社會」（Trilling & Fadel, 2009）。一方面從有助於個人生存的功能論點，可以協助個人獲得優質生活與成功的人生；另一方面，可建立功能健全的社會，促成社會經濟繁榮、生態永續發展等人類理想願景價值之實現。

(五)「核心素養」的人類學理論基礎

「核心素養」可持續發展，且在不同人生階段中強化之，涉及了終身學習的歷程。「核心素養」的這種特質，呼應了核心素養的人類學理據，強調核心素養必須建立在實際的人類社會背景之上。其基本假設是，個體與所處的生活情境之間的關係是辯證的、動態的，個體的行動是發生在生活環境的政治、工作、健康醫療等社會文化脈絡的社會場域複雜需求之中，亦即核心素養可以從生活情境中進行學習，並可在生活環境的各種社會場域情境中加以運用，因此，「核心素養」的養成必須透過人類的社會化，以及人類教育文化環境而完成，其與人類生活情境的關係相當密切。

美國人類學者Goody（2001）指出：1.「核心素養」的需求必須視社會情境與個人狀況而定；2.在社經地位較高的族群中，某些特定素養，如讀寫素養和數理素養，可視為適合該族群之核心素養；3.許多被視為普遍需求的素養並無必然性，如社交能力，在某些情境並無絕對的必要；4.年齡和發展迴圈會改變個人原有素養，例如：為人父母或祖父母其所具備的素養就不同；又如工作新手、熟手或即將退休者，其所具備的素養水準亦有所不同；5.特定的核心素養，如閱讀和數理，一般可視為個人生活必備

的素養，應該安排為正式的學校學習活動。

由上可見，西方學者的核心素養五種學理基礎似乎比較強調智育與群育，比較忽略德育、美育與體育的重要性（陳伯璋、張新仁、蔡清田、潘慧玲，2007），有待擴大研究視野，因此，必須考慮各國文化差異，以下分別就美國、英國、法國、德國、澳洲、紐西蘭、加拿大、新加坡等各國的核心素養理念加以論述。

第三節 世界先進國家的核心素養課改理念

在全球化的浪潮之下，世界各國政府都重視「核心素養」的重要性，以激發個人潛能，並促進社會進步。在此種趨勢下，世界各國政府莫不積極進行教育改革（洪裕宏，2011）。本節將分別加以介紹美國、英國、法國、德國、澳洲、紐西蘭、加拿大、新加坡等各國核心素養課程改革理念。

一、美國的核心素養課改理念

美國配合「經濟合作開發組織」進行《素養的界定與選擇》研究，提出溝通與資訊處理、規劃與管理、系統導向、社會素養與團隊合作、公民素養、價值導向、自主行動者等核心素養。更進一步地，美國教育部、國家研究委員會（National Research Council, NRC）及全國教育協會（National Education Association）與跨國公司如蘋果（Apple）、微軟（Microsoft）、戴爾（Dell Computer）、思科（Cisco Systems）等組成產官學界合作組織創辦「21世紀技能夥伴聯盟（Partnership for 21st Century Skills，簡稱P21」，提出《21世紀技能、教育和競爭力報告》（*21st Century Skills, Education Competitiveness*），將「21世紀技能」整合命名為「21世紀素養」（21st century competencies），涵蓋認知素養、個人素養、人際素養等範疇（NRC, 2011, 2012），其後更強調「21世紀學習框架」（Framework for 21st Century Learning）（Partnership for 21st Century Skills, 2019），規劃培育21世紀人才所需

的學習與創新技能／素養、生活與職業技能／素養、資訊媒體與技術技能／
素養等技術能力架構，包括當代社會「優質生活」所需的創新創造、團隊
合作、溝通互動、批判思維等核心素養（蔡清田，2019）。

二、英國的核心素養課改理念

90年代之後，英國對核心素養的建議逐步走向科層體制層級式
結構，1992年英國國家職業資格審議委員會（National Council for
Vocational Qualifications）對核心素養的建議，開始區分為義務的和非
義務的兩類。1996年的迪林報告（Dearing Report）則建議將普通國家職
業資格與學術水準兩條進路途徑加以整合，建議將溝通、數字應用、資
訊技術三項能力作為核心素養，國際合作、問題解決和學習的自我管理
三項能力作為廣泛的核心素養。迪林報告對英國核心素養的演變產生了
很大的影響，它將社會政治哲學、經濟需求與課程改革連結在一起，不
僅強調社會經濟需求，也強調個人義務。1999年，資格檢定與課程當局
（Qualifications and Curriculum Authority）再一次對核心素養進行調整
分成六項：1.溝通素養；2.數字應用；3.資訊科技；4.與他人合作；5.學
習和表現的自我提升；6.問題解決。其中前三項是主要的核心素養，是普
通國家職業資格課程的必修，後三項是廣泛的核心素養，對其要求相對較
低。

英國「國定課程」的「核心素養」是指普通的、可移動的、對未來生
活有關鍵作用的素養，是完成任務時不可或缺的重要素養，可適應社會情
境變化（Qualification and Curriculum Development Authority, 2010）。
英國1988年教育改革法案所推動的「國定課程」，是一種以均衡寬廣為
本位的課程理念，而且也是以素養來界定其三大課程目標：1.各科要能提
供學生在精神的、道德的、社會的和文化的等方面的發展；2.各科要能提
供學生在個人的、社會的、健康教育和國民素養與公民資格的發展；3.各
科要能提供學生在各種技術能力的發展。英國「資格檢定與課程當局」
於2000年建議「國定課程」第三項目標素養可分為兩大類：一是「**關鍵
能力**」，另一類是「**思考能力**」。關鍵能力包括溝通、數的使用、資訊
科技、與他人合作、改善自己的學習表現、問題解決等六種素養；思考
能力包括訊息處理能力、推理能力、探究能力、創造思考能力、評鑑能

力等五種。上述之外，尚有理財能力、企業教育、謀生能力發展（QCA, 2000）。

英國教育與技能部2005年公布「14-19歲的教育與技能」（14-19 Education and Skills）白皮書，該白皮書其實提供11-19歲教育的一個清楚而廣泛的課程架構，期教育能提供每位青少年皆能有寬廣的機會發展其各自的潛能，以因應21世紀的生活，從此課程架構可以看出此次白皮書所強化的素養已經逐步重視到11歲的兒童。同時也再度強化學校教育與職場工作結合的方針，公布「技能：馳騁職場與工作」白皮書，確立學校可以提早和市場人力需求結合，讓學校教育的「產品」足以因應職業和市場的需求，並公布「所有學校都更好、更卓越」的白皮書，希望全面提升學校的品質，以厚植國家競爭力。2006年「關鍵能力資格檢定考試」（Key Skill Qualifications），主要測試項目為溝通、算數與資訊科技的素養，通常參與考試檢定的學生年齡為16-19歲。14-16歲學生則以參與普通中等教育證書考試（General Certificate of Secondary Education，簡稱GCSE）的英文、數學與資訊科技檢定考試為主（DfES, 2006）。回顧核心素養在英國的演變，其正式規定的歷史可追溯到1979年，以後的二十多年中，其所規定的核心素養都發生了多次的變化（關晶，2003）。

三、澳洲的核心素養課改理念

澳洲政府1993年配合「經濟合作開發組織」進行《素養的界定與選擇》研究，宣布在往後三年提供2億元澳幣之經費，進行「核心素養」於教育及培訓體系的試驗及評估計畫。而至1994年上半年度，核心素養終於在澳洲全國各州及地方開始試行，陸續於各地學校付諸實踐，各州及地方亦達成必須參與及發表「核心素養計畫」評估報告的共識（羊憶蓉，1996）。此外，為了因應澳洲多族群組成及多元文化的背景，昆士蘭地區也曾經大力主張納入第八項「理解不同文化」之核心素養，但是礙於各地區及團體間一直未達成共識，故第八項「核心素養」曾懸而未決多年。1999年澳洲在「21世紀國家學校教育目標」中，對學生核心素養的構想其內涵如下（MCEETYA, 1999）：

1. 具備解決問題和溝通資訊，並且組織規劃活動的能力。
2. 培養自信樂觀的生活態度，使其滲透在生活、家庭社區及工作生活

內。

3. 賦予道德判斷和社會正義倫理的觀念，以培養理解世界及對自己行為負責的能力。

4. 成為積極理解欣賞澳洲政體與市政的公民。

5. 理解工作環境與技能。

6. 培養創造科技的能力，尤其是資訊和通信的技術。

7. 理解且關心自然環境的管理工作、生態維持與發展，並擁有相關之知識、技能和態度。

8. 建立並保持健康的生活模式，具備創意並滿意地善用休閒時間之相關知識技能與態度。

　　由上可知，澳洲核心素養不斷進行擴充中，而在澳洲「21世紀國家學校教育目標」的內容之中可以看到，過往所發展出之核心素養內涵已整合於其中出現，此外自然生態、生命態度及生活規劃、公民責任、文化尊重與理解等目標的加入，皆使得澳洲的核心素養架構更趨於完整。

四、紐西蘭的核心素養課改理念

　　紐西蘭配合「經濟合作開發組織」進行《素養的界定與選擇》研究，在《*Tertiary Education Strategy 2002-2007*》報告書中揭示，第三級教育發展的策略主要是以培養「參與現代社會的核心素養」為主（林佳慧，2003；MOE, 2002）。紐西蘭教育部於2005年「第三級教育的核心素養」（Key Competencies in Tertiary Education）報告書中，根據紐西蘭面臨的社會經濟環境，提出四項核心素養。

1. 運作於社會團體中（operating in social group）

　　不論是在生活、工作和玩樂中，與他人互動時所需的合作和分享的素養。

　　(1) 和他人相處良好。

　　(2) 合作。

　　(3) 處理和解決衝突。

　　(4) 聲明、保護權利和責任。

　　(5) 支持、實現責任和貢獻。

(6) 激發團體共同達到特定的成果。

2. 自主地活動（acting autonomously）

在工作、家庭或社區等不同場合中，個體能夠適切地定義自己，並且有效扮演不同的角色。

(1) 根據自己的興趣、限制和需求，以自我定位和行動。

(2) 形成或指導生活和個人的計畫。

(3) 在大的脈絡及圖像中行動。

3. 互動地使用工具（using tools interactively）

「工具」泛指設備，例如：語言、資訊、知識和物理工具等。使用者有意義的使用工具，並且使「工具」適應不同的任務。

(1) 語言、識字和算數素養。

(2) 符號。

(3) 知識。

(4) 科技。

4. 思考（thinking）

思考是運用其他三個核心素養時必要的素養。思考為內在監督和意識的重要歷程，其可以幫助人們在特定或是新的脈絡下，靈活地善用核心素養。

(1) 創造性思考。

(2) 使用認知或是後設認知的策略。

值得注意的是，紐西蘭所提出的核心素養與「經濟合作開發組織」《素養的界定與選擇》建議的「核心素養」的三維理論，有著極高的相似性。

五、德國的核心素養課改理念

德國配合「經濟合作開發組織」進行《素養的界定與選擇》研究，並依其國情與參考年度成果報告（OECD, 2002），將素養分為基礎素養（fundamental competencies）及進階的核心素養（further key competencies）。基礎素養包括理解知識、應用知識、學習素養、使用工具的素養、社會素養、價值導向；進階的核心素養包括網際網路素養、後

設認知與後設知識、溝通素養、媒體素養、經濟素養、文化素養、跨文化素養、情緒智慧、動機等德國觀點的核心素養，呼應了「經濟合作開發組織」的重要研究發現，歸納整理成為一套嚴謹架構的核心素養（OECD, 2005）。

六、法國的核心素養課改理念

　　法國配合「經濟合作開發組織」進行《素養的界定與選擇》研究，根據《為了全體學生的成功》報告書制定《學校未來的導向與綱要》。法國總統於2005年4月23日正式頒布相當於「核心素養」的「共同基礎」內涵，重點強調：掌握法語、掌握數學基本知識、具備自由行使公民責任的人文與科學文化、至少會運用一門外語、掌握資訊與溝通資訊的一般技術等素養之重要內涵（王曉輝，2006）。法國的跨學科核心素養包括：1.知性素養：應用資訊、解決問題、批判思考、創新素養；2.方法素養：採用有效運作方式、應用資訊與通訊工具；3.個人與社會素養：建立自我認同、與他人合作；4.溝通素養：以適當方式與他人進行溝通（Kim, Youn, Shin, Park, Kyoung, Shin, Chi, Seo, & Hong, 2007）。

七、加拿大的核心素養課改理念

　　加拿大配合「經濟合作開發組織」《素養的界定與選擇》研究，魁北克省的幼兒及初等教育改革計畫則提出四類跨越科目課程的九種「核心素養」，包括語文知能表現、數理、個人和社會，以及溝通互動等有關素養（MOE, 1996）。2002年魁北克省更建立了初等教育階段課程素養，作為學校課程教學的依據，藉此瞭解學生的「核心素養」發展情形。在「核心素養」架構中，先訂出各領域主軸素養，包括跨科目領域、語文、數理、科技、社會、藝術與個人發展等七種領域，皆訂有領域素養。數理分別設定數學、自然及科技的素養面向；藝術則有戲劇、視覺藝術、舞蹈、音樂等四類素養；個人發展方面則訂有體育、道德、宗教教育等各類素養。在各類素養項下又區分出六個層次，每一層次都有文字明確的敘述以界定此素養水準。例如：在跨科目領域素養指標方面，設有運用資訊、解決問題、練習批判、運用創造力、採取有效工作方法、運用資訊科技、建構自

我認同、與他人合作、適切溝通等九大主軸素養,進一步將各種素養加以層次化,能使學生在各項素養的發展,有明確依據。

八、新加坡的核心素養課改理念

新加坡配合「經濟合作開發組織」《素養的界定與選擇》研究,強調尊重、責任、正直、關懷、彈性與和諧等價值態度是其21世紀核心素養架構的核心(core of the framework of 21st century competencies);其中間層是社會與情緒素養(Social and Emotional Competencies),學生必須去瞭解並進行情緒管理、發展關懷並關注他人、作出負責任決定、建立正向積極的人際關係,以及有效處理環境的挑戰。新加坡國民素養架構的最外圍包括公民素養、全球意識與跨文化能力、批判與創造新思考、資訊與溝通能力,協助年輕人掌握新數位時代的豐富機會,並維持一種強而有力的新加坡動力精神(MOE, 2010)。

上述各國政府陸續指出每個國民終其一生一定需要許多的素養以因應各國社會生活之所需,這些所有社會成員都應該具備的共同素養,叫做核心素養。特別是依據「經濟合作開發組織」《素養的界定與選擇》界定之「能互動地使用工具溝通」、「能在異質社群中進行互動」與「能自主地行動」等面向「核心素養」,係指能促進個人在多元複雜的情境中,有效增進個人積極生活及健全社會發展,此論述廣泛被各國政府採用(Canto-Sperber & Dupuy, 2001)。有鑑於此,我國十二年國民基本教育課程改革教育亟需與國際接軌,將基本能力升級轉型成為核心素養以合乎世界潮流,而且研發適合我國文化價值觀、社會經濟、教育特色的核心素養,不能一味將國際組織相關研究移植到我國,因此,有必要深入探討國內相關核心素養研究,以獲得更為廣泛周延的理據。

第四節　臺灣核心素養取向之理念建議課程

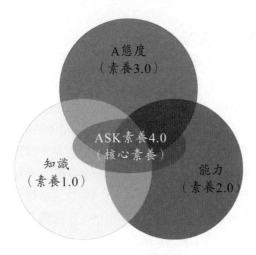

§圖2-3　素養的理論構念之意涵

　　21世紀人類生活所需「素養」隨著社會文明演進而不斷再概念化，已由過去強調讀書識字的知識之「素養1.0」、進化到重視技術能力的「素養2.0」、再進化為用心態度之「素養3.0」，並再升級為統整知識、能力、態度的「素養4.0」（蔡清田，2018），如圖2-3「素養的理論構念之意涵」所示。「核心素養」就是「素養4.0」，是一個人因應「工業4.0」社會生活所需要統整知識、能力、態度的「智慧」（蔡清田，2021），而且「核心素養」是可透過課程發展加以培養（Hess, Colby, Joseph, 2020）。「核心素養」的理念也是與時俱進，歷經不斷升級進化，已由培養學科知識之「核心素養1.0」（蔡清田，2011）、進化到重視基本能力的「核心素養2.0」（蔡清田，2012）、重視態度情意之「核心素養3.0」（蔡清田，2014），並再升級為強調「生活智慧」統整學科知識、基本能力、態度情意的「核心素養4.0」（蔡清田，2018），亦即因應21世紀優質社會生活智慧所需的「核心素養4.0 =（學科知識 + 基本能力）^{態度情意}」（蔡清田，2020）。

　　「核心素養」延續並擴展「九年國民義務教育」的學科知識與「國

民中小學九年一貫課程改革」基本能力，但涵蓋更寬廣和豐富的學習內涵，不宜以學科知識及技能為限，強調培養因應現在與未來社會生活所需態度情意的重要性，關注學習與生活的結合，透過實踐力行而彰顯學習者的全人發展（國家教育研究院，2014a、2014b），延續「九年國民義務教育」的學科知識與「國民中小學九年一貫課程改革」的基本能力，也擴展了東方學者強調知識、能力、態度之統整（洪裕宏、胡志偉、顧忠華、陳伯璋、高湧泉、彭小妍，2008；陳伯璋、張新仁、蔡清田、潘慧玲，2007），更涵蓋「聯合國教育科學文化組織」、「經濟合作開發組織」、「歐盟」核心素養研究；兼具傳統東方社會人文博雅通識與現代西方社會經濟競爭力的核心素養，相當於洪裕宏、胡志偉、顧忠華、陳伯璋、高湧泉、彭小妍等教授所稱國民核心素養（蔡清田，2016），可垂直連貫國小、國中、高中等各教育階段學校課程（蔡清田，2021），並可跨界跨越各領域／科目與各種社會生活領域，引導學生學習獲得社會生活所需的核心素養。

　　值得注意的是，我國1990年代政治解嚴後，各種改革風起雲湧，1994年中央研究院院長李遠哲博士受當時行政院院長連戰之邀，出任教育改革審議委員會召集人，利用研討會與座談會集思廣義，在1996年12月2日提出《教育改革總諮議報告書》，希望能發展適才適性的教育，為臺灣教育規劃了未來理想。

一、前行政院教育改革審議委員會《教育改革總諮議報告書》的能力取向理念

　　前行政院教育改革審議委員會希望長期被戒嚴的教育能夠獲得開放鬆綁，為教育開拓更多自由的空間，因此對教育改革提出五項建議：1.教育鬆綁——解除對教育的不當管制；2.發展適性適才的教育——帶好每位學生；3.打開新的「試」窗——暢通升學管道；4.好還要更好——提升教育品質；5.活到老學到老——建立終身學習社會，並提出課程改革理念建議：「以生活為中心進行課程規劃，掌握理想的教育目標，訂定課程綱要取代課程標準，強化課程的銜接與統整，減少學科數目和上課時數」的課改理念（行政院教育改革審議委員會，1996）。

二、國民中小學九年一貫課程改革的能力取向理念

　　呼應前行政院《教育改革總諮議報告書》建議的課程改革理念，前教育部長林清江便在立法院提出教育改革施政報告，強調培養學生帶著走的能力（林清江，1998）。隨後教育部（1998）正式公布《**國民教育階段九年一貫課程綱要總綱**》，強調「培養帶得走的能力，取代背不動的書包」，以培養人本關懷、統整能力、民主素養、本土與國際觀及終身學習等課改理念，培養十大基本能力：瞭解自我與發展潛能，欣賞、表現與創新，生涯規劃與終身學習，表達、溝通與分享，尊重、關懷與團隊合作，文化學習與國際瞭解，規劃組織與實踐，運用科技與資訊，主動探索與研究，獨立思考與解決問題。

　　國民中小學九年一貫課程目標在於培養國民中小學生具備十項基本能力，基本能力是指個體為了參與未來社會的生活、工作與學習，而經由學習後所具備的能力，對於學生學習成就有著指引的作用，是學校教學與學生學習的方向，甚至要與學校課程的學習領域之知識與技能結合成為能力指標（李坤崇，2002）。之後受到國際組織推動核心素養理念之影響，我國積極重視「核心素養」研究。

三、十二年國民基本教育課改的核心素養研究

　　就我國核心素養之重要研究而言，洪裕宏、胡志偉、顧忠華、陳伯璋、高湧泉、彭小妍等的《界定與選擇國民核心素養：概念參考架構與理論基礎研究》，以及其子計畫陳伯璋、張新仁、蔡清田、潘慧玲（2007）的《全方位的國民核心素養之教育研究》，從哲學整合心理學、社會與歷史、教育、科學與人文藝術等學理，建立「核心素養」的理論基礎；蔡清田、陳延興、李奉儒、洪志成、鄭勝耀、曾玉村、林永豐（2009）的《中小學課程相關之課程、教學、認知發展等學理基礎與理論趨向研究》，探討中小學課程發展的哲學、心理學、社會學、文化人類學及教學理論等學理基礎與理論趨向，蔡清田、吳明烈、盧美貴、方德隆、陳聖謨、林永豐、陳延興等人（2011）的《K-12中小學一貫課程綱要核心素養與各領域連貫體系研究》，建議一個核心的三面九項核心素養，分齡設計幼兒園、國小、國中、高級中等教育階段核心素養；蔡清

田、陳延興、盧美貴、方德隆、陳聖謨、林永豐、李懿芳等人（2012）的《K-12各教育階段核心素養與各領域課程統整研究》，透過「核心素養」與各領域／科目課程統整研究，建立領域／科目核心素養與學習重點之連貫體系，蔡清田、陳伯璋、陳延興、林永豐、盧美貴、李文富、方德隆、陳聖謨、楊俊鴻、高新建、李懿芳、范信賢（2013）的《十二年國民基本教育課程發展指引草案擬議研究》，發展以核心素養為核心的課程發展指引，這些重要研究如圖2-4十二年國民基本教育課程綱要核心素養「八年研究」（蔡清田，2020），圍繞著以「核心素養」為主軸的中小學課程基礎研究，分述如次。

(一)《界定與選擇國民核心素養：概念參考架構與理論基礎研究》

我國核心素養課程基礎研究，最早是洪裕宏、胡志偉、顧忠華、陳伯璋、高湧泉、彭小妍等進行《界定與選擇國民核心素養：概念參考架構與理論基礎研究》（簡稱臺灣DeSeCo）（洪裕宏，2011；胡志偉、郭建志、程景琳、陳修元，2008；高湧泉、王道還、陳竹亭、翁秉仁、黃榮棋，2008；陳伯璋、張新仁、蔡清田、潘慧玲，2007；彭小妍、王瑷玲、戴景賢，2008；顧忠華、吳密察、黃東益，2008），整體計畫架構整合五個子計畫分別從心理學、社會與歷史、教育、科學與人文藝術各面向的核心素養研究成果，指出核心素養是所有每一個個人獲得成功生活與功能健全社會的關鍵素養或必要素養，總計畫從哲學與理論層面探討整體計畫概念架構，包括分析素養概念、理想社會的基本假設、成功人生與運作良好的社會內涵與背後假定，用以修正「經濟合作開發組織」《素養的界定與選擇》的結論，以建立「核心素養」的理論基礎。這說明西方學者倡導key competencies/core competence之理念，相當接近於我國學者倡導「核心素養」之理念，一方面彰顯「素養」的核心地位，另一方面並可涵蓋「基本能力」、「核心能力」或「關鍵能力」等範疇。《界定與選擇國民核心素養》，提出「能使用工具溝通互動」、「能在社會異質團體運作」、「能自主行動」、「展現人類的整體價值並建構文明的能力」四維架構，如表2-4。

研究目的與重點	核心素養課程研究名稱與時間
從哲學整合心理學、社會與歷史、教育、科學與人文藝術等學理以界定國民核心素養。	《界定與選擇國民核心素養：概念參考架構與理論基礎研究》（全方位的國民核心素養之教育研究）（2005.12-2007.11）
從哲學、認知心理學、社會變遷、教學論與文化研究等學理基礎探討中小學課改趨勢。	《中小學課程相關之課程、教學、認知發展等學理基礎與理論趨向研究》（2008.06-2009.12）
提出以溝通互動、社會參與、自主行動三面向核心素養及各教育階段核心素養內涵。	《K-12中小學一貫課程綱要核心素養與各領域連貫體系研究》（2010.07-2011.06）
針對三面向核心素養進行現行各領域課綱的比對檢視，瞭解現行各領域課綱符應程度。	《K-12一貫課程綱要各教育階段核心素養與各領域課程統整研究》（2011.09-2012.12）
發展以核心素養為課程組織軸線的十二年國民基本教育課程發展指引。	《十二年國民基本教育課程發展指引草案擬議研究》（2012.07-2013.06）
透過十二年國教課程綱要總綱與各學科課綱規範學生核心素養、教育階段核心素養、學科核心素養課程實施通則。	《十二年國民基本教育課程綱要研修》（2013.06-2018.11）並自2019年8月起正式全面實施核心素養課程改革的教與學

§圖2-4　十二年國民基本教育課程綱要核心素養「八年研究」

§表2-4 界定與選擇國民核心素養

國民核心素養的四維架構	二十八項具體內涵
能使用工具溝通互動	閱讀理解 溝通表達 使用科技資訊 學習如何學習 審美能力 數的概念與應用
能在社會異質團體運作	團隊合作 處理衝突 多元包容 國際理解 社會參與與責任 尊重與關懷
能自主行動	反省能力 解決問題 創新思考 獨立思考 主動探索與研究 組織與規劃能力 為自己發聲 瞭解自我
展現人類的整體價值並建構文明的能力	形式的邏輯能力、哲學思想能力，與「生活」相關的邏輯能力、社會正義、規範相關的邏輯能力、意志價值追求、相關的邏輯能力、工具理性

(二)《全方位的國民核心素養之教育研究》

《界定與選擇國民核心素養：概念參考架構與理論基礎研究》的子計畫之一，是由陳伯璋、張新仁、蔡清田、潘慧玲進行《全方位的國民核心素養之教育研究》，其所界定的核心素養架構，使用問卷調查法以瞭解學校行政人員、學校教師、學生家長，和教育專家學者對核心素養進行調查；透過小組研討建構修訂各國核心素養而精選出未來生活所需的三組核心素養，如表2-5《全方位的國民核心素養之教育研究》核心素養架構內

涵：「能使用工具溝通互動」、「能在社會異質團體運作」、「能自主行動」（陳伯璋、張新仁、蔡清田、潘慧玲，2007）。上述研究指出進行核心素養是過去中小學校應該教而未教的「懸缺課程」，宜將中小學的基本能力擴展為核心素養以同時涵蓋知識、能力與態度，避免過去九年一貫課程改革重視基本能力，被誤解為忽略知識與情意態度之批評。

§表2-5 《全方位的國民核心素養之教育研究》核心素養架構內涵

核心素養的三面架構	核心素養的二十項內涵
能自主行動	反省能力 問題解決 創新思考 獨立思考 主動探索與研究 組織與規劃能力 為自己發聲 瞭解自我
能使用工具溝通互動	閱讀理解 溝通表達 使用科技資訊 學習如何學習 審美能力 數的概念與應用
能在社會異質團體運作	團隊合作 處理衝突 多元包容 國際理解 社會參與與責任 尊重與關懷

　　陳伯璋、張新仁、蔡清田、潘慧玲（2007）界定的「核心素養」是指一般臺灣人民於18歲完成中等教育時，能在臺灣的社會文化脈絡中，積極地回應情境中的要求與挑戰，順利完成生活任務，獲致美好的理想結果所應具備的素養，例如：反省能力、閱讀理解、溝通表達、解決問題、協同合作、處理衝突、創新思考、獨立思考、多元包容、主動探索與研

究、組織與規劃能力、使用科技資訊、學習如何學習、審美能力、國際理解、社會參與與責任、為自己發聲、數學概念與技術運用、瞭解自我、尊重與關懷。上述研究指出，進行「核心素養」之研究已刻不容緩，以便及時與國際接軌透過課程改革培養「核心素養」。然而上述「核心素養」之架構內涵有三面向二十項目，有待進一步轉化，以便進行課程連貫與課程統整（蔡清田、吳明烈、盧美貴、方德隆、陳聖謨、林永豐、陳延興，2011）。

(三)《中小學課程相關之課程、教學、認知發展等學理基礎與理論趨向研究》

　　《中小學課程相關之課程、教學、認知發展等學理基礎與理論趨向研究》（蔡清田、陳延興、李奉儒、洪志成、鄭勝耀、曾玉村、林永豐，2009），從哲學、教學學理、認知發展、社會變遷、文化研究五個面向切入研究發現「核心素養」是後天習得的，是可學與可教的，並經由學習者的一段特定時間之學習和累積，可逐漸充實「核心素養」的內涵與提升其水平。核心素養可視為增能賦權與自我實現，核心素養可視為具備社會參與貢獻的知識、能力與態度，核心素養能運用在不同的生活情境，協助個人具備勝任扮演工作者、家庭成員與社會公民角色的核心素養（黃崑嚴，2009）。

　　核心素養統整了知識、能力、態度，包含了我國中小學的「基本能力」、高中職學科的「核心能力」、社會發展與個人生活與就業所需之「關鍵能力」等用詞，但又超越其範疇，可彌補上述用詞在態度情意價值等面向的不足。核心素養可因應社會需求，適用於複雜多變的資訊社會之科技網路世代各種生活場域，可積極地回應生活情境的複雜需求，特別是因應當前後現代社會複雜生活所需的「語文素養」、「科學素養」、「資訊素養」、「媒體素養」、「民主素養」、「多元文化素養」、「環境生態素養」、「自主行動」、「溝通互動」、「社會參與」等社會生活所需素養（柯華葳、劉子鍵，2005），可同時涵蓋學科知識、基本能力與核心能力、態度情意等，更可彌補過去傳統社會與工業社會的基本能力之不足，因此，有必要因應時空改變與社會變遷，培養當代及未來生活所需核

心素養。

(四)《K-12中小學一貫課程綱要核心素養與各領域連貫體系研究》

《K-12中小學一貫課程綱要核心素養與各領域連貫體系研究》，從國際接軌的觀點探討國外研究針對核心素養之相關研究之三維架構，可作為我國核心素養之理論基礎（蔡清田、陳延興、吳明烈、盧美貴、陳聖謨、方德隆、林永豐，2011）。特別值得重視的是國際組織對於終身學習在全球社會的推展甚為重視，均強調透過核心素養的培養，以促成個人積極生活及健全社會發展。各國際組織所提出的素養內涵均有類似之處，如表2-6所示。

§表2-6　我國國民核心素養與國際組織主要相關研究對照表

面向＼相關研究	蔡清田等（2011）我國國民核心素養	UNESCO（2003）	OECD（2005）	European Commission（2007）
自主行動	身心素質與自我精進	學會自處（學會自我實現）	保護及維護權利、利益、限制與需求的能力	
	系統思考與解決問題	學會改變學會自處（學會自我實現）	管理與解決衝突的能力 在廣泛脈絡情境的行動能力	學習如何學習 批判思考 解決問題 風險評估 作決定
	規劃執行與創新應變	學會改變學會做事學會自處（學會自我實現）	形成及執行生活方案與個人計畫的能力	創造力 創業家精神 主動積極 風險評估 感受管理

相關研究＼面向	蔡清田等（2011）我國國民核心素養	UNESCO（2003）	OECD （2005）	European Commission（2007）
溝通互動	符號運用與溝通表達	學會求知學會改變	使用語言、符號與文本互動的能力	母語溝通外語溝通數學能力及基本科技能力學習如何學習文化表達
	科技資訊與媒體素養	學會求知學會改變	使用知識與資訊互動的能力使用科技互動的能力	數位能力
	藝術涵養與美感素養	學會求知學會改變		文化表達
社會參與	道德實踐與公民意識	學會共處	保護及維護權利、利益、限制與需求的能力	人際、跨文化與社會能力及公民能力
	人際關係與團隊合作	學會共處	與他人建立良好關係的能力團隊合作能力管理與解決衝突的能力	人際、跨文化與社會能力及公民能力
	多元文化與國際理解	學會共處		文化表達人際、跨文化與社會能力及公民能力

　　《K-12中小學一貫課程綱要核心素養與各領域連貫體系研究》重視如何在全球化趨勢中，一方面培養與國際接軌的核心素養，另一方面側重我國教育具備東方教養色彩核心素養，如圖2-5我國核心素養之研究文獻理論依據來源分析所示，兼顧國際學術研究接軌與延續我國本土研究，作為我國核心素養之理論基礎（蔡清田、陳延興、吳明烈、盧美貴、陳聖謨、方德隆、林永豐，2011）。

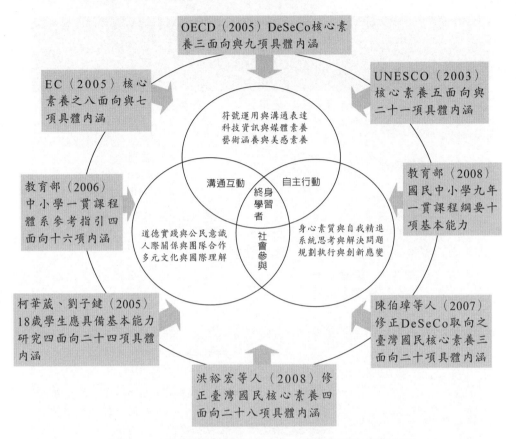

§圖2-5 我國核心素養之研究文獻理論依據來源分析

如表2-7我國國民核心素養與國內本土相關研究及重要課程政策文件
對照表所示，「核心素養」的架構或繁或簡有所差異，未來可參考上述內
容轉化成「國民核心素養」量表，俾以評量個別國民所達到之「國民核心
素養」層級，並可將所獲評量結果，一方面進行個別國民的「國民核心素
養」之發展情況追蹤比較；另一方面則進行跨國比較以掌握我國國民在全
球社會中之「核心素養」排序情形。

《K-12中小學一貫課程綱要核心素養與各領域連貫體系研究》強調
以終身學習者為主體，垂直連貫幼兒園、國小、國中、高中等各「教育階
段核心素養」，進而發展呼應核心素養之K-12年級領域／科目課程，將

§表2-7 我國國民核心素養與國內本土相關研究及重要課政策文件對照表

國內研究三面向	蔡清田等(2011) K-12中小學一貫課程綱要核心素養與各領域連貫體系研究	柯華葳、劉子鍵(2005) 18歲學生應具備基本能力研究	教育部(2006) 中小學一貫課體系參考指引	陳伯璋、張新仁、蔡清田、潘慧玲(2007) 全方位的國民核心素養之教育研究	洪裕宏等(2008) 界定與選擇國民核心素養	教育部(2008) 國民中小學九年一貫課程綱要
自主行動	身心素質與自我精進	自我瞭解 自我保護 情緒管理 積極進取 挫折容忍	生活覺知 情緒管理 專注進取 挫折容忍	為自己發聲 瞭解自我	瞭解自我 意志價值追求 相關邏輯能力 為自己發聲	瞭解自我與發展潛能 生涯規劃與終身學習
	系統思考與解決問題	生活管理 活用知識 批判思考 學習策略 統整認知 後設學習 主動學習 反思能力 危機處理	生活管理 批判思考 自主學習 危機處理	學習如何學習 反省能力 解決問題 獨立思考 主動探索與研究	學習如何學習 處理衝突 反省能力 解決問題 獨立思考 主動探索與研究 形式的邏輯能力 哲學思想能力 生活相關邏輯能力	主動探索與研究 獨立思考與解決問題

國內研究三面向	蔡清田等(2011) K-12中小學課程綱要一貫課程核心素養與各領域連貫與各體系研究	柯華葳、劉子鍵(2005) 18歲學生應具備基本能力研究	教育部(2006) 中小學一貫體系參考指引	陳伯璋、蔡清田、潘慧玲(2007) 全方位的國民核心素養之教育研究	洪裕宏等(2008) 界定與選擇國民核心素養	教育部(2008) 國民中小學九年一貫課程綱要
溝通互動	規劃執行與創新應變	主動學習、自主學習、後設認知、創新能力	自主學習	創新思考、組織與規劃能力	創新思考、組織與規劃能力	欣賞、表現與創新、生涯規劃與終身學習、規劃、組織與實踐
	符號運用與溝通表達	閱讀能力	活用知識、視閱聽能力	閱讀理解、溝通表達、數的概念與應用、學習如何學習	閱讀理解、溝通表達、數的概念與應用、工具理性、學習如何學習	表達、溝通與分享
	科技資訊與媒體素養	資訊管理	視閱聽能力	使用科技資訊	使用科技資訊	運用科技與資訊
	藝術涵養與美感素養	鑑賞事物		審美能力	審美能力	欣賞、表現與創新

國內研究三面向	蔡清田等（2011）K-12中小學課程綱要核心素養與各領域連貫體系研究	柯華葳、劉子鍵（2005）18歲學生應具備基本能力研究	教育部（2006）中小學一貫體系參考指引	陳伯璋、蔡清田、張新仁、潘慧玲（2007）全方位的國民核心素養之教育研究	洪裕宏等（2008）界定與選擇國民核心素養	教育部（2008）國民中小學九年一貫課程綱要
社會參與	道德實踐與公民意識	同理他人關懷生命	自我負責 同理他人 關懷生命	社會參與與責任 尊重與關懷	社會參與與責任 尊重與關懷 社會正義 規範相關邏輯能力	尊重、關懷與團隊合作
	人際關係與團隊合作	人際管理 合作協商 情緒管理	人際關係 情緒管理 合作協商	團隊合作 處理衝突	團隊合作 處理衝突	表達、溝通與分享 尊重、關懷與團隊合作
	多元文化與國際理解	包容多元	接納多元	多元包容 國際理解	多元包容 國際理解	文化學習 與國際理解

柯華葳、劉子鍵（2005）《18歲學生應具備基本能力研究》延伸到幼兒園教育階段，並接軌18至65歲公民的閱讀、數學、科學等素養研究。這是透過國內外文獻探討，經過各教育階段學者專家德懷術研究調查，多次研究團隊課程慎思與採納學者專家審查意見等方法界定的核心素養，具有「自主行動」、「溝通互動」、「社會參與」等三面向內涵；展現出「核心素養」具有終身學習者在幼兒園、國小、國中、高中等教育階段之垂直連貫性，更可融入生活情境並跨越各種學科領域。

《K-12中小學一貫課程綱要核心素養與各領域連貫體系研究》，其研究成果是垂直連貫幼兒園、小學、國中、高中等「教育階段核心素養」，強調以終身學習者為主體，進而培養「溝通互動」、「社會參與」、「自主行動」三面向均衡發展的健全公民，連貫各「教育階段核心素養」，「自主行動」包括「身心素質與自我精進」、「系統思考與解決問題」、「規劃執行與創新應變」，「溝通互動」包括「符號運用與溝通表達」、「科技資訊與媒體素養」、「藝術涵養與美感素養」，「社會參與」包括「道德實踐與公民意識」、「人際關係與團隊合作」、「多元文化與國際理解」等範疇；這是透過國內外文獻探討、經過各教育階段學者專家德懷術研究調查、多次研究團隊課程慎思與採納學者專家審查意見等方法界定的核心素養，這些是因應當前社會與未來生活世界所需之核心素養。

就十二年國民基本教育的完整圖像而言，強調培養以人為本的「終身學習者」，並以此為基礎建構出幼兒園、國小、國中及高中等「教育階段核心素養」之「階段性」，頗能彰顯發展心理學的認知發展論，強調其「階段任務」之動態發展，可以人為主體的終身學習核心素養內涵，進行幼兒教育、初等教育、前期中等教育、後期中等教育等階段課程的連貫與統整，具有層次分明漸進發展的課程改革巨幅圖像。

(五)《K-12各教育階段核心素養與各領域水平統整研究》

《K-12各教育階段核心素養與各領域水平統整研究》（蔡清田、陳延興、盧美貴、方德隆、陳聖謨、林永豐、李懿芳，2012），是延續《K-12中小學一貫課程綱要核心素養與各領域連貫體系研究》，以達成

「核心素養」之連貫與統整，完成幼兒園、國民小學、國民中學、高中等教育階段核心素養與各領域／科目之課程統整。「核心素養」，可轉化為國小、國中、高中等「教育階段核心素養」，進而結合各「教育階段核心素養」及各領域／科目的理念與目標，轉化與發展成為「領域／科目核心素養」及「學習重點」。「領域／科目課程目標」，係統整國民核心素養與原領域／科目課程目標，修訂現行各教育階段各領域／科目課程目標，結合「教育階段核心素養」的理念，並考量各教育階段的銜接性，亦即「領域／科目課程目標」係統整現行各教育階段各領域／科目之課程目標與「教育階段核心素養」而來，從九項核心素養當中選擇一兩項能統整領域／科目課程目標，並考慮該領域／科目內部各教育階段的銜接性。「領域／科目核心素養」，則根據「領域／科目課程目標」，轉化為該教育階段所欲培養的該領域／科目核心素養具體內涵。「領域／科目學習重點」，則根據「領域／科目核心素養」的具體內涵為指引轉化成為「學習重點」，由「學習表現」與「學習內容」組合交織而成，以引導課程設計呈現所欲培養的核心素養。

(六)《十二年國民基本教育課程發展指引草案擬議研究》

　　《十二年國民基本教育課程發展指引草案擬議研究》，原先研究案名稱為《K-12年級課程體系指引草案擬議研究》，研究範圍涵蓋了從幼兒園、國小、國中與高中職的K-12年級課程體系，為因應政府推動「十二年國民基本教育」政策需要，於2013年2月6日該案期中審查後改名為《十二年國民基本教育課程發展指引草案擬議研究》（蔡清田、陳伯璋、陳延興、林永豐、盧美貴、李文富、方德隆、陳聖謨、楊俊鴻、高新建、李懿芳、范信賢，2013）。

　　《十二年國民基本教育課程發展指引草案擬議研究》除參考國際組織有關核心素養研究，並兼顧本土脈絡延續《界定與選擇國民核心素養：概念參考架構與理論基礎研究》（洪裕宏，2011）、《全方位的國民核心素養之教育研究》（陳伯璋、張新仁、蔡清田、潘慧玲，2007）、《中小學課程相關之課程、教學、認知發展等學理基礎與理論趨向之研究》（蔡清田、陳延興、李奉儒、洪志成、曾玉村、鄭勝耀、林永

豐，2010）、《K-12中小學一貫課程綱要核心素養與各領域連貫體系研究》（蔡清田、陳延興、吳明烈、盧美貴、方德隆、陳聖謨、林永豐，2011）、《K-12各教育階段核心素養與各領域課程統整研究》（蔡清田、陳延興、盧美貴、方德隆、陳聖謨、林永豐、李懿芳，2012）。其次，「核心素養」會因其所適用的環境脈絡情境之不同而有其差異性，因此《十二年國民基本教育課程發展指引草案擬議研究》，特別參考現行高中職課程與國民中小學九年一貫課程現況之分析檢討，尤其是領域／科目的統整及分化程度，除了領域／科目結構之外，亦需考慮學習者的認知能力及其學習需求，對年齡較小的學習者，其「學習內容」宜有適切的統整，以便與其生活經驗統整；至於年紀較大的學習者，則其「學習內容」除了生活應用之外，當然需要注意到領域／科目的結構，並奠定未來學術探究的基礎。這彰顯核心素養可統整領域／科目知識、基本能力及核心能力與價值情意，能因應未來社會的需要，一方面，核心素養能橫跨生活的各種不同多元社會場域，能協助個體有效參與學校、社會網路、經濟市場、政治運作及家庭生活各種社會場域，另一方面，個體也可透過參與這些各種不同的多元社會場域之活動，獲得社會互動等動態素養組合。

　　「核心素養」導向的課程理念，係指以學生為學習主體，學生能活用所學核心素養並實踐於行動中的一種課程取向。這種「核心素養導向的課程改革」，合乎核心素養導向的整合知識能力與態度、情境化與脈絡化的學習歷程方法及策略、實踐力行的表現等教學原則（洪詠善、范信賢，2015），有別於以教師教學為主的「傳統導向」及以學科知識學習為主的「內容導向」。就核心素養在課程改革的角色而言，教育部2014年發布《十二年國民基本教育課程發展建議書》、《十二年國民基本教育課程發展指引》，指出核心素養能培育健全國民與終身學習者，特別是《十二年國民基本教育課程發展指引》，以「核心素養」作為課程發展指引，指引各領域／科目垂直連貫與水平統整課程設計，如圖2-6十二年國民基本教育課程綱要研發架構，顯示《十二年國民基本教育課程發展指引》與《十二年國民基本教育課程發展建議書》、《十二年國民基本教育課程綱要總綱》及領域／科目課程綱要的關係，是以中小學課程發展基礎研究為依據，引導課程綱要研發，同年11月28日再公布《十二年國民基本教育課程綱要總綱》（教育部，2014）。

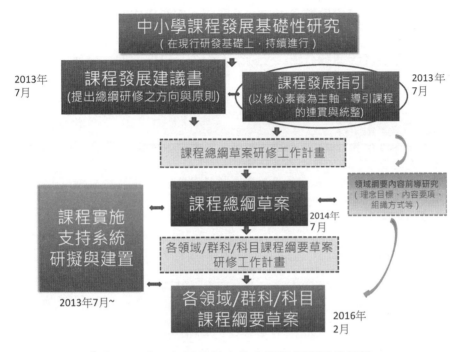

§圖2-6　十二年國民基本教育課程綱要研發架構

　　十二年國民基本教育課程綱要「核心素養」建立在中小學相關課程發展基礎研究之上，透過「核心素養」相關研究文獻理論基礎與政策文件資料，兼顧接軌國際學術研究與延續本土研究的雙重理論依據，如圖2-7我國核心素養的理據所示，一方面與國際接軌呼應「聯合國教育科學文化組織」、「經濟合作開發組織」及「歐盟」等國際組織與世界先進國家學者理論（蔡清田，2020），另一方面根據本土學者研究綜整《界定與選擇國民核心素養：概念參考架構與理論基礎研究》、《全方位的國民核心素養之教育研究》、《中小學課程相關之課程、教學、認知發展等學理基礎與理論趨向研究》、《K-12中小學一貫課程綱要核心素養與各領域連貫體系研究》、《K-12各教育階段核心素養與各領域課程統整研究》、《十二年國民基本教育課程發展指引草案擬議研究》，歸納以「終身學習者」為核心的自主行動、溝通互動、社會參與「三維論」，據此開展出「身心素質與自我精進」、「系統思考與解決問題」、「規劃執行與創新

應變」、「符號運用與溝通表達」、「科技資訊與媒體素養」、「藝術涵養與美感素養」、「道德實踐與公民意識」、「人際關係與團隊合作」、「多元文化與國際理解」等「九軸論」內涵，可促進個人發展，更可促進「社會發展」。

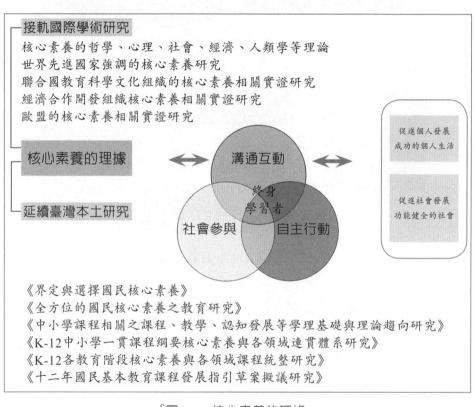

§圖2-7　核心素養的理據

　　「核心素養」兼重促進「個人發展」與「社會發展」的雙重功能，可展現「優質社會」理想願景，可提升公民素養及個人競爭力，協助個人獲得「成功的個人生活」，進而建構「功能健全的社會」以「厚植社會競爭力」（蔡清田，2021），如圖2-8「核心素養的理想願景與教育功能」所示（蔡清田，2014；Gilomen, 2003），「核心素養」的學習可實現「優質個人生活需求」的經濟地位與收入、政治權利與權力、教育與學習資

源、住宅與基礎建設、個人健康與安全、社會資本與網路、休閒與文化活動、個人自主與價值等以邁向「成功的個人生活」，更可以達成「優質社會」理想願景的經濟繁榮、政治民主、社會團結、尊重人權、機會均等、生態永續，以建構「功能健全的社會」。

此種「課程即核心素養」的課程理念，最主要特色是以培養生活所需的核心素養為課程設計核心，一方面可透過國民基本教育階段學校教育目標，落實各「教育階段核心素養」的連貫；二方面依據各「領域／科目核心素養」可統整「學習重點」的「學習內容」與「學習表現」，並落實在學習情境中（蔡清田，2018）；但是這仍需要透過學校教育人員攜手合作緊密連結，以縮短「理念建議的課程」、「官方計畫的課程」、「教材支援的課程」、「教學實施的課程」、「學習獲得的課程」、「評量考試的課程」之間的差距，以下各章分別就此加以論述。

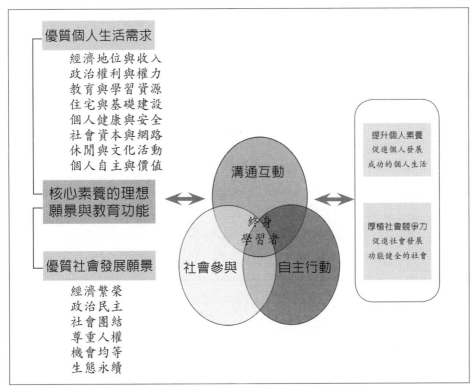

§圖2-8 核心素養的理想願景與教育功能

第三章

核心素養之官方計畫的課程

「核心素養之理念建議的課程」，是否影響了「官方計畫的課程」？「官方計畫的課程」（formally planned curriculum）又稱「正式規劃的課程」／「官方課程」（official curriculum）／「正式課程」（formal curriculum）／「規劃的課程」（planned curriculum）（Goodlad, 1979），包括《十二年國民基本教育課程綱要總綱》（教育部，2014）及各領域「課程綱要」（curriculum guidelines）；也包括依政府「課程綱要」規劃且經核備的「學校課程計畫」（curriculum plan），這些官方計畫又稱「書面課程」（Glatthorn, Jailall & Jailall, 2017）。

「官方計畫的課程」是政府官方扮演課程代理人（蔡清田，2003），將官方課程國家化（Apple, 1993），建構課程目標計畫架構，例如：我國「課程綱要」是國家課程政策計畫，此種教育部「官方計畫的課程」不僅影響學校課程結構之「顯著課程」、「潛在課程」與「懸缺課程」（黃光雄、蔡清田，2017），更影響學校課程計畫（林永豐，2021；林海清、王智弘，2020），呼應「課程即計畫」的課程理念（Pratt, 1994）。因此本章包括第一節十二年國教課程綱要總綱核心素養之規劃、第二節領域課程綱要核心素養與學習重點之規劃、第三節核心素養的學校本位課程發展計畫之規劃。

第一節　十二年國教課程綱要總綱核心素養之規劃

《十二年國民基本教育課程綱要總綱》以自發、互動及共好為基本理念，以「成就每一個孩子～適性揚才、終身學習」為願景，如表3-1所示。此一「官方計畫的課程」具有三項時代意義：首先《十二年國民基本

教育課程綱要總綱》將國民中小學「九年」一貫課程改革，升級為「十二年」國民基本教育課程改革，彰顯「課程即目標」的課程理念，將過去各教育階段分立目標，統整為十二年國教四個總體課程目標：「啟發生命潛能」、「陶養生活知能」、「促進生涯發展」、「涵育公民責任」（教育部，2014）；其次《十二年國民基本教育課程綱要》將過去課程綱要的「基本能力」升級為「核心素養」，如圖3-1「學科知識、基本能力、核心素養的關係」所示，亦即「核心素養4.0」=（學科知識 + 基本能力）^態度情意，強調以終身學習者為核心的三面九項核心素養作為課程發展DNA；其三將過去的學校本位課程發展，升級為「核心素養」的學校本位課程發展（蔡清田，2020）。《十二年國民基本教育課程綱要總綱》具有八項特色分述如次：

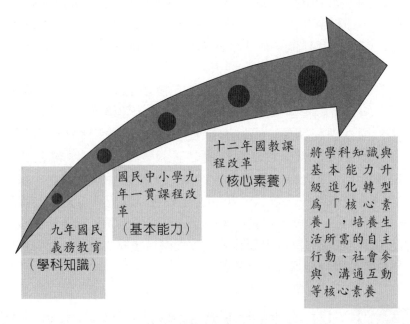

§圖3-1　「學科知識、基本能力、核心素養的關係」

§表3-1 《十二年國民基本教育課程綱要》與《國民中小學九年一貫課程綱要》比較表（教育部，1998、2014）

十二年國民基本教育課程綱要	國民中小學九年一貫課程綱要
「國家教育研究院」研擬經教育部「高級中等以下學校課程審議會」通過後，2014年公布總綱。	教育部「國民中小學九年一貫課程發展專案小組」研擬，並於1998年公布總綱。
國民中小學連貫到高中職十二年課程改革	國民中小學九年一貫課程改革
自發、互動、共好等三大基本理念，呼應「成就每一個孩子～適性揚才、終身學習」的願景	人本情懷、統整能力、民主素養、鄉土與國際意識、終身學習等五大基本理念
四大課程目標	十大課程目標
一個核心三面九項核心素養與各教育階段核心素養	十大基本能力
五個學習階段（國小低、中、高年段、國中與高中）	四個學習階段（國小低、中、高年段與國中）
「部定課程」與「校訂課程」的課程架構部定必修課程之安排，學校得依實際條件就授課年段、學期或週數進行彈性開設，降低學生每學期修習科目數。高一及高二每學期部定必修科目之開設，以十二科以下為原則。	部定領域節數與彈性學習節數課程架構
八大學習領域（科技從原來的「自然與生活科技領域」分出，並將「生活科技」與「資訊教育」加以統整成為一個新的「科技領域」。	七大學習領域
領域內可分科教學（單領域可單科或多科）。自然科學、社會、藝術、綜合活動、健體等領域均含數個科目，除實施領域教學外，經學校課程發展委員會通過後，亦得實施分科教學，同時可在不同年級彈性修習不同科目，不必每個科目在每學期都修習，以減少每學期修習科目數量，但領域學習總節數應維持不得減少。跨領域統整課程最多占領域學習課程總節數五分之一，其學習節數得分開計入相關學習領域，並可進行協同教學。	領域內協同教學為原則（單領域不分科）

十二年國民基本教育課程綱要	國民中小學九年一貫課程綱要
各領域／科目課綱明訂領域／科目核心素養（領域／科目依特性彈性呼應九項核心素養）	各領域課程綱要明訂領域能力指標（各領域必須對應十大基本能力）
領域／科目學習重點含學習表現與學習內容	基本學習內容
實施要點（重視核心素養學校本位課程發展）	實施通則（重視學校本位課程發展）
各領域／科目課程綱要附錄含學習重點與領域／科目核心素養之呼應表	各領域課程綱要附錄含基本學習內容

一、以核心素養為導向的課程改革

　　第一項特色是「以核心素養為導向的課程改革」，核心素養承續過去學科知識、基本能力與核心能力，但涵蓋更寬廣豐富內涵（教育部，2014），係指一個人因應現在與未來生活所應具備的知識K（knowledge）、能力S（skill）、態度A（attitude），如圖3-2「核心素養的理論構念之意涵」所示（蔡清田，2021）。

§圖3-2　核心素養的理論構念之意涵

　　十二年國教核心素養，乃是呼應「聯合國教育科學文化組織」、「經濟合作開發組織」及「歐盟」的核心素養理念，呼應「自發」、「互動」、「共好」理念的全人圖像，強調以「終身學習者」為核心，包括「A自主行動」、「B溝通互動」、「C社會參與」等三面向，以及「A1身心素質與自我精進」、「A2系統思考與解決問題」、「A3規劃執行與創新應變」、「B1符號運用與溝通表達」、「B2科技資訊與媒體素養」、「B3藝術涵養與美感素養」、「C1道德實踐與公民意識」、「C2人際關係與團隊合作」、「C3多元文化與國際理解」九項目。

　　「核心素養」需透過教育進行培養，以引導學生學習解決生活情境問題，並能與時俱進如圖3-3「核心素養」的滾動圓輪意象，此一滾輪圖中的箭頭方向代表能與時俱進因應生活情境所需，詮釋了核心素養能隨著社會生活情境變遷而不斷滾動向前邁進（蔡清田、陳延興、吳明烈、盧美貴、方德隆、陳聖謨、林永豐，2011）。

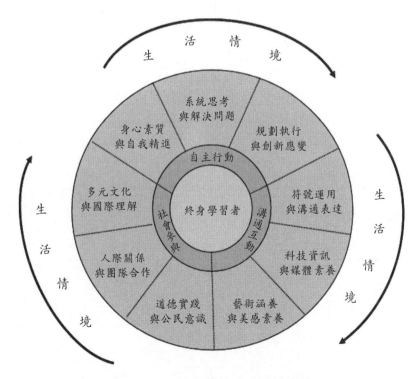

§圖3-3　核心素養的滾動圓輪意象

　　「核心素養」一詞，廣義地包含competence與literacy之意涵，係指能積極地回應個人或社會的生活需求，包括使用知識與能力以及態度（蔡清田，2012），可因應現在及未來社會之需要，重視在學習過程中促進個體全人的發展，以及終身學習的培養（蔡清田，2018）。如表3-2「核心素養」可涵蓋「十大基本能力」所示，可彌補十大基本能力涵蓋範疇不全、區隔不清之不足。

§表3-2　「核心素養」可涵蓋「十大基本能力」

三面九項核心素養內涵			十大基本能力內涵
A 自主 行動	A1 身心素質 與 自我精進	具備身心健全發展的素質，擁有合宜的人性觀與自我觀，同時透過選擇、分析與運用新知，有效規劃生涯發展，探尋生命意義，並不斷自我精進，追求至善。	1. 瞭解自我與發展潛能（充分瞭解自己的身體、能力、情緒、需求與個性，愛護自我，養成自省、自律的習慣、樂觀進取的態度及良好的品德；並能表現個人特質，積極開發自己的潛能，形成正確的價值觀。） 3. 生涯規劃與終身學習（積極運用社會資源與個人潛能，使其適性發展，建立人生方向，並因應社會與環境變遷，培養終身學習的能力。）
	A2 系統思考 與 解決問題	具備問題理解、思辨分析、推理批判的系統思考與後設思考素養，並能行動與反思，以有效處理及解決生活、生命問題。	9. 主動探索與研究（激發好奇心及觀察力，主動探索和發現問題，並積極運用所學的知能於生活中。） 10. 獨立思考與解決問題（養成獨立思考及反省的能力與習慣，有系統地研判問題，並能有效解決問題和衝突。）
	A3 規劃執行 與 創新應變	具備規劃及執行計畫的能力，並試探與發展多元專業知能、充實生活經驗，發揮創新精神，以因應社會變遷、增進個人的彈性適應力。	2. 欣賞、表現與創新（培養感受、想像、鑑賞、審美、表現與創造的能力，具有積極創新的精神，表現自我特質，提升日常生活的品質。） 3. 生涯規劃與終身學習（積極運用社會資源與個人潛能，使其適性發

三面九項核心素養內涵			十大基本能力內涵
			展，建立人生方向，並因應社會與環境變遷，培養終身學習的能力。） 7. 規劃、組織與實踐（具備規劃、組織的能力，且能在日常生活中實踐，增強手腦並用、群策群力的做事方法，與積極服務人群與國家。）
B 溝通 互動	B1 符號運用 與 溝通表達	具備理解及使用語言、文字、數理、肢體及藝術等各種符號進行表達、溝通及互動，並能瞭解與同理他人，應用在日常生活及工作上。	4. 表達、溝通與分享〔有效利用各種符號（例如：語言、文字、聲音、動作、圖像或藝術等）和工具（例如：各種媒體、科技等），表達個人的思想或觀念、情感，善於傾聽與他人溝通，並能與他人分享不同的見解或資訊。〕
	B2 科技資訊 與 媒體素養	具備善用科技、資訊與各類媒體之能力，培養相關倫理及媒體識讀的素養，俾能分析、思辨、批判人與科技、資訊及媒體之關係。	8. 運用科技與資訊（正確、安全和有效地利用科技，蒐集、分析、研判、整合與運用資訊，提升學習效率與生活品質。）
	B3 藝術涵養 與 美感素養	具備藝術感知、創作與鑑賞能力，體會藝術文化之美，透過生活美學的省思，豐富美感體驗，培養對美善的人事物，進行賞析、建構與分享的態度與能力。	2. 欣賞、表現與創新（培養感受、想像、鑑賞、審美、表現與創造的能力，具有積極創新的精神，表現自我特質，提升日常生活的品質。）

三面九項核心素養內涵			十大基本能力內涵
C 社會 參與	C1 道德實踐 與 公民意識	具備道德實踐的素養，從個人小我到社會公民，循序漸進，養成社會責任感及公民意識，主動關注公共議題並積極參與社會活動，關懷自然生態與人類永續發展，而展現知善、樂善與行善的品德。	5. 尊重、關懷與團隊合作（具有民主素養，包容不同意見，平等對待他人與各族群；尊重生命，積極主動關懷社會、環境與自然，並遵守法治與團體規範，發揮團隊合作的精神。）
	C2 人際關係 與 團隊合作	具備友善的人際情懷及與他人建立良好的互動關係，並發展與人溝通協調、包容異己、社會參與及服務等團隊合作的素養。	4. 表達、溝通與分享〔有效利用各種符號（例如：語言、文字、聲音、動作、圖像或藝術等）和工具（例如：各種媒體、科技等），表達個人的思想或觀念、情感，善於傾聽與他人溝通，並能與他人分享不同的見解或資訊。〕 5. 尊重、關懷與團隊合作（具有民主素養，包容不同意見，平等對待他人與各族群；尊重生命，積極主動關懷社會、環境與自然，並遵守法治與團體規範，發揮團隊合作的精神。）
	C3 多元文化 與 國際理解	具備自我文化認同的信念，並尊重與欣賞多元文化，積極關心全球議題及國際情勢，且能順應時代脈動與社會需要，發展國際理解、多元文化價值觀與世界和平的胸懷。	6. 文化學習與國際瞭解（認識並尊重不同族群文化，瞭解與欣賞本國及世界各地歷史文化，並體認世界為一整體的地球村，培養相互依賴、互信互助的世界觀。）

二、以學生為主體的課程發展

第二個特色是「以學生為主體的課程發展」，《十二年國民基本教育課程綱要總綱》強調以學生為主體的課程發展，培養以人為本的「終身學習者」，並以此為基礎建構出國小、國中及高中等「教育階段核心素養」，強調其「階段任務」之動態發展，如表3-3「教育階段核心素養」具體內涵重點所示（教育部，2014），具有層次分明漸進發展的圖像（蔡清田，2014）。

§表3-3 「教育階段核心素養」具體內涵重點

一個核心	三個面向	九個項目	項目說明	6-12歲「兒童期」初等教育階段國民小學之具體內涵重點	12-15歲「青少年期」前期中等教育階段國民中學之具體內涵重點	15-18歲「青年期」後期中等教育階段高級中等學校之具體內涵重點
			核心素養與各「教育階段核心素養」的整體說明	國民小學階段是奠定「核心素養」的第二關鍵教育階段，是奠定學生各項素養基礎的重要階段，強調從生活情境及實作中，陶養學生在自主行動、溝通互動、社會參與等方面應具備最基本的核心素養。	國民中學階段是培養核心素養的第三關鍵教育階段，國中學生正值青春期，是身心發展、自我探索與人際互動面臨轉變與調適階段，因此需完整提升各面向的素養，以協助此階段學生成長發展需要。	高級中等教育階段是培養核心素養的第四關鍵教育階段，也是十二年國民基本教育的最後一個階段，此階段教育應著重提供學生銜接、身心發展及生涯準備所需具備素養，同時讓此階段學生具備獨立自主能力，滿足終身學習者及世界公民所需的各項核心素養。

一個核心	三個面向	九個項目	項目說明	6-12歲「兒童期」初等教育階段國民小學之具體內涵重點	12-15歲「青少年期」前期中等教育階段國民中學之具體內涵重點	15-18歲「青年期」後期中等教育階段高級中等學校之具體內涵重點
終身學習者	A 自主行動	A1 身心素質與自我精進	具備身心健全發展的素質，擁有合宜的人性觀與自我觀，同時透過選擇、分析與運用新知，有效規劃生涯發展，探尋生命意義，並不斷自我精進，追求至善。	E-A1具備良好的生活習慣，促進身心健全發展，並認識個人特質及發展生命潛能。	J-A1具備良好的身心發展知能與態度，並展現自我潛能、探索人性、自我價值與生命意義、積極實踐。	U-A1提升各項身心健全發展素質，發展個人潛能，探索自我觀，肯定自我價值，有效規劃生涯，並透過自我精進與超越，追求至善與幸福人生。
		A2 系統思考與解決問題	具備問題理解、思辨分析、推理批判的系統思考與後設思考素養，並能行動與反思，以有效處理及解決生活、生命問題。	E-A2具備探索問題的思考能力，並透過體驗與實踐處理日常生活問題。	J-A2具備理解情境全貌，並做獨立思考與分析的知能，運用適當的策略處理解決生活及生命議題。	U-A2具備系統思考、分析與探索的素養，深化後設思考，並積極面對挑戰以解決人生的各種問題。
		A3 規劃執行與創新應變	具備規劃及執行計畫的能力，並試探與發展多元專業知能、充實生活經驗，發揮創新精神，以因應社會變遷、增進個人的彈性適應力。	E-A3具備擬定計畫與實作的能力，並以新思考方式，因應日常生活情境。	J-A3具備善用資源以擬定計畫，有效執行，並發揮主動學習與創新求變的素養。	U-A3具備規劃、實踐與檢討反省的素養，並以創新的態度與作為因應新的情境或問題。

一個核心	三個面向	九個項目	項目說明	6-12歲「兒童期」初等教育階段國民小學之具體內涵重點	12-15歲「青少年期」前期中等教育階段國民中學之具體內涵重點	15-18歲「青年期」後期中等教育階段高級中等學校之具體內涵重點
B 溝通互動		B1 符號運用與溝通表達	具備理解及使用語言、文字、數理、肢體及藝術等各種符號進行表達、溝通及互動，並能瞭解與同理他人，應用在日常生活及工作上。	E-B1 具備「聽、說、讀、寫、作」的基本語文素養，並具有生活所需的基礎數理、肢體及藝術等符號知能，能以同理心應用在生活與人際溝通。	J-B1 具備運用各類符號表情達意的素養，能以同理心與人溝通互動，並理解數理、美學等基本概念，應用於日常生活中。	U-B1 具備掌握各類符號表達的能力，以進行經驗、思想、價值與情意之表達，能以同理心與他人溝通並解決問題。
		B2 科技資訊與媒體素養	具備善用科技、資訊與各類媒體之能力，培養相關倫理及媒體識讀的素養，俾能分析、思辨、批判人與科技、資訊及媒體之關係。	E-B2 具備科技與資訊應用的基本素養，並理解各類媒體內容的意義與影響。	J-B2 具備善用科技、資訊與媒體以增進學習的素養，並察覺、思辨人與科技、資訊、媒體的互動關係。	U-B2 具備適當運用科技、資訊與媒體之素養，進行各類媒體識讀與批判，並能反思科技、資訊與媒體倫理的議題。
		B3 藝術涵養與美感素養	具備藝術感知、創作與鑑賞能力，體會藝術文化之美，透過生活美學的省思，豐富美感體驗，培養對美善的人事物，進行賞析、建構與分享的態度與能力。	E-B3 具備藝術創作與欣賞的基本素養，進行多元感官的開發，培養生活環境中的美感體驗。	J-B3 具備藝術展演的一般能力及表現能力，欣賞各種藝術的風格和價值，並瞭解美感的特質、認知與表現方式，增進生活的豐富性與美感體驗。	U-B3 具備藝術感知、欣賞、創作與鑑賞的能力，體會藝術創作與社會、歷史、文化之間的互動關係，透過生活美學的涵養，對美善的人事物，進行賞析、建構與分享。

一個核心	三個面向	九個項目	項目說明	6-12歲「兒童期」初等教育階段國民小學之具體內涵重點	12-15歲「青少年期」前期中等教育階段國民中學之具體內涵重點	15-18歲「青年期」後期中等教育階段高級中等學校之具體內涵重點
C 社會參與		C1 道德實踐與公民意識	具備道德實踐的素養，從個人小我到社會公民，循序漸進，養成責任感及公共意識，主動積極參與，關懷自然生態與人類永續發展，而展現知善、樂善與行善的品德。	E-C1具備個人生活道德的知識與是非判斷的能力，理解並遵守社會道德規範，培養公民意識，關懷生態環境。	J-C1培養道德思辨與實踐能力，具備民主素養、法治觀念與環境意識，並主動參與公益活動，關懷生命倫理議題與生態環境。	U-C1具備對道德課題與公共議題的思考與對話素養，培養良好品德、公民意識與社會責任，主動參與環境保育與社會公益活動。
		C2 人際關係與團隊合作	具備友善的人際情懷及與他人建立良好的互動關係，並發展與人溝通協調、包容異己、社會參與及服務等團隊合作的素養。	E-C2具備理解他人感受，樂於與人互動，並與團隊成員合作之素養。	J-C2具備利他與合群的知識與態度，並培育相互合作及與人和諧互動的素養。	U-C2發展適切的人際互動關係，並展現包容異己、溝通協調及團隊合作的精神與行動。
		C3 多元文化與國際理解	具備自我文化認同的信念，並尊重欣賞多元文化，積極關心全球議題及國際情勢，並能順應時代脈動與社會需要，發展	E-C3具備理解與關心本土與國際事務的素養，並認識與包容文化的多元性。	J-C3具備敏察和接納多元文化的涵養，關心本土與國際事務，並尊重與欣賞差異。	U-C3在堅定自我文化價值的同時，又能尊重欣賞多元文化，拓展國際視野，並主動關心全球議題或國際情勢，具備國際

一個核心	三個面向	九個項目	項目說明	6-12歲「兒童期」初等教育階段國民小學之具體內涵重點	12-15歲「青少年期」前期中等教育階段國民中學之具體內涵重點	15-18歲「青年期」後期中等教育階段高級中等學校之具體內涵重點
			國際理解、多元文化價值觀與世界和平的胸懷。			移動力。

註：各「教育階段核心素養」係指國小、國中與高級中等學校教育所對應之教育階段的九項核心素養，依各階段的教育特質加以衍生，並加上階段別之編碼，其中E代表12歲的國民小學教育階段（Elementary school education）、J代表15歲的國民中學教育階段（Junior high school education）、U代表18歲的高級中等學校教育階段（Upper secondary education），例如：E-A2、J-B3、U-C1等。

三、以終身學習者為核心的課程設計導引領域／科目課程連貫與統整

第三個特色是「以終身學習者為核心的課程設計導引課程連貫與統整」，《十二年國民基本教育課程綱要總綱》強調生活所需的「核心素養」係透過「以終身學習者為核心的課程設計導引課程連貫與統整」，引導學生學習自主行動、溝通互動及參與社會生活所需核心素養，彰顯「課程即核心素養」的課程理念，特別是以「核心素養」為各教育階段及各領域／科目課程的主軸，導引課程連貫與統整，強化學生主動探究與終身學習角色（蔡清田，2018），而且「核心素養」可與各教育階段領域／科目進行課程連貫與統整，培養學生知識、能力、態度，確保每一個接受十二年國教的學生都具備共同的核心素養。

四、以領域／科目與核心素養為基礎的課程統整

第四個特色是「以領域／科目與核心素養為基礎的課程統整」，這是課程研究人員所關切的問題（黃光雄、蔡清田，2017）。因為經過課程選擇，如果未經課程統整，則內容將是支離破碎的、不易學習、缺乏教

育意義。《十二年國民基本教育課程綱要總綱》指出要能因應不同教育階段學生身心發展之特色，提供彈性多元課程，以促成適性發展，一方面強調「部定課程」重視領域／科目，並透過「校訂課程」增加學生自主學習的時間與空間，如表3-4「十二年國民基本教育」各教育階段課程類型所示（教育部，2014），另一方面重視「彈性學習課程」增加學生自主學習的時間與空間，例如：彈性學習課程每週節數國小高年級「第三學習階段」原3-6節改為4-7節，國中「第四學習階段」原7、8年級4-6節；9年級3-5節，皆改為3-6節，而且高中學科的必修時數下降，選修課學分占了三分之一，重視學生學習因應生活所需的「核心素養」。

§表3-4 「十二年國民基本教育」各教育階段課程類型

教育階段	課程類型	部定課程	校訂課程
國民小學		領域學習課程	彈性學習課程
國民中學			
高級中等學校	普通型高級中等學校	一般科目 專業科目 實習科目	校訂必修課程 選修課程 團體活動時間 彈性學習時間
	技術型高級中等學校		
	綜合型高級中等學校		
	單科型高級中等學校		

特別是各領綱特別重視「學習重點」及「領域／科目核心素養」以統整「學習內容」與「學習表現」（蔡清田，2021），此一課程特色說明了「核心素養」是領域／科目的課程統整盟友，可和各領域／科目基本理念與目標相互呼應進行課程統整，轉化為「領域／科目核心素養」。

五、以核心素養進行跨領域／科目的課程統整

第五個特色是「以核心素養進行跨領域／科目的課程統整」，《十二年國民基本教育課程綱要總綱》之「核心素養」是同時強調「領域／科目核心素養」與「跨領域／科目」的「核心素養」。《十二年國民基本教育課程綱要總綱》一方面重視「領域／科目核心素養」，亦即各「領

域／科目」內部的學科知識、能力、態度的統整學習，另一方面也重視「跨領域／科目」的「核心素養」之培養，兩方面相輔相成。尤其是在符合教育部教學正常化之相關規定及領域學習節數之原則下，學校得彈性調整或重組「部定課程」之領域學習節數，特別是可以透過「校訂課程」實施各種學習形式的「跨領域」統整課程。跨領域統整課程最多占領域學習課程總節數五分之一，其學習節數得分開計入相關學習領域，並可進行協同教學。教師若於領域學習或彈性學習課程進行跨領域／科目之協同教學，提交課程計畫經學校課程發展委員會通過後，其協同教學節數可採計為教師授課節數，相關規定由各該主管機關訂定之（教育部，2014）。「跨」領域／科目課程統整設計，企圖打破不同學科界線，可透過不同領域／科目間「共同主題」，進行跨領域／科目統整（蔡清田，2020）。

　　《十二年國民基本教育課程綱要總綱》將領域節數加以調整，國小低年級「國語文」增加為6節課，「綜合活動」與「生活課程」整合；國中統整生活科技與資訊科技課程為「科技」實施2節課。保留國中小彈性學習課程，並規劃實施方式，以確保學生多元學習的管道，並強化校本課程發展，落實課程統整、結合教育新興議題和學生適性發展的教育目標。彈性學習時間包括學生自主學習、選手培訓、充實（增廣）／補強性課程、全校性／全年級／班群團體活動及重補修課程。「學生自主學習」每學期每週訂定最低節數1-3節，以發揮學生自發規劃學習精神。若為全校共同安排課程、活動或是充實／補強性課程，盡可能於團體活動或校訂選修中實施。

　　《十二年國民基本教育課程綱要總綱》與《國民中小學九年一貫課程綱要》在學習節數與課程內容的呈現方式不同，如表3-5所示（洪詠善、范信賢，2015）。各領域／科目考量本身的理念與目標，結合各「教育階段核心素養」，發展及訂定符合學習節數的「領域／科目核心素養」及「領域／科目學習重點」，各「領域／科目」課程綱要確立與核心素養關係最為密切的課程目標，並發展「學習重點」及其呼應的「領域／科目核心素養」，以統整「學習內容」與「學習表現」（蔡清田，2021），導引課程連貫統整，呼應十二年國民基本教育透過結合生活情境的整合性學習和運用探究與解決問題，讓學生潛能得以適性開展成為終身學習者。

§表3-5　十二年國民基本教育課程架構與國民中小學九年一貫課程架構比較

比較項目 ＼ 課綱	十二年國教課程綱要總綱	九年一貫	十二年國教課程綱要總綱補充說明
課程規劃	八大領域	七大領域	國民中學階段增設「科技領域」
	彈性學習課程	彈性學習節數	爲學校校訂課程，以形塑學校教育願景及學生適性發展
領域名稱／內容調整	語文領域（國語文、本土語文、新住民語文及英語文）	語文領域（本國語文及英語文）	爲尊重人權、多元文化及增進族群關係，鼓勵學校聘請合格師資，開設「本土語文／新住民語文」課程，國小應依據學生的需求開課，國中則可於彈性學習課程實施，落實學生的適性學習。
	科技領域	自然與生活科技領域	爲培養學生的科技思維、科技設計及創作能力，保有生活科技的課程品質，將「生活科技」與「資訊教育」整合爲一個新的「科技領域」。
	藝術領域	藝術與人文領域	爲了能與國際中小學藝術領域／科目名稱對應，強調人文融入各領域內涵。
	生活課程（統合社會、藝術、自然科學及綜合活動等領域）	生活課程（統合社會、藝術與人文、自然與生活科技等學習領域）	第一學習階段之生活課程與綜合活動領域皆重視兒童的探索、體驗、實踐與省思，兩者基本理念相近，因此，整併國民小學第一學習階段「生活課程」與「綜合活動」。
	健康與體育領域（健康教育與體育）	健康與體育領域（健康與體育）	原「健康」名稱是概念並非科目名稱，故國中教育階段調整爲「健康教育」。

比較項目 \ 課綱	十二年國教課程綱要總綱	九年一貫	十二年國教課程綱要總綱補充說明
領域學習節數調整	各領域採固定節數，並有彈性學習課程	各領域節數採彈性比例制，並有彈性學習節數	參考九年一貫課程各領域學習節數比例及學校現場各領域節數實施現況，取消百分比，以每週實際上課節數規劃，並以不增加領域學習總節數爲原則。
	國民小學第一學習階段「國語文」增加爲6節課	國民小學第一學習階段「國語文」最高5節課	語文與數學是學習各領域的重要工具，同時世界各國在國民中小學教育階段，語文及數學課程所占的節數比例皆較高，故調整國語文及數學的學習節數，讓學生在第一、二學習階段能獲得充分學習，奠立基礎。
	國民小學第一、二學習階段「數學」增加爲4節課	國民小學第一、二學習階段「數學」最高3節課	
	國中新增科技領域2節課	國中於彈性學習節數實施資訊科技1節課	國中科技領域整合「生活科技」與「資訊科技」。

六、以核心素養爲焦點的教學與學習

第六個特色是「以核心素養爲焦點的教學與學習」，十二年國民基本教育課程改革不僅強調以學生作爲學習的主體及師生互動參與，同時重視知識能力與態度的「核心素養」統整學科知識的「學習內容」與核心能力的「學習表現」，兼顧能力導向學習與知識導向學習；而且延續「跨領域／科目」課程統整的特色，教師教學應調整過去偏重學科知識的教學型態，活化教學現場與學習評量，除了引導學生學習學科知識之外，也要強調轉化實踐行動的知能，培養學生因應未來生活所需的核心素養。

特別是《十二年國民基本教育課程綱要總綱》，一方面強調「校訂課程」和公開觀課，讓教師專業社群經營成爲學校課程發展的重心，共同備課和觀課也營造學校團隊氛圍，翻轉傳統教師教學（洪詠善、范信賢，2015）；另一方面《十二年國民基本教育課程綱要總綱》重視「核心素

養」，強調以學生為學習主體及師生互動參與，透過「學習重點」統整「學習表現」與「學習內容」，能較完整呈現學習歷程方法及內容，引導教學與學習。「學習內容」是該領域／科目「核心」的知識、能力、態度等有價值的「內容」，能呼應核心素養的重要、關鍵、必要之特質（蔡清田，2018），並引導學生透過「學習內容」而展現「學習表現」，提供學生更為適性的學習機會（國家教育研究院，2014a）。

七、以核心素養為依據的學習評量

第七個特色是「以核心素養為依據的學習評量」，十二年國教課改強調以核心素養為依據的學習評量，以瞭解學生在核心素養「學習重點」之學習進展，長期評估學生在「學習內容」與「學習表現」之進步。「學習表現」是指該領域／科目關鍵而重要的「核心」認知、技能、情意等有價值的「表現」，能呈現該領域／科目有關「非內容」面向的學習特質，引導學生學習達成認知、技能、情意之學習表現，且能呼應領域／科目核心素養的重要、關鍵、必要之特質（蔡清田，2014）。特別是學習表現是強調以學習者為中心的概念，學習表現重視認知、情意與技能之學習展現，認知向度包括記憶、理解、應用、分析、評鑑、創造等層次；情意向度包括接受、反應、評價、價值組織、價值性格化等層次；技能向度包括感知、準備狀態、引導反應、機械化、複雜的外在反應、調整、獨創等層次。

八、核心素養的學校本位課程發展與課程統整設計

第八項「核心素養的學校本位課程發展與課程統整設計」特色，就課程發展的原理而言，十二年國民基本教育課程改革，強調核心素養的學校本位課程發展，符合從情境觀點界定學校本位課程發展，賦予教師進行核心素養的課程統整設計之專業角色，結合國家政策本位的課程發展、教師教學本位的課程發展、行動研究本位的課程發展等進路（黃光雄、蔡清田，2017），強調「教師即研究者」的課程發展理念，說明教師是核心素養的學校課程發展者與課程統整設計者，這是臺灣課程改革的一個里程碑。

第二節　領域課程綱要核心素養與學習重點之規劃

　　十二年國民基本教育各領域課程綱要的研修，需參照《十二年國民基本教育課程綱要總綱》及《十二年國民基本教育課程發展指引》，考量領域／科目的理念與目標結合或呼應核心素養具體內涵，訂定「領域／科目核心素養」與學習重點。

一、「領域／科目核心素養」之課程規劃

　　「領域／科目核心素養」是指《十二年國民基本教育課程綱要總綱》的「核心素養」與「教育階段核心素養」在各《領域／科目課程綱要》展現其學科特色的核心素養具體內涵（教育部，2014），核心素養與「領域／科目」的關係是課程統整的盟友。

　　就核心素養轉化到《十二年國民基本教育課程綱要總綱》及各領域／科目綱要的層次而言，「領域／科目核心素養」、「領域／科目學習重點」與領域／科目理念、目標及特性之間，需彼此呼應、雙向互動，如圖3-4核心素養在課程綱要的轉化及其與學習重點的對應關係所示（國家教育研究院，2014b）。這說明核心素養與各教育階段領域／科目統整關係，可達成「核心素養」之連貫與統整，指出「核心素養」培養需秉持漸進、加廣加深、跨領域／科目等原則，可透過各教育階段的不同領域／科目的學習來達成。因此，「領域／科目核心素養」具有1.定位十二年國民基本教育「領域／科目」課程發展主軸；2.引導十二年國民基本教育「領域／科目」課程連貫與課程統整；3.彰顯各領域／科目的學科特性；4.領域／科目核心素養可呼應「學習重點」統整「學習內容」與「學習表現」等功能，如同天空中閃爍的星星，可組合成具有學科特色的「領域／科目」之星座（蔡清田，2016）。

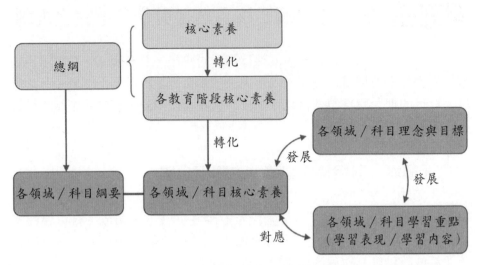

§圖3-4 核心素養在課程綱要的轉化及其與學習重點的對應關係

　　「領域／科目核心素養」的意涵，係指依據《十二年國民基本教育課程綱要總綱》的核心素養，特別是「教育階段核心素養」，結合各領域／科目之「基本理念」與「課程目標」後，在各《領域／科目課程綱要》展現的核心素養具體內涵。「領域／科目核心素養」的課程統整設計模式之要素如圖3-5所示，乃是「領域／科目」的「基本理念」、「課程目標」與「教育階段核心素養」三要素三維（3D）螺旋課程統整設計（蔡清田，2018）。

§圖3-5 「領域／科目核心素養」的課程統整設計模式

例如：表3-6「自然科學領域核心素養具體內涵」係依《十二年國民基本教育課程綱要總綱》各「教育階段核心素養」之具體內涵，結合自然科學「基本理念」與「課程目標」後，在《十二年國民基本教育自然科學領域課程綱要》展現核心素養具體內涵。尤其是自然科學核心素養中注重觀察、邏輯思考、推理判斷，進而依據習得知識規劃實驗操作，以達解決問題能力之培養等內涵，符合總綱「自主行動」之「系統思考與解決問題」、「規劃執行與創新應變」等項目；而強調運用圖表表達發現成果、適當使用媒體和科技資訊，以及欣賞科學之美等項目內涵，符合總綱中「溝通互動」之「符號運用與溝通表達」、「科技資訊與媒體素養」、「藝術涵養與美感素養」等項目；培養能與他人合作學習探究科學，進而主動關心環境公共議題及發展愛護地球環境的情操，符合總綱「社會參與」之「道德實踐與公民意識」、「人際關係與團隊合作」、「多元文化與國際理解」等項目。

§表3-6　自然科學領域核心素養具體內涵

總綱核心素養面向	總綱核心素養項目	項目說明	自然科學領域核心素養具體內涵		
			國民小學教育（E）	國民中學教育（J）	高級中等學校教育（U）
A自主行動	A1身心素質與自我精進	具備身心健全發展的素質，擁有合宜的人性觀與自我觀，同時透過選擇、分析與運用新知，有效規劃生涯發展，探尋生命意義，並不斷自我精進，追求至善。	自-E-A1 能運用五官，敏銳的觀察周遭環境，保持好奇心、想像力持續探索自然。	自-J-A1 能應用科學知識、方法與態度於日常生活當中。	自-U-A1 理解科學的進展與對人類社會的貢獻及限制，將科學事業納為未來生涯發展選擇之一。

總綱核心素養面向	總綱核心素養項目	項目說明	自然科學領域核心素養具體內涵		
			國民小學教育（E）	國民中學教育（J）	高級中等學校教育（U）
	A2 系統思考與解決問題	具備問題理解、思辨分析、推理批判的系統思考與後設思考素養，並能行動與反思，以有效處理及解決生活、生命問題。	自-E-A2 能運用好奇心及想像能力，從觀察、閱讀、思考所得的資訊或數據中，提出適合科學探究的問題或解釋資料，並能依據已知的科學知識、科學概念及探索科學的方法去想像可能發生的事情，以及理解科學事實會有不同的論點、證據或解釋方式。	自-J-A2 能將所習得的科學知識，連結到自己觀察到的自然現象及實驗數據，學習自我或團體探索證據、回應多元觀點，並能對資訊或數據的可信性抱持合理的懷疑態度或進行檢核，進而解釋因果關係或提出問題可能的解決方案。	自-U-A2 能從一系列的觀察、實驗中取得自然科學數據，並依據科學理論、數理演算公式等方法進行比較與判斷科學資料於方法及程序上的合理性，進而以批判的論點來檢核資料的真實性與可信性，提出創新與前瞻的思維來解決問題。
	A3 規劃執行與創新應變	具備規劃及執行計畫的能力，並試探與發展多元專業知能、充實生活經驗，發揮創新精神，以因應社會變遷、增進個人的彈性適應力。	自-E-A3 具備透過實地操作探索科學的能力，並能初步根據問題特性、資源有無等因素，操作適合學習階段的器材、科技設備與資源，進行自然科學實驗。	自-J-A3 具備從日常生活經驗中找出問題，並能根據問題特性、資源等因素，善用生活周遭的物品、器材儀器、科技設備與資源，規劃自然科學探究活動。	自-U-A3 具備從科學報導或研究中找出問題，根據問題特性、學習資源、期望之成果、對環境的影響等因素，運用適合學習階段的儀器、科技設備等，獨立規劃完整的實作探究活動，

總綱核心素養面向	總綱核心素養項目	項目說明	自然科學領域核心素養具體內涵		
			國民小學教育（E）	國民中學教育（J）	高級中等學校教育（U）
					進而根據實驗結果修正實驗模型，或創新突破限制。
B 溝通互動	B1 符號運用與溝通表達	具備理解及使用語言、文字、數理、肢體及藝術等各種符號進行表達、溝通及互動，並能瞭解與同理他人，應用在日常生活及工作上。	自-E-B1 能分析比較、製作圖表、運用簡單數學等方法，整理已有的自然科學資訊或數據，並利用較簡單形式的口語、文字、影像、繪圖或實物、科學名詞、數學公式、模型等，表達探究之過程、發現或成果。	自-J-B1 能分析歸納、製作圖表、使用資訊與數學運算等方法，整理自然科學資訊或數據，並利用稍複雜之口語、影像、文字與圖案、繪圖或實物、科學名詞、數學公式、模型或其他新媒體形式，表達探究之過程、發現與成果、價值和限制等。	自-U-B1 能合理運用思考智能、製作圖表、使用資訊與數學運算等方法，有效整理自然科學資訊或數據，並能利用口語、影像、文字與圖案、繪圖或實物、科學名詞、數學公式、模型等或嘗試以新媒體形式，較廣面性的呈現相對嚴謹之探究過程、發現或成果。
	B2 科技資訊與媒體素養	具備善用科技、資訊與各類媒體之能力，培養相關倫理及媒體識讀的素養，俾能分析、思辨、批判人與科技、資訊及媒體之關係。	自-E-B2 能瞭解科技及媒體的運用方式，並從學習活動、日常經驗及科技運用、自然環境、書刊及網路媒體等，察覺問題或獲得	自-J-B2 能操作適合學習階段的科技設備與資源，並從學習活動、日常經驗及科技運用、自然環境、書刊及網路媒體中，分辨資訊	自-U-B2 能從日常經驗、科技運用、社會中的科學相關議題、學習活動、自然環境、書刊及網路媒體中，適度運用有助於

總綱核心素養面向	總綱核心素養項目	項目說明	自然科學領域核心素養具體內涵		
			國民小學教育（E）	國民中學教育（J）	高級中等學校教育（U）
			有助於探究的資訊。	之可信程度及進行各種有計畫的觀察，以獲得有助於探究和問題解決的資訊。	解察思與求精神。探究、問題解決及預測，進而能反思或報導中與科學相關的內容，以培養眞求眞求實的資訊，覺問題媒體科學
	B3 藝術涵養與美感素養	具備藝術感知、創作與鑑賞能力，體會藝術文化之美，透過生活美學的省思，豐富美感體驗，培養對美善的人事物，進行賞析、建構與分享的態度與能力。	自-E-B3 透過五官原始的感覺，觀察周遭環境動植物與自然現象，知道如何欣賞美的事物。	自-J-B3 透過欣賞山川大地、風雲雨露、河海洋、日月星辰，體驗自然之美。	自-U-B3 透過瞭解科學理論的簡約、科學思考的嚴謹與複雜自然現象背後的規律，學會欣賞科學的美。
C 社會參與	C1 道德實踐與公民意識	具備道德實踐的素養，從個人小我到社會公民，循序漸進，養成社會責任感及公民意識，主動關注公共議題並積極參與社會，關懷自然生態與人類永續發展，而	自-E-C1 培養愛護自然、珍愛生命、惜取資源的關懷心與行動力。	自-J-C1 從日常學習中，主動關心自然環境相關公共議題，尊重生命的重要性。	自-U-C1 培養主動關心自然相關議題的社會責任感，並建立與人類自然生態與公民意識，永續發展的自我意識。

總綱核心素養面向	總綱核心素養項目	項目說明	自然科學領域核心素養具體內涵		
			國民小學教育（E）	國民中學教育（J）	高級中等學校教育（U）
		展現知善、樂善與行善的品德。			
	C2人際關係與團隊合作	具備友善的人際情懷及與他人建立良好的互動關係，並發展與人溝通協調、包容異己、社會參與及服務等團隊合作的素養。	自-E-C2 透過探索科學的合作學習，培養與同儕溝通表達、團隊合作及和諧相處的能力。	自-J-C2 透過合作學習，發展與同儕溝通、共同參與、共同執行及共同發掘科學相關知識的能力。	自-U-C2 能從團體探究討論中，主動思考辯證、溝通協調與包容不同意見的能力，進而樂於分享探究結果或協助他人解決科學問題。
	C3多元文化與國際理解	具備自我文化認同的信念，並尊重與欣賞多元文化，積極關心全球議題及國際情勢，且能順應時代脈動與社會需要，發展國際理解、多元文化價值觀與世界和平的胸懷。	自-E-C3 透過環境相關議題的學習，能瞭解全球自然環境的現況與特性。	自-J-C3 透過環境相關議題的學習，能瞭解全球自然環境具有差異性與互動性，並能發展出身為地球公民的價值觀。	自-U-C3 能主動關心全球環境議題，同時體認維護地球環境是地球公民的責任，透過個人實踐，建立多元價值的世界觀。

　　就「領域／科目核心素養」的課程設計原則而言，第一個原則是各領域／科目應呼應課程總綱核心素養，並依其「領域／科目理念與目標」的領域／科目特性，轉化為「領域／科目核心素養」具體內涵，並加以編碼。第二個原則是各領域／科目應注意各教育階段縱向連貫之「垂直關

係」，並彰顯「領域／科目」之間與之內的「水平關係」。換言之，「領域／科目核心素養」編碼，依序就是「分領域」、「分教育階段」、「核心素養的項目」三個編號。以國中階段數學領域核心素養「數-J-B1具備處理代數與幾何中數學關係的能力，並用以描述情境中的現象。能在經驗範圍內，以數學語言表述平面與空間的基本關係和性質。能以基本的統計量與機率，描述生活中不確定性的程度。」為例，第一碼「數」代表「學科（領域／科目）別」：是指此領域／科目核心素養是屬於數學領域；第二碼「J」代表「教育階段別」：是指此領域／科目核心素養是屬於國中教育階段；第3碼「B1」代表「核心素養九大項目別」：是指此「領域／科目核心素養」是屬於B1「符號運用與溝通表達」的「核心素養」項目。

二、「領域／科目學習重點」之課程規劃

「領域／科目學習重點」（domain／subject learning keypoints）簡稱「學習重點」，《十二年國民基本教育課程綱要總綱》指出各領域／科目課程綱要研修需參照「教育階段核心素養」重要內涵，考量領域／科目理念與目標，發展「領域／科目核心素養」與「領域／科目學習重點」（教育部，2014），可統整領域／科目的「學習表現」（learning performance）與「學習內容」（learning content）。「學習重點」的編碼可分為「學習表現」與「學習內容」兩類分開編碼，在「學習表現」第一碼採數字或小寫英文字母編碼、「學習內容」第一碼採大寫英文字母編碼，學習表現與學習內容第二碼皆為學習階段年級別，第三碼為流水號，如表3-7領域／科目學習重點（學習表現與學習內容）編碼方式（國家教育研究院課程及教學研究中心核心素養工作圈，2015）。

「學習重點」屬於各領域／科目課程綱要的重要內涵，特別是「學習重點」的「學習表現」與「學習內容」，可以設計成為相輔相成「互為表裡」的一體之兩面，統整該「領域／科目」所欲培養的「學科知識」與「學科能力」，這種兼顧能力表現與知識內容的導向學習，是一種初階的「PC雙因子」二維（2D）螺旋課程統整設計，可避免過去學科知識與能力指標之對立二元論。各領域／科目教科用書編輯人員或學校教師可依不同學生的需求或學習階段的差異，彈性地編織組合「學習表現」與「學習

內容」，有利於將「學習重點」轉化為實際教材與教學活動，且提供學生更為適性學習機會。

§表3-7　領域／科目學習重點（學習表現與學習內容）編碼方式一覽表

	第一碼	第二碼	第三碼
學習表現	依性質或內涵分為數個表現類別，依序以數字1,2,3……表示；或英文小寫a,b,c……表示之；也可以英文小寫進行意義編碼，例如：知識（k）、情意（a）等。	羅馬數字	流水號
學習內容	內容主題（英文大寫）依各階段領域／科目的性質，將內容進行主題的歸類區分，以大寫英文字母進行編碼，例如：A、B、C……；也可以以英文大寫進行意義編碼，例如：數與量（N）、關係（R）……。	年級（阿拉伯數字）學習階段（羅馬數字）	
說明	領域分科／內容的主題水平關係	教育階段／學習階段垂直關係	

(一)學習內容

「學習內容」是該領域／科目要學習什麼「重要內容」，是該領域／科目「核心」的知識、能力、態度等有價值的「內容」，不應被窄化為僅指記憶性的知識，需能涵蓋該領域／科目之重要事實、概念、原理原則、技能、態度與後設認知等知識（蔡清田，2012），引導學生認識人類探索生活情境累積的系統知識，作為解決問題過程的重要內容。「學習內容」可依照年級或學習階段區分，依序為一至十二個年級，或分為1.國小低年級（第一學習階段）、2.國小中年級（第二學習階段）、3.國小高年級（第三學習階段）、4.國中階段（第四學習階段）、5.高級中等教育（第五學習階段），並依據「年級階梯」或「學習階段階梯」透過「學習

內容」的數量與品質之逐漸增加與陸續提升其複雜度，可建構垂直連貫的課程地圖，可建立清楚明確跨不同「學習階段」、「學年」等學習進程，提供兒童與青少年「無縫的教育旅程」。

就編碼原則而言，學習內容編碼依序是「內容主題—學習階段別或年級別—流水號」等三碼。「學習內容」第一碼代表該領域內各「內容主題」特性或科目特徵之「水平關係」，將內容進行「主題」的歸類區分，依序編為數個「內容主題」，以彰顯「學習內容」的「內容主題（軸）」之間的「水平關係」，採大寫英文字母編碼，特別是可採字母意義編碼，第一碼字元數不限，可依領域需求做調整，但字元的中間不能有「-」。以小學階段數學領域「N-2-5解題：100元、500元。以操作活動為主兼及計算。容許多元策略，協助建立數感。」為例，第1碼「N」表示是屬於「數與量」內容主題；第2碼「2」表示是小學二年級；第3碼「5」為流水號。

(二)學習表現

「學習表現」是指學習過程與結果之「表現」的類型，「學習表現」是強調以學習者為中心的概念，重視學習的認知歷程、情意與技能之學習展現，代表該領域／科目的「非內容」向度，強調學生展現該領域／科目學習了某項內容後的「重要表現」，以呼應「領域／科目核心素養」。這些學習表現包含了培養學生所能展現的認知思考知能、情意態度及過程技能，以及過去高中職課程綱要的「核心能力」與國中小九年一貫課程綱要能力指標中的「能力」，可簡化繁瑣的能力指標（蔡清田，2018）。

「學習表現」宜具體展現該學習的重要歷程與精熟表現水準（NGA Center & CCSSO, 2010a；2010b），並可依學習階段進行敘寫，依據「學習階段階梯」透過「學習表現」的數量與品質之逐漸增加與陸續提升其複雜度。若以教育指標觀點來看，「學習表現」類似於美國各州各領域／科目「表現標準」（NGA Center & CCSSO, 2010a），是學生習得內容的精熟程度。有關「學習表現」之動詞使用，應能展現核心素養導向的精神，例如：探索、實作、歷程、情境應用等高層次的表現（國家教育研究院課程及教學研究中心核心素養工作圈，2015）。

就編碼原則而言，學習表現只有一種編碼方式，依序是「表現類別—學習階段別—流水號」等三碼：第一碼「表現類別」代表該領域內各「表現類別」特性或特徵之「水平關係」，其編碼為數字或英文字小寫，字元數不限，可依領域需求做調整，但字元的中間不能有「-」，第二碼為「學習階段」的「垂直關係」，第三碼為流水號。如健康與體育領域學習重點表現的編碼，第一碼為表現的類別，分為認知、情意、技能與行為四大範疇，從1-4共分為四項類別，1-4類別增列次項目（a、b、c、d）的編碼；第二碼為學習階段別，依序為I.第一學習階段、II.第二學習階段、III.第三學習階段、IV.第四學習階段、V.第五學習階段；第三碼為流水號。

三、學習重點和領域／科目核心素養的呼應

「學習重點和領域／科目核心素養的呼應表」可檢核「學習重點」的學習內容及學習表現和「領域／科目核心素養」的適配性，如表3-8十二年國民基本教育健康與體育領域「學習重點與領域／科目核心素養」呼應表參考示例（國小教育階段）。

§表3-8　健康與體育領域「學習重點與領域／科目核心素養」呼應表參考示例

健康與體育領域學習重點		健康與體育領域核心素養
學習表現	學習內容	
4a-Ⅰ-2養成健康的生活習慣。	Da-Ⅰ-1日常生活中基本衛生習慣。	健體-E-A1 具備良好身體活動與健康生活的習慣，以促進身心健全發展，並認識個人特質，發展運動與保健的潛能。
4a-Ⅲ-3主動地表現促進健康的行動。	Da-Ⅲ-1衛生保健習慣的改進方法。	
4d-Ⅲ-1養成規律運動習慣，維持動態生活。	Bc-Ⅲ-2運動與疾病保健、終身運動相關知識。	
1a-Ⅲ-2描述生活行為對個人與群體健康的影響。	Ca-Ⅲ-1健康環境的交互影響因素。	健體-E-A2 具備探索身體活動與健康生活問題的思考能力，並透過體驗與實踐，處理日常生活中運動與健康的問題。
3d-Ⅲ-3透過體驗或實踐，解決練習或比賽的問題。	Hb-Ⅲ-1陣地攻守性球類運動基本動作及基礎戰術。	

健康與體育領域學習重點		健康與體育領域 核心素養
學習表現	學習內容	
1b-Ⅲ-3對照生活情境的健康需求，尋求適用的健康技能和生活技能。	Ca-Ⅲ-3環保行動的參與及綠色消費概念。	健體-E-A3 具備擬定基本的運動與保健計畫及實作能力，並以創新思考方式，因應日常生活情境。
4c-Ⅲ-3擬定簡易的體適能與運動技能的運動計畫。	Ab-Ⅲ-2體適能自我評估原則。	
3b-Ⅲ-4能於不同的生活情境中，運用生活技能。	Fa-Ⅲ-3維持良好人際關係的溝通技巧與策略。	健體-E-B1 具備運用體育與健康之相關符號知能，能以同理心應用在生活中的運動、保健與人際溝通上。
2c-Ⅱ-3表現主動參與、樂於嘗試的學習態度。	Ib-Ⅱ-2土風舞遊戲。	
2c-Ⅲ-2表現同理心、正向溝通的團隊精神。	Ib-Ⅲ-1模仿性與主題式創作舞。	
4a-Ⅲ-1運用多元的健康資訊、產品與服務。	Eb-Ⅲ-1健康消費資訊與媒體的影響。	健體-E-B2 具備應用體育與健康相關科技及資訊的基本素養，並理解各類媒體刊載、報導有關體育與健康內容的意義與影響。
4c-Ⅲ-1選擇及應用與運動相關的科技、資訊、媒體、產品與服務。	Ab-Ⅲ-2體適能自我評估原則。	
4a-Ⅱ-2展現促進健康的行為。	Ca-Ⅱ-1健康社區的意識、責任與維護行動。	健體-E-B3 具備運動與健康有關的感知和欣賞的基本素養，促進多元感官的發展，在生活環境中培養運動與健康有關的美感體驗。
2d-Ⅲ-1分享運動欣賞與創作的美感體驗。	Ib-Ⅲ-2各國土風舞。	
2b-Ⅱ-1遵守健康的生活規範。	Ca-Ⅱ-1健康社區的意識、責任與維護行動。	健體-E-C1 具備生活中有關運動與健康的道德知識與是非判斷能力，理解並遵守相關的道德規範，培養公民意識，關懷社會。
2b-Ⅲ-1認同健康的生活規範、態度與價值觀。	Ca-Ⅲ-3環保行動的參與及綠色消費概念。	

健康與體育領域學習重點		健康與體育領域核心素養
學習表現	學習內容	
2c-Ⅲ-1表現基本運動精神和道德規範。	Cb-Ⅲ-1運動安全教育、運動精神與運動營養知識。	
3b-Ⅲ-2獨立演練大部分的人際溝通互動技能。	Fa-Ⅲ-3維持良好人際關係的溝通技巧與策略。	健體-E-C2 具備同理他人感受,在體育活動和健康生活中樂於與人互動、公平競爭,並與團隊成員合作,促進身心健康。
2c-Ⅱ-2表現增進團隊合作、友善的互動行為。	Hd-Ⅱ-1守備／跑分性球類運動相關的拋接球、傳接球、擊球、踢球、跑動踩壘之時間、空間及人與人、人與球關係攻防概念。	
2a-Ⅲ-1關注健康議題受到個人、家庭、學校與社區等因素的交互作用之影響。	Ea-Ⅲ-3每日飲食指南與多元飲食文化。	健體-E-C3 具備理解與關心本土、國際體育與健康議題的素養,並認識及包容文化的多元性。
2d-Ⅰ-2接受並體驗多元性身體活動。	Ic-Ⅰ-1民俗運動基本動作與遊戲。	
2d-Ⅲ-3分析並解釋多元性身體活動的特色。	Ic-Ⅲ-1民俗運動組合動作與遊戲。	

如圖3-6領域／科目學習重點的課程統整設計模式所示,「學習重點」的「學習內容」與「學習表現」可呼應「領域／科目核心素養」,這是一種精巧的核心素養轉化之「PCC三因子」三維(3D)螺旋課程統整設計模式,可進一步設計領域／科目核心素養的學習目標,第五章會進一步說明。

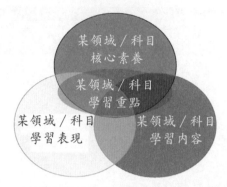

§圖3-6　領域／科目學習重點的課程統整設計模式

第三節　核心素養的學校本位課程發展計畫之規劃

　　我國《十二年國民基本教育課程綱要總綱》指出，「十二年國民基本教育」各教育階段共同課程之領域課程架構如表3-9。為落實《十二年國民基本教育課程綱要》的「部定課程」和「校訂課程」（教育部，2014），學校需組成課程發展委員會規劃學校課程計畫以培養核心素養（蔡清田，2019）。但十二年國教課綱計畫與實施亦具複雜性（黃政傑，2020），部分學校未能確實結合新課綱核心素養進行課程發展，或急於呈報教育主管局處交差應付了事，往往少數校內課程領導者決定學校課程計畫便送交學校課程發展委員會形式通過，未能確實透過課程發展委員會專業對話（歐用生，2019），或借用微調他校課程計畫便宜行事，甚至部分學校課程計畫「寫一套、教一套」，把「校訂課程」彈性學習時間配給升學考科教師上考科課程趕進度（聯合報，2020年7月21日），因此需對核心素養的學校本位課程發展進行探討。

§表3-9 「十二年國民基本教育」各教育階段共同課程之領域課程架構

教育階段	國民小學			國民中學	高級中等學校
階段 年級 領域	第一學習階段 一 二	第二學習階段 三 四	第三學習階段 五 六	第四學習階段 七 八 九	第五學習階段（一般科目）十 十一 十二
部定課程 語文	國語文	國語文	國語文	國語文	國語文
	本土語文／新住民語文	本土語文／新住民語文	本土語文／新住民語文		
		英語文	英語文	英語文	英語文
					第二外國語文（選修）
數學	數學	數學	數學	數學	數學
社會		社會	社會	社會	社會
自然科學	生活課程	自然科學	自然科學	自然科學	自然科學
藝術		藝術	藝術	藝術	藝術
綜合活動		綜合活動	綜合活動	綜合活動	綜合活動
科技				科技	科技
健康與體育	健康與體育	健康與體育	健康與體育	健康與體育	健康與體育
					全民國防教育
校訂課程 彈性學習必修／選修／團體活動	彈性學習課程				校訂必修課程 選修課程 團體活動時間 彈性學習時間

一、核心素養的學校本位課程發展

　　就核心素養的學校課程計畫之規劃而言，十二年國教課綱的特色是透過「核心素養」將過去的學校本位課程發展的概念加以重構再概念化，並

升級轉型成為「核心素養」的學校本位課程發展。《十二年國民基本教育課程綱要總綱》指出要透過學校課程發展委員會的運作，持續精進學校本位課程發展，而且是以學校為發展主體，經由選用、調整或自行創新課程與教材，回應學生的個別差異和學習需求，整合學校及社區特色與資源以學生為中心的課程計畫，培養學生的核心素養。

　　學校課程發展，係指在教育部課程綱要授權之下，學校人員根據中央政府提供的政策指示與課程綱要，以研擬學校課程計畫，強調透過課程領導（Walker, Kutsyuruba & Cherkowski, 2021），將過去的學校本位課程發展升級轉型成為「核心素養」的學校本位課程發展。核心素養的學校本位課程發展可透過如圖3-7「核心素養的學校本位課程發展模式」（Core Competence School-Based Curriculum Development Model），包括「核心素養的課程研究（Research，簡稱R）」、「核心素養的課程規劃（Planning，簡稱P）」、「核心素養的課程設計（Design，

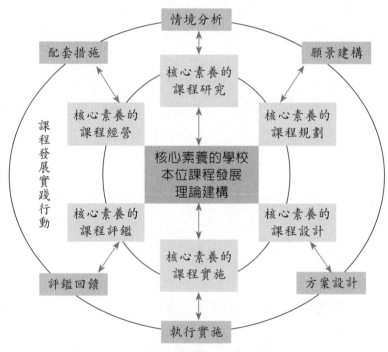

§圖3-7　核心素養的學校本位課程發展模式

簡稱D）」、「核心素養的課程實施（Implementation，簡稱I）」、「核心素養的課程評鑑（Evaluation，簡稱E）」、「核心素養的課程經營（Management，簡稱M）」等的核心素養學校本位課程發展模式（Research, Planning, Design, Implementation, Evaluation, Management，簡稱RPDIEM模式），進行情境分析、願景建構、方案設計、執行實施、評鑑回饋、配套措施的核心素養學校本位課程發展實踐行動（蔡清田，2019）。

課程發展委員會宜採取積極的課程領導行動（Townsend, 2019），掌握課程發展趨勢與教學方法革新，提高課程發展品質。各校課程發展委員會宜透過如下的課程領導的行動策略，使其學校學生達成核心素養的學習目標，特別是可(一)透過課程領導進行情境分析的課程研究，並採取SWOTA情境分析之行動策略，以及身先士卒之行動策略以瞭解學校課程發展的問題與需要；(二)透過課程領導進行願景建構的課程規劃，並透過提名小組共塑願景之行動策略，研擬學校課程計畫架構與進程；(三)透過課程領導進行方案設計的課程設計，特別是透過教師專長之行動策略、團隊整合之行動策略以進行方案設計；(四)透過課程領導執行運作的課程實施，透過專業發展之行動策略以進行課程實施；(五)透過課程領導進行評鑑回饋，並透過因勢利導之行動策略、行動研究之行動策略，進行課程評鑑蒐集適當且充分證據，改進課程過程與成效。

二、核心素養的校訂課程發展

「校訂課程」是賦予學校發展課程的時間與空間，是學校團隊可以揮灑課程想像的機會（周淑卿、陳美如、李怡穎、林永豐、吳璧純、張景媛、范信賢，2018），可依學校願景與學生圖像進行規劃藉以實踐學校願景，引導學生展現出「部定課程」與「校訂課程」的核心素養學習成效（林仁傑、林怡君，2021）。「校訂課程」由學校安排，以形塑學校教育願景及強化學生適性發展（吳俊憲、吳錦惠，2021），如表3-10《十二年國民基本教育課程綱要總綱》「校訂課程」彈性學習課程節數規劃，在國中小教育階段包含：1.「跨領域統整性主題／專題／議題探究課程」；2.「社團活動與技藝課程」；3.「特殊需求領域課程」；4.以及本

土語文／新住民語文、服務學習、戶外教育、班際或校際交流、自治活動、班級輔導、學生自主學習、領域補救教學等「其他類課程」等四類課程，特別鼓勵「跨領域」探究及自主學習，促進適性學習的發展，活化領域學習；在高中階段「校訂課程」新增校訂必修及彈性學習，校訂必修讓學校能進行特色課程發展，彈性學習（自主學習、選手培訓、充實／補強性教學等），讓學生有更多自主學習機會（教育部，2014）。

§表3-10　《十二年國民基本教育課程綱要總綱》校訂課程彈性學習課程節數規劃

領域	學習階段	第一學習階段	第二學習階段	第三學習階段	第四學習階段
彈性學習課程	跨領域統整性主題／專題／議題探究課程	2-4節	3-6節	4-7節	3-6節
	社團活動與技藝課程				
	特殊需求領域課程				
	其他類課程				

在高級中等學校則為「校訂必修課程」、「選修課程」、「團體活動時間」（包括班級活動、社團活動、學生自治活動、學生服務學習活動、週會或講座等）及「彈性學習時間」（包含學生自主學習、選手培訓、充實（增廣）／補強性課程及學校特色活動）。國中小學階段「彈性學習課程」，學校可辦理全校性、全年級或班群活動，落實學校本位及特色課程；高級中等學校教育階段則分別規劃「校訂必修課程」、「彈性學習時間」、「專題、實作及探索課程」及更多的選修空間，提供學校發展特色、學生自主學習的機會（教育部，2014）。

三、核心素養的學校課程計畫

核心素養的課程是達成學校願景與教育目標的管道，因此必須透過事前的「課程規劃」。特別是透過課程發展委員會，根據社會文化價值、學科知識與學生興趣，針對學校願景、整體課程目標、課程方案架構與進程等因素，進行學校課程計畫規劃（蔡清田，2020）。

(一)重視課程綱要核心素養的學校課程計畫

就學校課程計畫而言，採用核心素養的學校教育願景與課程目標，是改善學生學習成果的必要步驟，但是如果只是將學校教育願景與課程目標列入書面記錄，而沒有明確指出由誰在何時去實施並評鑑課程目標，則難有效果（Marsh, Day, Hannay, & McCutcheon, 1990）。核心素養的學校課程計畫目標，便可進一步去決定某特定年級領域／科目核心素養所要實施的內容。因此，必須確定學校課程計畫是否包含政府課程綱要的核心素養（蔡清田，2021）。

(二)核心素養的學校課程計畫是一種新課程計畫

學校依據十二年國教課綱提出核心素養導向的課程計畫，可展現表3-11核心素養的學校課程計畫特色。

§表3-11　核心素養的學校課程計畫特色

特色	特色說明
明確的	根據課程綱要的核心素養，強調學校課程計畫的核心素養。
完整的	學校課程計畫涵蓋「部定課程」與「校訂課程」兩部分相互輝映。
嚴謹的	學生升上較高年級逐漸提升核心素養的學習重點（學習內容與學習表現）。
可行的	指出「所有」學生都可學習的核心素養「學習重點」，而且是「任何一位」學生都被期待有能力去展現的「學習重點」。

課程學校計畫可參考如下步驟：

1.檢討學校課程計畫的核心素養學習重點

學校課程發展委員會，應該檢討現有「部定課程」與「校訂課程」的每個方案所強調的核心素養學習重點。

2.指出「持續發展的」核心素養學習重點

檢討「必要的」核心素養學習重點清單，指出在許多年級都應該被強調的核心素養學習重點，這些就稱為「持續發展的」核心素養學習重點，例如：情意結果、態度、行為與經驗不應該只限於一個年級，而應該繼續

不斷地在不同年級繼續加以發展，而不是教一次就不再教的。

3. 選定核心素養學習重點

　　就規劃學校課程計畫而言，學校課程發展委員會宜參考教育部課程綱要核心素養學習重點、出版社所提供的參考教科書與其他資源、參考國中會考及大學學測指考等，進而提出核心素養學習重點的清單。學校課程發展委員會應分析其限制：(1)首先考量哪些因素可能會限制核心素養學習重點的規劃。第一個限制是所需的學習深度，通常每個核心素養學習重點最少有兩個（第一年與第二年）學習目標；(2)其次課程發展委員會，應該考慮時間分配是一種限制，特別是核心素養學習重點，不應占據所有課程時間，最好只占60%-80%，其餘保留了彈性時間、適應差異，以便加深加廣或補救。課程發展委員會據此分析為何特定年級的學生必須學習某種特定的核心素養學習重點。課程發展委員會所初擬的核心素養學習重點，應該可以參考表3-12評鑑規準，並請特定年級教師進行檢討是否適用於該年級以便進行修訂。

§表3-12　核心素養學習重點的評鑑規準

核心素養學習重點是否數量少，才能獲得精熟？
核心素養學習重點是否適當地發展，有挑戰性但可經由學習而獲得。
核心素養學習重點是否說明得夠清楚？
核心素養學習重點是否依年級階段加深加廣？
核心素養學習重點是否反映該領域教師建議？

　　學校課程計畫可綜整一張範圍順序表，表的左側列出核心素養的學習重點的主題軸，表的上方則指出年級水準，在每個交叉的方格當中，寫出某年級的某領域／科目核心素養學習重點／學習目標。這種表格的優點，是展現出逐年級發展的核心素養學習重點／學習目標一覽表。此一範圍順序表，可以進一步修訂成可「持續發展的」核心素養學習重點清單，或可發展更詳細的「必要的」與「補充的」學習目標、學習內容、學習表現、教學建議、評量歷程。

(三)核心素養學習重點的學習目標與螺旋課程規劃

核心素養學習重點有必要轉換成為特定年級的核心素養學習重點／學習目標，特別是教師必須決定哪些核心素養學習重點，必須在哪個年級的哪個領域科目進行必要的連貫。一般而言，有三種方式可以用來增進核心素養學習重點的連貫程度：一是增進同一核心素養的「學習內容」之連貫程度；二是增進同一核心素養的「學習表現」之連貫程度；三是同時增進學生「學習表現」與「學習內容」進行互動的程度。學校課程發展委員會可以透過選擇特定年級／學習階段的「學習重點」，並增進「學習內容」與「學習表現」廣度及深度，設計聚焦核心素養的課程。下述問題可以協助學校課程發展委員會，設計螺旋課程並與核心素養的特定年級／學習階段學習重點進行連結（Carr & Harris, 2001）：

1. 在以「核心素養」為依據的螺旋課程結構當中，哪些特定年級／學習階段學習重點需要加以螺旋組織？

每一個需要「持續發展的」核心素養學習重點，都應讓每一個年級學生經驗至少一次。如A2系統思考與解決問題、B1符號運用與溝通表達等核心素養。

2. 學生如何經驗每一個核心素養學習重點的特定年級學習目標？

螺旋課程，是希望隨著時間逐漸提升核心素養學習重點的學習目標難度，因此不只是重複相同的核心素養學習重點，而是逐漸增加各年級學習目標的難度，可針對每一個核心素養學習重點的特定年級學習目標進行加深加廣的設計。

3. 學生在每一年級會用什麼內容來學習該項核心素養？

在上述所舉出的例子當中，每一個核心素養學習重點學習目標通常都蘊含著不同年級的學習內容與學習表現。六年級的學習內容與學習表現上，是否和先前五年級的學習內容與學習表現有逐漸加深加廣的規劃？

4. 學生在每一個年級會用什麼來評鑑該項核心素養學習重點？

最後，當不同年級的學生再度接觸那些相同的核心素養學習重點時，該年級的核心素養學習目標所用的學習內容與學習表現是否循序漸進加深加廣嗎？並能規劃以不同的年級程度水準來評鑑其學習內容的學習表現嗎？

(四)課程發展委員會的課程規劃責任

課程發展委員會的委員，必須透過課程專業訓練與研習進修，以培養其課程規劃的專業素養，方能規劃高品質的學校課程計畫（Glatthorn, Bragaw, Dawking & Parker, 1998）。同時教育主管當局也必須適時介入參與，除了建立學校課程計畫報備制度，負起監督責任，更要積極主動地提供資源支援和技術協助，讓學校課程發展得以順利進行。

課程規劃是指事前安排學校課程相關學習資源的過程，但是更重要的是改進學生核心素養學習重點的學習成果，是以學校課程計畫的規劃必須與核心素養連結，可參考如表3-13學校課程發展委員會的規劃責任之說明（修改自Carr & Harris, 2001），可使學校教育人員的焦點集中於改進學生核心素養的學習重點。

§表3-13　學校課程發展委員會的規劃責任

- 規劃學校課程計畫焦點是呼應政府課程綱要核心素養學習重點為主。
- 檢查學校課程計畫、課程目標與課程綱要核心素養學習重點的關係。
- 說明學校為何如此規劃各年級學生核心素養學習重點、學習目標水準。
- 研擬改進各年級學生核心素養學習重點、學習目標的學習表現先後順序。
- 不斷回饋以掌握學生核心素養學習重點、學習目標的學習表現水準，並且隨著時間調整學校課程計畫核心素養學習重點。

學校課程發展委員會可將課程綱要核心素養，加以轉化成為核心素養的學校課程計畫，並進一步檢查學校課程計畫，以決定特定年級核心素養學習重點學習目標（學習內容與學習表現）的規劃是否妥當。比較簡易可行的方法，是學校課程計畫宜規劃並校準「部定課程」各領域科目核心素養學習重點的各年級學習目標。此種核心素養學校課程計畫，將會有效促進學生在各年級學生核心素養學習重點學習目標的學習表現之明顯進步。

(五)核心素養的學校課程計畫認可與實施

核心素養的學校課程計畫必須獲得地方教育主管當局核備認可，是以學校課程發展委員會，可依據政府課程綱要規劃學校課程計畫核心素養學習重點，以便教師參考表3-14核心素養的學校課程計畫與課程綱要核心素

養連貫校準，選擇「核心素養之教材支援的課程」，進行「核心素養之教學實施的課程」。

§表3-14　核心素養的學校課程計畫與課程綱要核心素養連貫校準

領域	問題
學校課程計畫連貫「課程綱要」哪些核心素養	學校課程計畫連貫「課程綱要」哪些「核心素養」項目，才能實踐所定的學校教育願景與課程目標？
學校課程計畫連貫哪些「領域/科目」核心素養	學校課程計畫哪些「領域/科目核心素養」是必須實施的？如語文、數學、社會、健康與體育、科學、藝術等。
學校課程計畫與「教材支援的課程」之連貫與接觸管道	如果學生要達成學校課程計畫的「核心素養」項目，則學生必須獲得哪些資源（「部定課程」的哪些領域/科目？「校訂課程」哪些方案的人力資源設備）之接觸管道？
學校課程計畫的「教學實施課程」與教師專業發展之連貫	教師需要獲得何種教育專業發展與資源支持，以便進行實施核心素養的學校課程計畫？
核心素養的學校課程計畫與「學習獲得的課程」之連貫	哪些方式最能有效地協助教室學生進行核心素養學習重點的學習？
核心素養的學校課程計畫與「評量考試的課程」之連貫	如何以最佳的方式來評鑑與記錄核心素養學習重點為依據的各年級學生核心素養學習目標之學習表現？

　　接下來，本書會進一步闡述如何將課程綱要與學校課程計畫的核心素養，校準連貫到第四章「核心素養之教材支援的課程」、第五章「核心素養之教學實施的課程」，引導學生習得核心素養。

核心素養之教材支援的課程

　　十二年國教新課綱對學校選用的教科書有何影響？特別是「核心素養之官方計畫的課程」，是否影響了教科書等「教材支援的課程」之設計（周淑卿、白亦方、林永豐、黃嘉雄、楊智穎，2021）？這涉及到教科書設計者對新課綱的理解，更涉及到新課綱核心素養、學習重點、學習內容與學習表現能否轉化成為支援教學的教材（李涵鈺2019；張芬芬、陳麗華、楊國揚，2010；蔡清田、陳延興，2013）。

　　「課程設計」係指課程要素的選擇組織安排設計，包含擬定目標、選擇組織內容、執行評鑑工作的「科學技術」，旨在設計課程產品，較關心具體而實用的課程製成品（黃光雄、蔡清田，2017；黃政傑，1991），例如：設計教科書（textbook）、教材教具資源軟體、相關教學資訊網站與其他媒體資源等「教材支援的課程」或「資源支持的課程」（resources supported curriculum），又稱「資源教材支援的課程」（resources material supported curriculum）或「支援的課程」（supported curriculum）（Glatthorn, Jailall & Jailall, 2017）。例如：英國東英格蘭大學（University of East Anglia）史點豪思（L. Stenhouse）領導「人文課程方案」（The Humanities Curriculum Project），以及美國哈佛大學（Harvard University）的布魯納（J. S. Bruner）領導「人的研究」（Man: A Course of Study，簡稱MACOS）的「教材支援的課程」廣受討論（黃光雄、蔡清田，2017；陳伯璋，2010；歐用生；2019）。這呼應了美國麻省理工學院出版《課程的未來：數位時代中的學校知識》（*The Future of the Curriculum: School Knowledge in the Digital Age*）（Williamson, 2013）一書提出透過「課程文本」（Pinar, Reynold, Slattery & Taubman, 1995），連結「課程網絡」所形成的人與組織機構之間的交互作用系統，可培養生活所需核心素養（楊俊鴻，2018）。

　　「核心素養」之「教材支援的課程」與本書第一章「課程即科目」的

教科書有著密切關聯，也涉及到「社會主義」強調「課程即計畫」的「官方計畫的課程」，更涉及「科技主義」強調資訊網路平臺資料庫、教學光碟電子媒體等資源支援課程，可避免課程窄化為傳統紙本教科書之弊端（Paniagua & Istance, 2018）。因為傳統教科書作為學科知識的載體，地位不容置疑（Cornbleth, 1979）。但是教材內容也在發生變化，一切能幫助學習的教材都是「教材支援的課程」。

　　教科書往往是學校師生、家長與社會大眾熟悉的「知覺的課程」（perceived curriculum），而且教科書往往主宰了教學內容（楊智穎，2021），不過在當今複雜多變的後現代社會，美國哈佛大學與麻省理工學院將教材上網，我國中央研究院「數位典藏國家型科技計畫——拓展臺灣數位典藏計畫」、「教育部的因材網」、「均一教育平臺」、三貝德集團「亞洲教育平臺」、康軒、南一、翰林等出版社網站資源、「空中英語教室」、香港線上家教APP「時課問」，不只可分享最尖端的課程新知，更讓可支援師生的課程來源變得多元。因此學校人員在21世紀，不應該只是使用傳統教科書進行教學，而應該擴展教科書外的其他「教材支援的課程」，以協助學生獲得更豐富的學習。因此，教師教學宜善用「教材支援的課程」以引導學生學習「核心素養」。是以本章包括第一節從官方計畫的課程到教材支援的課程，第二節核心素養取向的「教材支援的課程」。

第一節　從「官方計畫的課程」到「教材支援的課程」

　　「核心素養之理念建議的課程」之「課程即核心素養」的課程理念影響了「核心素養之官方計畫的課程」，是否也影響教科書等「教材支援的課程」？尤其是教科書出版社的編輯人員、學校教師等課程設計人員，須依照教育部「官方計畫的課程」課程綱要公布核心素養的課程理念，對教科書之各種課程因素包括教材內容、學習活動、教學時間、空間資源等項進行慎思熟慮選擇組織（黃政傑，1991）。

　　一般而言，教師往往只根據教科書內容而進行教學實施，不一定能廣為善用教科書之外的其他「教材支援的課程」。然而，如果教科用書和政

府「官方計畫的課程」兩者存有相當大的差距，則往往有三種可行的「課程校準」之作法：一是選擇採用其他教學材料；二是修正調整原先規劃的課程計畫；三是編選設計補充教學材料，來縮短差距（Posner, 1995）。另一方面，值得深思的是，不管是以政府統編本的教科書或是以民間出版社所出版的教科書作為主要的「教材支援的課程」，都可能具有一些值得留意的意識型態潛在課程，這是必須進一步探究的課程設計議題，而且這顯示學校教師有必要加強教科書之外的其他「教材支援的課程」之選擇組織，以提升實施成效。因此，本節從「官方計畫的課程」到「教材支援的課程」，探討「教材支援的課程」、教科書的可能意識型態潛在課程、「教材支援的課程」對教學與學習評量考試的影響，論述如下：

一、「官方計畫的課程」與「教材支援的課程」關係

政府雖然公布課程綱要「官方計畫的課程」，但是可能受限於政策不願與民爭利，不一定親自編輯出版「教材支援的課程」（Glatthorn, 1987），而可能由民間出版業者根據「官方計畫的課程」而研發「教材支援的課程」，以支援學校師生教學。然而民間出版業者所編輯的教科書，卻不一定能完全落實教育部課程綱要之「官方計畫的課程」。同樣地，學校師生雖然根據教科書等「教材支援的課程」而進行教學，但卻不一定能完全落實政府課程綱要之「官方計畫的課程」。

「課程綱要」指出學校可以因應地區特性、學生特質與需求，選擇或自行發展合適的教科用書和教材，以及設計彈性學習時數所需的課程教材，惟自編教科用書應送交學校課程發展委員會審查。學校教師應依課程綱要與學校課程計畫之說明，組成各領域課程方案的課程設計小組，並先熟悉該領域的核心素養，進而選擇組織採用核心素養之「教材支援的課程」，期能加強其與「官方計畫的課程」之連貫性。因此最好成立設計小組，進行核心素養「教材支援的課程」之教材編選、教學活動設計、教學內容範圍順序與組織，以及空間資源與設備的配置等，並研訂「教科用書評選及採用辦法」，作為選擇核心素養的教科書等支援教材之依據（黃光雄、蔡清田，2017）。

「教材支援的課程」包括支援課程的各種教材資源，例如：民間出

版業者編輯出版的教科書、教學指引、學生習作、參考書、測驗卷、期刊雜誌、網站、網路資源、部落格、DVD、VCD、CD、光碟片、錄音帶、錄影帶、幻燈片、影片與學校教師自編教材教具材料資源。換言之，「教材支援的課程」是指所有用來支援教學相關材料，皆是屬於核心素養「教材支援的課程」之一部分，皆可有助於學習因應當前生活與未來挑戰所需（教育部，2014；國家教育研究院，2014a；國家教育研究院，2014b）。教師應認識核心素養之「教材支援的課程」，瞭解如何設計教材教具等核心素養之「教材支援的課程」？學生需要什麼？社會需要什麼？要教給學生什麼？學校教師可以採用國家教育研究院審查核定出版的民間編輯教科書，此外學校教師也可以自編補充教材，提供學生學習的素材，因此教材來源可謂相當的多元化。值得注意的是，教師所用的教科用書及教材是否符合課程綱要的核心素養學習重點？各課程方案小組的教師應該謹慎地判斷教科用書和課程綱要之間是否具有核心素養的一致性（蔡清田，2020）。

二、課程改革與「教材支援的課程」

　　1960年代課程發展運動受到蘇聯發射人造衛星所引起的恐慌之影響，西方社會課程設計的主要論點便是認為應該增進學生探究發現的學習，將有助於教育知識內容的改進。英國教育與科學部的「學校課程和考試審議委員會」（The Schools Council for Curriculum and Examinations）贊助許多的課程方案，例如：「人文課程方案」（The Humanities Curriculum Project）是1970年代英國中央政府主導，擬議延長國民教育年限至16歲之前置實驗課程，英國教育與科學部便明確地指出政府所規劃的人文學習方案，其教育政策乃在延長英國學生離校年齡至16歲。此一教育政策之目的，乃在於提升人類相關領域的理解能力、辨識能力及判斷能力，而「人文課程方案」的目的，則特別在於幫助青少年學生，發展人類的理解能力，以幫助學生理解社會情境與人類社會行動所引發之社會價值與道德的爭議問題（Stenhouse, 1975）。

　　史點豪思及其東英格蘭大學「教育應用研究中心」（Centre for Applied Research in Education）同仁們，接受英國中央政府教育與科學

部委託進行此一課程改革方案，史點豪思採用一種不同於「目標模式」的「歷程模式」課程發展，進一步設計出一套程序原理原則及「教材支援的課程」，以作為教師在教室情境中採取教育行動的指引。以「人文課程方案」的「教材支持的課程」而言，包括「家庭」、「戰爭與社會」、「教育」、「兩性關係」、「人民與工作」、「貧窮」、「法律與秩序」、「都市生活」與「種族」等教材資源輯。一方面，上述九個主題的「教材支援的課程」被設計成該課程方案之學習探究領域。然而，該課程方案之小組成員並未撰寫制式教科書，而是就每一個主題編輯學習材料與教學指引等教材資源，而且也利用影片及印刷品作為教師與學生於課堂中進行討論的「探究證據」。另一方面，「歷程模式」的教學程序則包括教師於課堂中扮演超然中立的討論主持人，協助學生進行課堂討論探究；教師並引用上述九項主題學習材料以輔助課堂討論的進行；教師並承擔責任以保護討論的各種不同歧見（Stenhouse, 1983）。

史點豪思根據「人文課程方案」的實際經驗撰寫一本課程研究經典《課程研究與發展導論》（*Introduction to Curriculum Research and Development*）（Stenhouse, 1975），並主張依據課程目標演繹而來的「歷程模式」之教學程序的原理原則，應被視為有待教師在教室情境中加以考驗的一套研究假設。此種「教材支援的課程」克服「目標模式」無法彰顯教室情境中教學歷程的多樣性與複雜性之限制，因此廣受學校教師的喜愛。尤其是，教師經由明智地探究「教材支援的課程」理念以進行教學，也可以如學生一般進行學習，獲得「教學相長」之效，促成教師的專業成長。

美國學者布魯納（J. Bruner）領導發展的「人的研究」（Man: A Course of Study，簡稱MACOS），是由美國「國家科學基金會」（The National Science Foundation of the U.S.A.）所贊助進行研究發展的一套社會科課程，其「教材支援的課程」備受矚目（蔡清田，2016），企圖透過課程革新加速教育改革步伐，並希望美國能在科學教育領域超前蘇俄。「人的研究」適合10至12歲的學生使用，主要係以影片為基礎的課程，尚包括小冊子、教學指引或教師指引、地圖、唱片等，其中詳細探討太平洋的鮭魚、青魚鷗、狒狒、愛斯基摩人等行為，並與學生所處社會和學生本身所具的經驗比較。「人的研究」是以行為科學和人類學為基礎

（Bruner, 1966），其課程架構主要探討三個議題：(1)就人類而言，人性是什麼？(2)人性如何發展出來？(3)如何使人性進一步發展？在「人的研究」的課程設計當中，學校教師的角色，或為專家或為學習者。此種「歷程模式」課程設計採用「發現教學法」或「探究教學法」的教學策略，而非傳統的注入教學法。教師扮演學習者的引導人員，引導學生進行探究社會科學概念與發現社會科學的學科知識架構（黃政傑，1991）。此套課程之主要特色包括：

1. 利用「歷程模式」進行課程設計，不受「目標模式」的束縛，強調教師與學生在教室情境教與學的互動歷程。

2. 在課程改革過程中，能聘請專業課程設計專家開發品質優良教材，例如：教育影片、學生參考手冊、教師教學指引及幻燈片、玩具等其他各種教學資源。

3. 在課程設計過程當中，能根據教育心理學者布魯納倡導的「學科結構」及「螺旋式課程」的理念加以設計。此課程所探究的主要概念是：(1)生命週期概念，如鮭魚生長週期；(2)本能與習得的行為；(3)適應；(4)生物學上自然淘汰和選擇；(5)結構和功能；(6)訊息傳播和溝通。利用由易而難、而淺而深的概念結構循序漸進，引導學生認知結構的發展。並且經過教師進行「探究教學法」幫助學生認知概念，合乎學生的認知發展，能吸引學生的學習興趣。

4. 就其課程推廣策略的特色而言，使用此套課程者，必須在購買此套教材之前先接受課程推廣訓練。換言之，教育影片及其他手冊與教學資源不能分開銷售，只能賣給願意薦送教師接受「人的研究」課程推廣訓練的學校單位。因此，可以結合課程推廣與教師專業成長。

　　然而，此套課程也具有其爭議性。例如：「人的研究」課程發展，雖能配合學生的認知發展，卻無法兼顧學生的情意發展，只重認知，忽略情意。而且其教育影片當中的動物影片太多，真正有關「人」的研究，只涉及了「愛斯基摩人」，不僅喪失了主要探究對象，而且容易誤導學生對「人」有片面之誤解。甚至，其教材中有關「愛斯基摩人」的亂倫、拋棄祖母、屠殺海豹等皆引起衛道人士的抗爭，教會人士也大加撻伐，並引發相關人士在美國國會中進行政治辯論。是以「教材支援的課程」的課程設計往往只根據一種或二種理論基礎作為課程內容之來源，以形成課程組織

內部較高的一致性。然而，課程設計的理論基礎在實際運用上往往有所偏重特定偏好，有時會被認為是一種「理所當然」而逐漸沉澱為「意識型態的課程」（ideological curriculum）（Apple, 1979; Whitty & Power, 2002）。因此，需探討教科書的可能意識型態潛在課程影響（蔡清田，2021）。

三、政府統編本教科書的可能意識型態潛在課程

　　過去政府或基於政治考量，除了由教育部公布官方課程標準作為「官方計畫的課程」之外，並由國立編譯館統編教科書，教科書是最常用的教科用書，也是社會人士、教育行政人員、學校教師與學生家長與一般人所「知覺的課程」，但是教科用書也可能有意或無意成為傳遞政治、族群、宗教、階級、性別等意識型態的灌輸工具，往往視學生為課程的消極被動接受者，特別是過去政府統編本教科書編輯審查制度之下的教科書，往往成為鞏固政權與思想統一的重要工具。例如：1968年臺灣實施九年國民義務教育，由國立編譯館統一編印所有教科書實施統編制；到了1996年開始採取教科書審定制，逐年開放國民小學所有教學科目；1999年立法院決議開放教科書審定，高級中學教科書也全面開放；國民中學教科書則配合九年一貫課程改革於2002年逐年開放；2003年教育部舉辦教科書制度公聽會，家長代表與教師代表支援多元制度；2005年採「部編本」與「民編本」並行制，過去官方壟斷教科書編輯市場的統編本制度，已經不合臺灣社會現況與時代需求。當今臺灣社會已經走向民主開放，從民編本、部分統編本、全部統編本，到政府只負責審定的一綱多本，這和臺灣的民主社會發展歷程頗為一致（黃政傑，1991）。

　　值得注意的是，教科書研發之後，最好還應該經過試教歷程，並加以回饋修訂，等到教科用書正式出版之後，學校任教的教師可就數家出版業者的教科書，依其學習階段年級、核心素養學習重點、教材內容、垂直銜接、水平統整、價格、印刷品質等選用規準詳加評選比較，共同選出最合適的教科書供師生使用。此種教科用書的課程研究發展設計與選用過程，當然比政府統編教科書費時費事，但是，似乎可以尊重民間出版社的課程設計專業與學校教師的專業自主權，讓教育專業人員承擔更多的專業自主

權，承擔更多的專業責任，而不是將所有責任交給政府統一編輯管理控制（蔡清田，2003）。因此，政府與社會大眾應該要適度尊重與信賴學校校長和教師的教育專業，相信校長和教師團隊慎重考量學生學習的權益，審慎用心地依據課程選擇規準，進行教科用書評選的專業判斷。

前行政院教改會《教育改革總諮議報告書》強調「不論國民教育或高級中學教育，教科書之擇用權均在學校」，這當然是為了尊重學校和教師的教科書選擇與採用之專業權與自主權。在《教育改革總諮議報告書》第四章有關改革中小學教育的配合考量措施中則提到，「應速予開放中等學校教科書為審定制」，這可能就是後來所謂教科書一綱多本的課程改革政策依據之一。「一綱多本」的主要用意，可能可以避免主政者對教科書內容控制的意識型態灌輸工具，同時希望透過自由競爭的市場機能，逐步提升教科用書的研究發展設計與選擇組織的水準，可以讓社會大眾與教師及家長還擁有教科書版本之選擇權。雖然目前教科用書在研訂綱要、選擇組織設計編寫、採擇使用的過程並不是十分完美，不過可以用心逐步改善或解決的問題，不宜遇到問題就倒退回到過去的傳統窠臼。

四、民編本教科書的可能意識型態潛在課程

目前臺灣中小學教科書制度採取「一綱多本」，所謂「一綱」是透過課程綱要取代課程標準，而「多本」是指教科書由過去國立編譯館獨家統編，改為開放民間參與教科書編輯的現況，這是符合教育多元化的世界潮流。例如：英、美、德、法、中、日、韓、澳等國家的教科書制度，也大都採行審定本或認可制，或是採用所謂的自由制，讓教學空間更為專業與自由民主。從世界各國教科書制度現況而言，全世界幾乎只有比較保守的阿拉伯國家遵循回教基本教義採取傳統守舊的一綱一本制，而英國採自由制，德國、日本、韓國、中國、新加坡等也皆採審定制，因此一綱多本的教科書制度合乎世界各國教科書制度的時代潮流。

其實就課程研究發展的專業角度而言，不管是過去盛行的「一綱一本」教科書制度，或當今現行「一綱多本」教科書制度，教科書是「教材支援的課程」之一。一綱多本的教科書制度，合乎臺灣民主自由社會的多元文化價值，順應社會民主開放，教科書內容與形式多樣化，可以豐富教

材內容，符合民主多元及教育自由化的精神，不僅教科書價格不易被壟斷，更可符合教師專業選擇與社會大眾對教材多元化的需求，比較能適應學生個別差異的學習需要。

值得注意的是，教育市場化似乎也已經在學校課程和當代社會工商產業之間，建立了密切的關係，在許多國家可清楚地見到學校課程受到工商產業影響與滲透的情況已屢見不鮮，例如：美國商業衛星網絡頻道可免費提供學校監視設備，但要求每天要有90%的學生收看業者的新聞和廣告。學校課程的教學資源材料，甚至與工商產業的出版行銷利益關係十分密切，所謂市場化，意味著產品的質與量應由消費者的供需購買角度來決定，而教科用書似乎也成為市場上的商品（Whitty & Power, 2002）。特別是受到工商產業贊助的物質教材等「教材支援的課程」，也大幅度迅速的成長，不可否認，經濟概念的市場化觀點已經瀰漫當代社會。但是否能用經濟生產的供需與消費關係來對待教育專業，尤其是學校教育有其特定的任務和使命，同時肩負著培育人才的重責大任，教育專業並不完全符合一般的工商企業經濟市場機制，所以無法完全由市場經濟機能的喜惡做完全的決定，是故只能取其部分的市場競爭和顧客多寡的績效精神來解釋，因而或許只能稱之為準市場（Apple, 1993）。然而，臺灣當前的一綱多本之教科書制度，特別是由民間出版社出版的教科書所衍生的競爭問題，已經出現了市場化的工商社會意識型態潛在課程之可能影響，令人關注。

(一)市場化

臺灣過去原由國立編譯館統編的教科書，價格較為低廉，大多數學生家長都樂意接受，但更新速度較慢，內容有落伍而不盡理想之處，而且也往往未能如民間出版社迅速有效提供教學輔助材料與教具之批評（黃政傑，1991）。不可忽略的是所謂的「統編本」可以統一學生學習的難度，而不必一門科目需要具備多種不同版本的教科書，的確有減輕學生書包重量的功能。然而，自從開放民間參與教科書編輯工作後，由於民間出版業者所競爭搶食的市場是同一塊大餅，不同出版業者與編輯者難免會有較勁摩擦與互批攻擊；而且經過審查通過之後，學校列為指定教材之後，學生家長往往須購買教科用書與參考用書及測驗卷。而民間出版社編訂教

科用書附帶教具，加上許多參考書與測驗卷等相關教材的外加費用，定價就比原先價格高上數倍之多，當然會增加學生家長經濟負擔。

不過另一方面，由於民間出版業者的教科書，為了爭取市場競爭力，往往提供比國立編譯館更為便捷與快速的服務，因此在學校教學過程當中，學校教育人員與學生家長，卻不知不覺地使用民間業界出版社根據市場化機制觀點提供的各種商品，如教科用書、參考書、測驗卷、期刊雜誌、CD、DVD光碟片與資源網站等及其他補充教材，並要求學生們進行學習，而校園便不知不覺淪為工商消費市場（Apple, 1988），學校教育反倒淪為工商業界生產消費的傳播行銷對象，學校教育人員也因為便利性之故，往往不知不覺展開雙臂地歡迎工商消費型態和經濟生活形式進入學校課程。特別是民間出版業者出售的教科書，往往搭配免費提供CD、DVD及教學網站等作為學校教科用書配套教具與教學資源。在隱而不顯的潛在影響之下，學校課程的教學材料，卻也可能被利用來扮演某一種工商產業利益和意識型態影響的代言品（Whitty & Power, 2002）。

特別是受工商產業贊助之「教材支援的課程」等教材資源迅速成長，各民間出版業者或軟體提供者贊助或免費的教學材料，造成了一些潛藏的工商社會意識型態影響教學。是以，教科書一綱多本應進一步研究，並應廣邀學者專家與家長及社會賢達等進行理性討論與專業對話，研擬相關配套措施。

(二)差異化

目前政府透過課程綱要的公布，鼓勵民間出版界提供支援的教科書與其他學習資源，以協助學生學習核心素養，但是卻產生「一綱多本」導致各校選擇教科書版本不一的問題，卻又不放心，企圖要掌握所有版本的教科書內容，以因應基本學力測驗考試。政府雖然一再強調各校的教科書版本雖然不同，但是都源自同一本課程綱要，學生只要熟讀一綱，可以通曉多本，不過似乎是言者諄諄、聽者藐藐，社會各界，特別是學生家長，還是對教科書開放的制度存疑。從課程研究發展理論而言，其實一本優良的教科書應該經過長期研究發展和試教過程不斷修訂與更新。然而，實際上，如果教科書審查委員都採取超高標準嚴格審查，目前可能一本教科書都無法通過，但是，為了至少要有兩、三種版本可供學校師生選擇教科用

書，因此，即使許多審查委員不滿意出版社編寫的教科用書，但「教科書品質低，總比沒有教科書可用好」，最後可能還是採低標準通過審查。

就教科書審定而言，我國教育部公布新課程綱要之後，學校使用不同版本的教科書，家長疑慮「一綱多本」是否造成學生程度落差，值得教育行政單位與學者專家研擬因應之道。不同版本教科書所造成的相同核心素養不同學習重點的問題，可能產生同一學年不同版本教科書編輯的「學習重點」迥異的情形，亦即同一學年的教科書所採用的核心素養「學習重點」不盡相同，產生教材學習內容有差異的現況，甚至竟產生了某些版本雖然羅列了某項核心素養，但是卻沒有相對應的「學習重點」，值得進一步探究（蔡清田，2016）。

五、「教材支援的課程」對教學與學習評量考試的影響

《十二年國民基本教育課程綱要總綱》指出，教學資源包括各種形式的教材與圖儀設備，研究機構、社區、產業、民間組織所研發的資源，以及各界人力資源。各該政府應編列經費，鼓勵教師研發多元與適切的核心素養教學資源，而且實施學校課程計畫所需的核心素養教學資源，相關教育經費，中央與地方應予支援（教育部，2014）。因此，十二年國民基本教育新課綱「核心素養」仍應該維持，特別是國民中學升學考試科目，或可進一步訂出學生「必須精熟」的「學習重點」，作為國高中升學考試的重點，而且就「評量考試的課程」而言，各種升學考試中心所舉辦的大學入學考試測驗、國民中學會考等升學考試只考「必要的」學習重點，而且主管當局應公布升學考試的試題特色、取材範圍與試題範例，並加以宣導說明，可引導課程教學及評量重點，以便學校靈活應用「教材支援的課程」。

第二節 核心素養取向的「教材支援的課程」

世界上許多國家如英、美、德、法、日、韓、澳等國教科書都採一綱多本的制度，但是這些國家的學生家長，似乎不會同時幫學生去購買許多不同版本的教科書以應學生學習之需，這可能是臺灣教育的傳統考試文

化相當獨特的現象。這個情形就像往往在教科用書之外，臺灣家長還要再幫學生購買參考書一樣，買了一種版本還不夠，甚至還要多買幾個版本才安心。至於多讀幾個版本的教科書或參考書，是否就對應付考試特別有用，事實上，並沒有任何明顯客觀或科學的具體評估可以證明，不能遽下斷言。因此，買不起多種版本教科用書的學生，或許可以用心精讀任課教師課堂指定的教科書與參考講義及其考試測驗評量用卷，澈底理解教師教學範圍內的相關問題。如果需要更多參考資料，則可以去圖書館借閱相關參考書與課外書或上網搜尋相關教材，擴大閱讀範圍，拓展自己的知識視野，培養更寬廣的學習習慣，累積更多的相關背景知識，才不會受限於知覺的課程之教科用書的有限空間範圍，可能再廣泛的閱讀各種「教材支援的課程」，以開展自己未來的興趣潛能與性向發展。因此，如何連結「核心素養之官方計畫的課程」與「核心素養之教材支援的課程」是重要課題。

一、透過「官方計畫的課程」之核心素養與學習重點指引「教材支援的課程」之教材發展

　　十二年國教新課綱核心素養可作為課程設計主軸，不僅影響學校課程計畫，也影響「教材支援的課程」之設計。教科書教材內容的多寡並非是教科書設計的焦點，而是透過領域／科目核心素養「學習重點」的情境引導、觀察與體驗、問題探究等歷程，以培養學生的核心素養。「教材支援的課程」包括教材研發設計適當內容的教材，透過領域／科目核心素養與「學習重點」，可指引教材發展與教科書設計進行連貫統整。「學習重點」指的就是領域／科目的「學習內容」與學生的「學習表現」，這些是教師的教學重點，也是學生的「學習重點」，也是提供各領域／科目進行課程發展的教材設計、教科書審查及學習評量的重要依據。特別是「學習內容」是該領域／科目「核心」的知識、能力、態度等有價值的「內容」，能呼應核心素養的重要、關鍵、必要之特質，並引導學生透過「學習內容」而展現「學習表現」以達成目標（蔡清田，2018）。

　　「學習內容」是該領域／科目重要的、基礎的內容，學校、地方政府或出版社得依其專業需求與特性，將「學習內容」做適當的轉化，以發展

適當的教材。此種學習重點的架構方式，提供各領域／科目進行教材設計時的彈性，在不同版本的教材中，「學習表現」與「學習內容」可以有不同的對應關係。教科用書編輯人員或學校教師可依不同學生的需求或學習階段的差異，彈性地組合領域／科目的「學習表現」與「學習內容」，這有利於將課程綱要內涵轉化為實際教材，且提供學生更為適性的學習機會（國家教育研究院，2014a）。

就核心素養「學習重點」的教材研發而言，教材研發包括教科用書、各類圖書、數位教材、補救教材與診斷工具及各種學習資源等，需衡量不同學習階段間的縱向銜接及領域／群科／學程／科目及課程類型之間的橫向統整（蔡清田、陳延興、李奉儒、洪志成、鄭勝耀、曾玉村、林永豐，2009）。特別是透過核心素養「學習重點」可指引教材發展與教科書設計進行連貫統整，強化「領域／科目」的學期學年、學習階段的連貫與統整，不僅重視「學習內容」的主題與主題之間的連貫，更重視「學習內容」與「學習表現」在學期、學年、學習階段之間與之內連貫，並根據「學習內容」與「學習表現」設計教材，協助教師及學生隨「學習階段階梯」或「年級階梯」而逐漸增加與陸續提升其「學習內容」之複雜度與「學習表現」之複雜度，循序漸進其課程連貫與統整，有助於規劃領域／科目課程「學習重點」的縱向銜接與橫向連貫（蔡清田，2019）。

透過核心素養「學習重點」引導各領域／科目「學習內容」與「學習表現」的設計，可作為出版社或學校教師設計教材的依據，用以編選教材、教法、組織學習活動。教科用書應依據各領域／科目課程綱要進行編輯，教材之發展應扣緊「學習重點」的「學習表現」與「學習內容」，除了領域／科目知識的「學習內容」之外，更強調學習歷程及「學習表現」之重要性，以使學生喜歡學習及學會如何學習，並協助其有機會達成其學習目標。特別是利用「學習重點與領域／科目核心素養呼應表」，以及「學習重點」可彈性統整「學習表現」與「學習內容」的雙向架構，使課程編選與教師教學都保留有很大的彈性，可以因應學生的差異與不同需要而彈性調整，有助於落實適性教育的理念。此外，「學習內容」的教材需衡量學期、學年、學習階段之間的縱向銜接與垂直連貫，教材之選擇須具啟發性與創造性，並能循序漸進提供由低層次到高層次的認知、技能、情意之學習素材，提供學生觀察、探索、討論與創作等實作及表現的學習

機會（國家教育研究院，2014b；蔡清田、陳伯璋、陳延興、林永豐、盧美貴、李文富、方德隆、陳聖謨、楊俊鴻、高新建、李懿芳、范信賢，2013）。

「核心素養」的教科書是學生學習的重要材料、是教師教學的重要資源，而十二年國民基本教育課程綱要的核心素養，則是教科書編輯的依據，各出版社宜掌握課程理念及精神，因應教科書之編輯，除了知識內容的學習，更強調學習歷程和「學習表現」的重要，使學生喜歡學習及學會如何學習。教材內容需衡量不同學習階段間的縱向銜接，並提供高層次認知思考能力之學習素材，讓學生習得運用知識解決問題之能力。教學設備與實施包括教學實施、教學活動、教學設備規劃（蔡清田、洪若烈、陳延興、盧美貴、陳聖謨、方德隆、林永豐、李懿芳，2012）。教材設計者宜跳脫以往九年一貫能力指標的傳統框架，從「知識導向」到「能力導向」，再到「核心素養導向」，以「學習表現」與「學習內容」來進行課程發展，呼應高度相關之核心素養，以利達成十二年國民基本教育課程目標，因此教科書編撰形式宜從「知識導向」的模式轉變為「探究式」或「問題解決」模式，以利使學科知識更能貼近生活所需，幫助學生適應外部生活情境，以及呼應各種社會場域之複雜需求（鄭任君、蔡清田、楊俊鴻，2017）。

因此教育部或許可將課程綱要核心素養的「學習重點」，進一步設計為「必要的」及「補充的」學習重點兩大類。而且任何版本的教科書內容絕不遺漏「必要的」學習重點，而學習的順序也必須依照課程綱要核心素養「學習重點」規範，可依照學年學期先後順序加以選擇組織設計，至於「補充的」學習重點內容則由各出版社自行補充發揮。如此「一綱多本」的問題應可從課程綱要核心素養「學習重點」的設計，而找出問題的根源，進而正本清源，對症下藥，或許「一綱多本」的問題便能迎刃而解，不會產生教育人士擔心評量偏離課程綱要的現象，與學生家長擔憂考試超出課本的亂象，而教科書課程設計品質亦可加以控制。

二、「官方計畫的課程」與「教材支援的課程」的「課程校準」

　　課程綱要與學校課程計畫等「官方計畫的課程」是一種未完成的課程（unfinished curriculum）（蔡清田，2001），有待學校教師進一步選擇組織適當的「教材支援的課程」，如選用教科書或教師設計的補充教材，才能有效實踐「官方計畫的課程」與「理念建議的課程」。是以學校課程發展委員會與各領域課程設計小組，應該鼓勵教師團隊一起努力進行「官方計畫的課程」與「教材支援的課程」的「課程校準」。如果只強調「官方計畫的課程」的規範，而忽略了「教材支援的課程」的課程校準，將會導致不利於學生的學習。例如：教科書的選用，應配合「官方計畫的課程」課程綱要核心素養「學習重點」，選擇組織連貫性的「學習內容」教材，以協助教師教學與學生學習。因此，各學校的領域課程設計小組，必須謹慎地思考學生的興趣、知識與需求，也要反省檢討「官方計畫的課程」有關課程目標及其核心素養「學習重點」與相關的「學習內容」。甚至在選用「教材支援的課程」之前，可將核心素養學習重點進一步解析為具體的「學習目標」，作為進行教學以引導學生學習之參考。

　　就「教材支援的課程」的課程校準而言，透過學校課程發展委員會的運作，綜理並協調學校課程方案，重視學校內部各年級與各學科領域課程方案之間的連貫。在進行此兩種課程層次的「課程校準」過程中，要重視學校課程發展委員會的學校課程計畫與各課程方案設計小組的課程方案的「課程校準」，特別是同一學年或同一領域的教師小組團隊之協同合作，設計以核心素養「學習重點」為依據的學年或學習領域的課程方案，甚至是以核心素養「學習重點」為依據的課程資源單元（Tyler, 1949），這是指一種包括教學材料與評量的學習單元設計，而且直接和每一指定的核心素養「學習重點」產生關聯，以便引導學生學習核心素養。

　　為了落實以核心素養為依據的學校課程計畫，應該留意以領域科目為依據的「部定課程」，似乎應該只占學校整體課程方案的一部分。例如：我國教育部公布的十二年國民基本教育課程綱要與《國民中小學九年一貫課程綱要》，都指出數學、語文、社會、自然科學、科技、健康與體育、藝術、綜合活動等學習領域課程節數約占80%的學校課程總時間數，另外

大約剩餘2-7節或大約20%的課程時間，作為彈性學習節數課程或「校訂課程」，以安排學校行事活動或配合節慶的全校性活動或班級活動，而且學校也應該善用其他非領域與非彈性學習節數之外的可能學習時間，補充不足之處的充實學習。此種「部定課程」之「官方計畫的課程」相當合理而具有彈性，如同英、美等先進國家學者往往建議，運用大約75%時間用來教「必要的」部定課程，其餘的時間分配給彈性學習課程，甚至建議運用大約75%時間用來教「必要的」學習重點，其餘的時間分配給「補充的」學習重點（Glatthorn, Bragaw, Dawking & Parker, 1998）。

三、將核心素養學習重點加以具體化分類

　　「官方計畫的課程」課程綱要，是教科書編寫設計的參考依據，教科書等「教材支援的課程」內容應涵蓋分年或分學習階段的「學習重點」之學習內容與學習表現。但是，課程設計者不應自我設限，在學習內容上可作恰當的延伸，可註明其難度，以利學生學習。學校課程發展委員會與領域設計小組的教師團隊，可以進一步決定每一個核心素養與進一步細分「必要的」與「補充的」學習重點。課程綱要核心素養「學習重點」的訂定，以該階段或分年結束時，學生應學習的內容與具備的學習表現為考量。教師應依據核心素養設計「教材支援的課程」或參考教科書進行教學，應配合地方生活環境和學生實際生活，選擇適當而有趣題材，並布置適當學習環境，以利於教學。

　　核心素養「學習重點」的使用者是教師、教科書編者與審定者，教師課程設計或教科書編撰，宜建立「必要的」學習重點之分年細目內容，「必要的」學習重點之細目所規範內容是至少要包括在教學與教科書中的題材，其目的是在協助學生，更平順地銜接到下一學習階段的課程；補充的「學習重點」，則可由教師與教科書編者做彈性處理。

　　每個領域科目課程方案的核心素養「學習重點」，極可能是國中或高中升學模擬考試、平時評量、定期評量，或是各種考試中心所舉辦的各種升學考試如學測、指考、會考等考試重點，因此，每個「核心素養」應該在每個年級水準中，有一些適量而不會過多的「學習重點」作為參考指標。核心素養「學習重點」是需要一個教育階段好幾年持續發展的，不一

定只限於放入特定年級學習方案，應該盡可能融入每一年的學習內容與學習表現項目當中。例如：Marzano與Kendall（1996）建議每一個核心素養每年至少可以轉化分為二至四個學習重點以便加以實踐。

就「課程校準」而言，每個學科領域科目或學年方案的課程設計工作小組，應該仔細分析課程綱要與學校課程計畫內容，以使「課程校準」的焦點集中於「核心素養」學習重點，特別是可以找出各學科領域科目當中「必要的」學習重點，將其轉化為「必要的」學習目標。這些「必要的」學習目標，是要在某一特定年級層次所要教的。「必要的」學習重點學習目標，應該與「教材支援的課程」之教科用書內容一併連貫。這些「必要的」學習目標必須以檔案儲存，儲存時可以年級和領域科目作為檢索的依據。因此，教師可將所有全部可用時間分為三大類，可透過實作評量來評估的「必要的」學習目標、可由傳統測驗來評估的「必要的」學習目標，並將其轉換成教學單元可用的教學週數，並且粗略估計三類中每一類所需的單元數量，而且進行實作表現任務的每一單元所需的時間較長。經由檢視課程綱要核心素養學習重點，由教師決定一年內可有效達成的「必要的」學習目標，教師進而根據現有的時間與資源，決定所需評量的數量與項目。

各領域課程設計小組，可以透過課程校準檢討該領域科目「學習重點」的清單，最後並將「學習重點」進一步細分為實作評量「必要的」學習重點、傳統評量的「必要的」學習重點、可選擇評量的「補充的」學習重點，如表4-1「教材支援的課程」的課程校準矩陣舉隅（修改自Glatthorn, Bragaw, Dawking & Parker, 1998; 46）。

四、選用、調整或創新一個學年或學期的課程方案設計

十二年國教新課程綱要與學校課程計畫，可提供教師進行課程發展基礎，而且「部定課程」的領域科目與「校訂課程」的「核心素養之教材支援的課程」可和學校行事曆結合，可設計一個學年或學期所要教的單元名稱，進而指出所要精熟「必要的」學習重點學習目標（Glatthorn, Carr & Harris, 2001）。

§表4-1 「教材支援的課程」的「課程校準」矩陣舉隅

項目	必要的學習重點之實作評量	必要的學習重點之傳統評量	補充的學習重點	全部
時間百分比	40	40	20	100
週數	8	8	4	20
單元數	4	4	2	10
目標數	4	4	2	10
學習重點數	8	8	4	20
實作評量數	4	0	1	5
傳統評量數	0	4	4	8
強調重點	問題解決	教學內容	探索	

　　「部定課程」的某領域科目課程方案與「校訂課程」彈性學習課程的「核心素養之教材支援的課程」之設計，可以是現有教科書的選擇、調整，也可是新教材的創造。「教材支援的課程」之教材而言，根據現有教材加以選擇，是「初級的」方案設計；進階「中級的」方案設計，是根據現有教材加以調整改編其內容順序，以增強其學習效果；「高級的」方案設計，則是從無變有的創造，可以彌補現有教材不足之處，以達成其方案目標。選擇、調整與創造三者，各有其優點。選擇，最為簡易，是課程方案設計的初階做法；調整，可以根據現有教材為基礎，可以花費較少的時間與較少的資源進行教材重組；創造，則在概念上比較新穎的，可彌補現有教材不足之處（蔡清田，2016）。

　　學校對教科書的選用，應該讓教師參與決定，使教師瞭解教科書之優缺點。十二年國教新課程綱要是鼓勵學校教師彈性使用教科書，學校得因應地區特性、學生特質與需求，選擇或自行編輯合適的教科書或教材，以及編選彈性教學節數所需的課程教材。因此，除了選擇教科書之外，教師

仍可靈活運用調整增刪與創造等方法，補充其他合適的教材，善用可能資源，因應學生需求以利有效學習。

(一)課程方案的重要性

一個學年或學期的領域課程方案，是學校課程計畫的非常重要部分，因為：

1. 它強調用一個年級的教師團隊或同一學習領域的教師團隊，共同合作以選用「教材支援的課程」。
2. 它可以將「部定課程」的各領域課程綱要核心素養加以轉化成為一系列的課程單元，以作為更進一步將課程單元加以具體化的參考架構之基礎。
3. 它可以促進各個學科領域課程方案之間的協調，甚至進行課程統整的設計。
4. 它可以促進學科領域科目課程方案與活動方案之間的水平關係，甚至進行課程統整的設計。
5. 它可以提供一個簡單的方法，以檢查兩個或多個學科領域科目課程方案之間的教學先後順序。
6. 它可以有助於學校在課程統整方面的決定付諸具體行動。
7. 它可以清楚地顯示每個單元所分配的教學節數，提供教師教學之參考，並可作為課程實施或課程監控之參照。

學校行政人員必須鼓勵教師善用「教材支援的課程」，以確保學校教師所設計的課程方案沒有重疊或矛盾衝突之處。每一個領域小組或學年班群小組，都應該將其學年或學期的年級領域課程方案，提交教務處轉由課程發展委員會審查其所提出的課程方案，以及教學所需的資源，以免有不當的重複之處或避免太簡單或太困難。同時課程發展委員會也可就學校課程計畫，進行全盤規劃各年級垂直銜接與各學科領域水平統整的課程（蔡清田等，2004b）。

雖然學年或學期的學校課程計畫具有許多優點，但並非所有教師都熱心參與學校課程計畫的規劃與設計。因此，校長必須透過課程發展委員會奠下基礎，做好研擬學校課程計畫的事前準備工作，提出一套可供教師參

考的格式，這是規劃學校課程計畫與學年學期的年級學習領域課程方案的一項重要步驟，因為這將會指引學校課程計畫與課程方案設計等教材支援課程將會如何開展。下一個準備步驟是規劃一個長期計畫課程方案的「教材支援的課程」，將先前的決定加以具體化。例如：表4-2山海國小六年級社會科課程方案。

§表4-2　山海國小六年級社會科課程方案

週別	學校主要行事活動	單元名稱	核心素養學習重點	課程類型
0901-0907	家長會議	價值	民主的價值	必要的課程單元（知道民主的價值）
0908-0914				補充的課程單元
0915-0921				

　　表4-2課程方案包括了基本的課程設計要項，首先指示了該學年度內週次及其可能影響教學的重要行事活動，諸如國定假日、家長會議、學生課外活動、分發學生成績單等，接著指出學習領域課程方案的課程單元名稱、特定的學習目標重點、課程類型如「必要的」或「補充的」課程單元，甚至有些學校會再加上該校所使用的教科書頁數一欄，有的學校則指出該單元是一個必須精熟之「必要的」或「補充的」課程單元。

　　為學校教職員舉辦教師研習進修，將會是以介紹該課程方案格式並檢討所需要的技能，後續的研習則以領域教師團隊為主，而且也要為這些教師安排共同設計課程的時段，準備進行並完成課程方案，重要的是要訂出提出課程方案的繳交期限，有些學校發現在寒暑假期間先完成下學期課程方案設計初稿，是比較有效的（Glatthorn, Carr & Harris, 2001），並利用開學第一個月的前四週去評估學生的準備度、決定學生的需求、建立班級常規與介紹該學習領域課程，然後，運用此種與學生及課程的相關知識，進而調整修正與繼續發展該學期的其餘課程方案。

(二)「教材支援的課程」的「課程校準」方案設計歷程

學校人員可以利用下列的歷程，來設計學年或學期的「教材支援的課程」的「課程校準」方案：

1. 填寫基本資料，「部定課程」的領域課程與「校訂課程」的課程設計小組，應該留意該小組的名稱、列出該學年（期）的週次與學校的重要行事活動。

2. 指出所要教的「教材支援的課程」的方案單元名稱

「教材支援的課程」的「課程校準」方案單元名稱應該要能夠指出該單元的主要焦點，此項任務實際上可以分為幾個小步驟，首先該年級領域課程方案的設計小組，應該仔細地分析課程綱要，列出學校課程計畫當中「必要的」學習目標，該設計小組可就那些可能列為升學考試的核心素養「學習重點」學習目標與加以註記星號為「必要的」，其次該小組應該決定其組織原則，以安排「必要的」學習重點學習目標之先後順序。課程設計小組列出「必要的」學習重點學習目標之排列，可能根據「部定課程」或「校訂課程」的教材單元分類邏輯；如複雜的技能（如撰寫個人的自傳）、朝代時期（如工業革命時期）、主題（如家庭）、議題（如環境保育）（Glatthorn, Carr & Harris, 2001）。

在下一個步驟是去檢查所要使用「教材支援的課程」，有些教師可能發現教科書的單元組織，是指出「教材支援的課程」單元名稱的最簡單方式，學年學期的年級領域課程方案之設計小組，應該先列出一張課程單元名稱的暫時清單，並透過討論加以修正，然後將確定「教材支援的課程」的單元名稱填入表格中。

就「教材支援的課程」課程方案單元設計的重要性而言，設計以「核心素養」為依據的「教材支援的課程」單元，是進行以核心素養為依據的「課程校準」之必要步驟。一個以核心素養為依據的「教材支援的課程」單元，是一個仔細規劃的單元，以協助學生展現核心素養學習重點學習目標的學習表現，並獲得核心素養的真實學習（蔡清田，2020）。「教材支援的課程」單元強調統一的與連貫的課程要素，而非零散破碎的殘塊（Posner & Rudnitsky, 2001）。「教材支援的課程」單元要範圍廣泛，是以有系統的涵蓋必要技能，以便進行以核心素養為依據的「教材支

援的課程」學習評量。課程單元可以向學生展現課程內部之間關係，而且「教材支援的課程」單元是組織問題解決活動的最佳結構，「教材支援的課程」單元也是進行以核心素養為依據的學習之基礎。由於這些原因，以核心素養為依據的學習便應運而生，而且「核心素養之教材支援的課程」單元組織就有其重要性。

3. 決定「核心素養之教材支援的課程」的課程校準方案單元順序

　　下一個步驟是建立「核心素養之教材支援的課程」單元區塊，例如：單元名稱：在冬天過活並維持熱能；單元類型：以核心素養為依據的「教材支援的課程」單元；單元目標：學生能獲得有關熱能的基本知識，並運用該知識以出版一份消費者手冊。實際上，各課程小組可以經由檢查其領域科目課程方案的長期計畫、檢討分析結果與反省所教學生的能力興趣，以進行相關決定。一旦發展出暫時的「核心素養之教材支援的課程」單元名稱清單，課程設計小組就必須進而決定單元的先後順序。其參考原則如下（Glatthorn, 2000）：

(1) 課程設計小組，可以根據學生的興趣來組織「教材支援的課程」單元的先後順序，以學生最有興趣的主題為優先，並配合時節的變化來安排其他「教材支援的課程」主題。

(2) 第二，可以按照內容難易度來安排「教材支援的課程」主題順序，將最容易的安置在最前面，後面再漸進地安排較具有挑戰的課程主題。

(3) 第三，「教材支援的課程」主題可以依照時間先後來分，這種方式通常用於歷史課程或英文課程當中。

(4) 第四，「教材支援的課程」主題亦可以擴展水平的進路，從個人開始、家庭、然後社區、地方、整個國家。

(5) 最後，「教材支援的課程」主題可以依照學習領域科目結構的關聯性來安排，這種方式通常在數學的主題上。很顯然地，「教材支援的課程」設計小組，也可以考慮結合兩個以上的原理原則。

4. 草擬「核心素養之教材支援的課程」方案各節課題與分配每一個「教材支援的課程」的單元時間

　　當決定上述單元先後順序之後，「教材支援的課程」設計小組的教師，應該接著進一步設計出各節課題草稿。各節課題的草稿，是指每一節

課題可能包括課程內涵的一般描述，其目標不在提出詳細各節內容，而是去草擬各節課題大概內容，以確保該「核心素養之教材支援的課程」單元內容，可在可用的時間內有效地呈現，各節課題草案可以不同格式來進行。有許多教師發現表4-3格式相當有用，表格左欄是以核心素養為依據的「教材支援的課程」單元目標，表格上方列出該課程單元的上課日，實際上可呈現十五天到三週，甚至更長時間的「核心素養之教材支援的課程」單元（Glatthorn, Bragaw, Dawking & Parker, 1998）。

§表4-3 「核心素養之教材支援的課程」單元設計格式

核心素養學習重點學習目標	第一天	第二天
獲得知識	活用先備知識，觀賞熱的錄影帶	
發展技能		進行訪談
運用知識技能以解決問題		
展現學習	呈現學習表現實作任務	
其他	創造需求	成立合作小組

此種「核心素養之教材支援的課程」格式可提醒課程設計小組的教師，應該要包括的主要內容成分，可經由水平觀點來檢討，設計小組可以看到個別的課題建立在彼此之上。從垂直觀點來檢討，設計小組可檢查某一特定日期的課題計畫。「核心素養之教材支援的課程」草案的另一種格式是課題的大綱。例如：以上是「熱」單元的第一節的草案：(1)活用學生的先備知識，要求學生在札記下，簡要地寫下「我所知道的熱」，並討論其結果。(2)引導班級學生討論他們與家人如何準備過冬，以激發對該課程單元的興趣。(3)呈現學習表現實作任務。(4)觀賞有關熱的錄影帶。(5)檢查學生對錄影帶內容的瞭解（Posner & Rudnitsky, 2001）。

任何一種「核心素養之教材支援的課程」格式，只要能有系統地形成課題，都可加以運用。設計小組要注意讓課程單元設計足夠明確具體，以便能檢查其可行性與有效性。如果涉及教科書課文內容應條理明晰、重點分明。依完整主題分配單元，儘量避免將主題作無謂的分割。在每單元能

提供恰當的學習範例與足夠的基本練習，並應包含具啟發性的問題，以及日常應用問題的解題。另外，應該將練習編寫在單元中，並經常利用綜合統整練習的形式，讓學生統整練習。

另一方面，「核心素養之教材支援的課程」之設計，應注意整體結構的統整，在題材的呈現上，反映出各概念的內在連結。並且也應注意在取材上，能與其他主題、日常生活或其他領域的應用，作自然的連結。特別是螺旋課程的概念重視課程的繼續性與順序性。接下來，設計小組必須為每個「教材支援的課程」主題單元分配時間。時間指的是每個「核心素養之教材支援的課程」單元主題所涵蓋的教學時數。以下是課程設計小組可參考的項目：

(1) 算出全部可用的教學節數總數。

(2) 根據學校課程目標優先順序，決定每個課程主題單元的相對重要性。

(3) 考慮學生出席的上課學習時間，以及可以真正進行學習的時間。

(4) 初步評估主題的複雜性，隨時注意內容的重要性與深淺程度。

(5) 暫時為每個課程主題分配彈性的時間。

(6) 把課堂學習的時間，轉換成各堂課及各週的教學時數。

5. 將資料填入年度行事曆

值得注意的是，上述的資料，應該全部記錄在年度課程計畫大綱的行事曆。

6. 特別是把課程綱要規定的「核心素養」與「學習重點」和「教材支援的課程」單元主題加以結合

一旦學校所有的個別學習領域科目與行事曆一項一項經過檢查之後，學校課程發展委員會應該考察學校行事曆與每一個別年級的「教材支援的課程」，是否在相關的領域科目之間，如語文領域與社會領域是否有適當的關聯。同時，課程發展委員會必須針對某一個領域科目課程方案，評估檢查其在學校行事曆上，是否具有年級的循序漸進性，是否有無不適當的重複。

最後，設計小組或學校課程發展委員會可以運用下述的規準（Glatthorn, 2000），個別地進行每一個年級或領域的學年度學期計畫的「教材支援的課程」檢查。特別是該「核心素養之教材支援的課程」方案

是否合乎下列規準：

(1) 反映並符合學校行事曆嗎？

(2) 記錄下所有可能影響教與學的重要行事嗎？

(3) 將目標組織成課程主題單元時，是否詳細說明課程主題單元目標名稱？

(4) 課程主題單元排列順序適不適當？

(5) 在分配學習時間上適不適當？

(6) 是否所有必須精熟且「必要的」學習重點學習目標都包括在內？

(7) 是否反映了課程深度的重要性？

年度行事曆計畫，可以幫助教師將十二年國教新課程綱要轉化成為教師設計教學活動時，可茲參考的學年或學期的年級學習領域課程方案與「資源支援的課程」。對於設計教學活動，單靠課程綱要本身是不夠的，必須用心尋找「資源支援的課程」，甚至詳加設計補充方案。一旦教師團隊設計出學年或學期的年級學習領域課程方案與設計出「資源支援的課程」，教師們便可以進行對談與討論。特別注意是否所有的「必要的」核心素養學習重點學習目標都被適當地強調？時間的分配是否反映課程的優先順序？有順序的課程排列是否真會引導學生精熟學習？當然最重要的最後檢查，所要精熟的且「必要的」核心素養「學習重點」學習目標與是否包含在課程之內。

首先，教師應運用「必要的」核心素養學習重點清單，編擬年度計畫與「教材支援的課程」方案單元設計，以確保所有「必要的」核心素養學習重點皆能接受適當處理。必須評量而且「必要的」核心素養學習重點學習目標，應該列為最高優先學習的對象。其次，此一「教材支援的課程」方案設計小組應該設計相關「資源支援的課程」，以彌補教科書不足之處，他們可訂購補充教材，或重新設計自己的學校特色課程教材。

7. 選用現有出版的課程單元與教科用書學習教材等「資源支援的課程」

當傳統的觀點認為教師經常依賴教科書而進行教學，研究也指出教科書只是在進行教學規劃時可以參考的「教材支援的課程」之一而已（Brown, 1988）。而且教科用書是否完全與「官方計畫的課程」密切地配合，值得進一步探究，因為教科用書是依據全國性大眾市場而加以發展的，是否考量到個別學校師生的能力現況與實際需求，必須就個別情境加

以衡量。教師應根據所負責的「核心素養」所強調的「學習重點」，並可參考十二年國教課程綱要及學校課程計畫並詢問：

(1) 有哪些出版的方案與教科書教材，是可用來教學與達成這些核心素養「學習重點」？

(2) 有哪些以前設計過的現有單元，可以再度用來教學並達成這些核心素養「學習重點」？

(3) 有哪些核心素養「學習重點」，是需要去設計新的學習單元？

(4) 在核心素養學習重點為依據的方式中，教師需要去重新設計哪些學習經驗？

設計一個以核心素養為依據的教室情境，涉及了實施學習經驗的機會，並努力去連結指定的核心素養學習重點、學習者需求、教學活動與評量。以核心素養「學習重點」為依據的學習機會，涉及了決定哪些核心素養「學習重點」與學習經驗和生活結合。當現有的課程單元或出版的教科書學習教材等「資源支援的課程」，可以用來作為核心素養「學習重點」為依據的課程時，可以省去許多重新課程發展的時間。高品質出版的學習教材，經過的課程發展與測試過程，遠超過任何一位教師或一所學校所能做的。教師設計的課程單元所提供的活動與評鑑，可加以適度修正，以作為繼續提供有關學生達成指定核心素養「學習重點」的評鑑回饋參考。在一個以核心素養為依據的教育環境當中，除了確保教材或現有課程單元的高品質外，很重要的是去檢查所有的教學活動、評鑑的結果、所關注的核心素養「學習重點」與學生興趣需求及先前知識等是否彼此關聯。這是以核心素養「學習重點」為依據的重要關鍵因素。

就分析教科書課文而言，課程設計小組應該檢視所使用的教科書內容目次表，以及所處理主題單元之頁碼，該小組應該將課文主題單元能適度呼應須精熟的核心素養學習重點之處的頁碼加以註記（Posner, 1995），因為教科書可能膚淺地處理主題，因此對教師與學生是否能完全落實核心素養「學習重點」的參考價值不高。

另一方面，教師也要決定「必要的」之核心素養「學習重點」學習目標，是否能在相關「資源支援的課程」之加以實施。因此，教師也應該如表4-4課程校準檢視所使用的教科書內容目次表，注意所處理的主題之頁數碼，並將課文主題處理深度適宜之處的頁碼，加以登錄註記。教師進

而可將要透過評量考試測驗之「必要的」學習重點學習目標，列為最優先課程實施的項目；可能會被評量的將會是第二優先項目。若能核對「必要的」學習重點學習目標位於課本的哪一章節、哪一頁中說明介紹，則教師教學時，自能掌握「必要的」核心素養學習重點學習目標，以達到課程實施的效果。

§表4-4 「官方計畫的課程」、「教材支援的課程」與「評量考試的課程」的課程校準格式（修改自Glatthorn, 2000）

科目：英語科	國中八年級	
必要的學習重點	是否考試測驗	課文：英語第九課
能看懂常用的英文標示	X	第23至26頁
能朗讀短文	X	第16至17頁
進行英語訪談		第54頁

　　協助學生達成必要的核心素養「學習重點」是需要協同合作的，包括共同規劃、蒐集學生學習的資料、分享教材與資源，個人不需單打獨鬥，更不必每一個人一切從零重新開始，特別是如果能為每一年級或每一領域課程，創造出每一位教師皆能輕易接觸教材資料庫等「資源支援的課程」，而且包括學習單元的實例，則將會有特別幫助。有些學校將以「必要的」學習重點學習目標為依據的「核心素養之教材支援的課程」的課程校準設計表建置於學校教務處網站，以便學校同仁可以上網查詢參考與取用，進行資源共享協助教師教學與學生學習。表4-5可作為以核心素養「學習重點」學習目標為依據的課程校準方案選擇參考（改自Glatthorn, Carr & Harris, 2001）。

§表4-5 以核心素養學習重點學習目標為依據的課程校準方案選擇檢核表

下表用於釐清以核心素養「學習重點」學習目標為依據的「教材支援的課程」要素。在設計以「核心素養之教材支援的課程」為依據的課程方案時，則可利用此一參考表以進行課程校準。

學習目標	・核心素養學習重點學習目標同時強調知識概念內容與技能歷程？ ・是否讓學生明白核心素養「學習重點」學習目標的重要性，並明白地告知其相關的評量規準？ ・就範圍長度、分配的時間而言，其數量是否適當？
學習主題	・是否適合於學生的年齡、能力與興趣？ ・是否是可管理的、或要求太多時間與資源？
焦點問題	・是否能引發學生去考量並分析重要的觀念、趨勢與組型？ ・是否能觸發學生的反應，以便於測量學生對該課程方案主要概念的理解程度？
教學活動	・是否與核心素養「學習重點」學習目標產生關聯？ ・是否有策略地引導學生根據目前的起點，進行所欲的預期學習？ ・是否導致了學習結果與實作表現或累進活動，以便用來評量學生在特定核心素養學習重點學習目標方面的學習進展情況？ ・是否引導學生從事主動的學習，建構在先前的知識與經驗基礎之上，以發展出概念的與程序的理由，以及學生的主動性？ ・是否利用專案研究與指定作業，以要求學生在有意義的情境脈絡中去統整並應用其學習，並反思其所學的內容？ ・是否透過所知的學習理論，如多元智能、學習風格、語言發展等去選擇適當的教學策略？ ・除了教科書之外，是否提供了適當的與立即的接觸管道，以獲得適合於學習目標的詳細教材與現有資源？
學習評量	・是否利用多元評量，以獲得學生學習表現的資訊，並提供回饋？ ・期望水準與學習表現規準，是否反映了特定核心素養「學習重點」學習目標，而且公開地與明確地加以陳述說明學習表現？ ・是否利用評量，以提供教學的回饋，並引導學生的學習？

- 學生是否利用明確的規準與實例，以評鑑他們自己的工作？
- 教學活動中是否有評量工具，而且是以學生學習作評量規準？
- 評量資料是否提供適當訊息，說明學生在核心素養學習重點學習目標方面的「學習表現」情形，他們已經完成了什麼，以及如何能夠加以改進？

8. 設計新的「教材支援的課程」單元

有時候教師有必要運用「核心素養之官方計畫的課程」，去設計「核心素養之教材支援的課程」單元，因為可能找不到高品質出版的學習材料、或從未教過一個可達成該特定核心素養「學習重點」學習目標的課程單元，或班上學生對某個問題或議題感到特別興趣，而導致更進一步的探究。現有教科書的單元，不是可用來實施教學並評鑑核心素養「學習重點」學習目標的唯一教材。許多學習經驗與教法，例如：閱讀策略、支援寫作歷程、科學探究等，也可以是依據核心素養學習重點學習目標進行課程實施的教學。

9. 準備進行「核心素養之教材支援的課程」的課程校準之評鑑

接續上述步驟，課程設計小組的教師，應該準備進行「核心素養之教材支援的課程」的課程校準之評鑑。下列的問題可能是有助於採用的教材或單元：

(1) 在核心素養學習重點學習目標方面，該「核心素養之教材支援的課程」單元或教材，包括課程校準與核心素養「學習重點」學習目標直接相關的？哪些其他的核心素養「學習重點」學習目標，可能成為此主題的焦點？

(2) 在學習活動與學習材料方面，是否根據指定的核心素養「學習重點」學習目標，進行學習活動與學習材料的建構？這些活動與材料是否足夠於支援達成核心素養「學習重點」學習目標所需要的知識概念學習內容與學習歷程技能？是否需要其他可增加的活動，以彌補現有學習活動不足之處？是否有任何活動是應該刪除的？參與的學生會對這些活動與教材感到興趣嗎？該活動是否足

以協助學生建立對重要「學習內容」與「學習表現」的理解？該活動是否可用來評鑑學生在核心素養「學習重點」的學習內容與學習表現？這些活動與學習材料，是否適用於所參與的學生年齡？所用的活動與材料，是否與課程綱要及學校課程計畫一致？所用的書面材料，是否適合學生的閱讀水準？這可以參考表4-6「核心素養之教材支援的課程」的課程校準評鑑規準（Glatthorn, 2000）。

§表4-6　「核心素養之教材支援的課程」的課程校準評鑑規準

格式、外觀、持久性
・是否具有高品質教材的物質屬性：格式明確、外觀吸引人、使用耐久的材質？

體裁
・教材是否讓使用者易於閱讀，而不會過度簡化？
・教材是否排除基於性別、種族，以及年齡的偏見？

內容
・學習內容是否適當地反映文化的多元性？
・版權日期是否指出內容是近期更新過的？
・學習內容是否合乎課程綱要之核心素養「學習重點」？
・學習內容是否和該主題相關，同時具有深度？

作者
・作者是否包括該領域的學者專家，以及擁有豐富教學經驗的教師？

評鑑
・教材是否已經在實際的教學現場進行測試？

(3) 在評量方面，這些課程校準的評量是否提供有關指定核心素養「學習重點」的相關回饋？這些評量是否足以獲得該課程單元或學習材料的核心素養「學習重點」之相關資訊與記錄？這些評量是否是高品質的評量？

(4) 在學習者方面，是否有機會去發現學習者在達成指定核心素養與

「學習重點」方面的進展？活動、教材或評鑑是否適當地修正，以合乎學習者的特殊需求？是否有安排機會，協助學生去瞭解核心素養「學習重點」是活動、教材與評鑑的焦點？學生是否知道在指定的核心素養學習重點上將如何被評鑑？

在此階段，宜特別注意將要使用此課程單元的教師需求，而且應該讓使用的教師有彈性地教，同時也要提供充分的教學指引。

底下是一個以核心素養學習重點為依據的課程方案單元之內容（Glatthorn, Bragaw, Dawking & Parker, 1998）：

* 提供辨別的資料：例如：縣市鄉鎮學區與地址、設計者的姓名、出版日期。
* 課程方案單元名稱。
* 所要使用的領域科目與年級階段。
* 建議的教學節數。
* 該課程方案單元課程目標與相對應的核心素養「學習重點」學習目標。
* 學習表現評量規準，以及評等分類項目內容說明的評量基準尺規。
* 課題的圖表或書面文字。
* 所需相關支援的資源：印刷品、媒體、軟體。
* 有關充實與修正的建議。

總之，十二年國教課程改革彰顯教師專業自主權，然教師自行設計「核心素養之教材支援的課程」是否符合學生心理發展和教材邏輯架構。特別是「核心素養之理念建議的課程」影響了「核心素養之官方計畫的課程」，也影響「核心素養之教材支援的課程」，因此學校課程發展委員會，應該透過核心素養「學習重點」的課程校準，檢視校內課程方案彼此之間的連貫與統整，這些也是進行「核心素養之教材支援的課程」的設計應注意的，這也將影響後續「教學實施的課程」、「學習獲得的課程」與「評量考試的課程」，本書在接下來各章會針對此進一步探究。

第五章

核心素養之教學實施的課程

　　我國十二年國教新課綱開始推動，學校偏重重建課程架構與解決教學時數配置問題（顏佩如，2019），教學現場尚待探討核心素養課程實施問題（洪慧萍，2021）。因此，需探討「核心素養」是否影響了「教學實施的課程」（taught/implemented curriculum）？特別是教師「施教的課程」（taught curriculum）／「實施的課程」（implemented curriculum）（Glatthorn, Jailall & Jailall, 2017），可協助教師運作課程（operated curriculum）引導學生學習核心素養成為社會所需人才，呼應「經濟合作開發組織」有關教師教學實施影響學生學習成績及其社會態度情意發展的研究發現（OECD, 2021）。

　　教師要能掌握新課綱「核心素養」，理解「核心素養」就是因應現代生活所需「素養4.0」，展現教育4.0教師圖像（吳清山，2018；施淑棉、翁福元，2020；蔡清田，2020），而且呼應《中華民國教師專業素養指引——師資職前教育階段暨師資職前教育課程基準》的「瞭解教育發展的理念與實務」、「規劃適切的課程、教學及多元評量」、「建立正向學習環境並適性輔導」、「瞭解並尊重學習者的發展與學習需求」及「認同並實踐教師專業倫理」五大素養與「終身學習的教師圖像」之願景。這種教師專業素養，係指教師勝任其教學工作，符應教育需求，在博雅基礎上應具備任教學科專門知識、教育專業知能、實踐能力與專業態度，且涉及本書第一章探討「課程即核心素養」的課程理念，與本章稍後的「核心素養課程實施教學設計OSCP模式」。因此，本章包括第一節教學實施的課程之運作與重要性、第二節核心素養的課程實施之教學原理、第三節核心素養課程實施教學設計模式、第四節教學實施的課程與教師專業發展，論述如次：

第一節　教學實施的課程之運作與重要性

「教學實施的課程」可將「官方計畫的課程」付諸行動轉化為教學實踐（Parsons, 1987）。但如果教師只根據自己的理念來實施課程而忽略核心素養（Aoki, 2003），可能造成「官方計畫的課程」與「教學實施的課程」的落差（白亦方，2021；Glatthorn, Jailall & Jailall, 2017），為了縮短落差（Tanner & Tanner, 1995），需要透過在職進修以提升教師課程實施「關注的階段」與「使用的層次」（Hall, Wallace & Dossett, 1973），邁向成功的課程實施（Fullan, 1989）。因此，本節特別強調「教學實施的課程」之運作與重要性，分述如次：

一、「教學實施的課程」之運作

「教學實施的課程」之運作，是實踐「官方計畫的課程」的具體課程行動，可縮短理念與實際之間差距。帕森思（Parsons, 1987）指出課程實施包括發動、實施、維持制度化等三階段，而且邁向成功的課程實施因素包括：1.課程實施需要時間，以便進行進一步發展調整，因此，有必要培養教師因應改變的態度。2.課程發展需要透過技術改變，有必要透過計畫階段以規劃課程實施的行動，促成改變。3.體認學校文化的重要性，瞭解學校情境的複雜性與教學互動的歷程的重要性。4.必須從時間、資源、教材等方面提供課程實施的誘因與獎勵。5.分擔課程實施工作的責任，協助教師彼此合作，以建立教師專業文化。6.創造有利於課程實施的積極條件，鼓勵教師願意全力投入課程實施。7.善用地方與教師的合作團體，建立課程實施的合作架構。8.透過課程領導與課程協調的教育工作者引導課程實施之進展。9.體認教育系統的文化價值之重要性，瞭解國家層面、地方層面及學校層面的教育改革政策之整體意義。10.瞭解課程發展與課程實施的政治觀點的必要性，進而與課程實施相關人員保持密切關係、建立雙向溝通管道。11.理解並贏得課程發展與課程實施相關人員的支持之重要性，並在地方與學校獲得社會大眾與學生家長之支持，以便建立教育改革的合法地位。12.體認教師角色的重要性，個別教師對課程實施的認同感與個人的課程教學魅力，也是邁向成功課程實施的特質。尤其是核心素

養之「官方計畫的課程」要成功，有賴每位教師的投入與參與，因此，必須重視教師的「教學實施的課程」之運作，才能逐漸落實「官方計畫的課程」（蔡清田，2021）。

　　課程實施有所謂「忠實觀」（fidelity perspective）、「相互調適觀」（mutual adaptation perspective）、「行動落實觀」簡稱「落實觀」或「締造觀」（curriculum enactment）（Snyder, Boling & Zumwalt, 1992）。但過去中小學教師比較重視「忠實觀」的課程實施，將教科書內容視為標準答案，教師成為教科書的僕人，比較不重視「相互調適觀」與「行動落實觀」，漠視由學生和教師所共同創造出來的教育經驗。新課程綱要核心素養的推動初期可以建議教育人員進行忠實觀的課程實施，中程則可鼓勵其採取相互調適的觀點，遠程則鼓勵其採取締造觀的行動研究（黃光雄、蔡清田，2017）。特別是教師可透過「課程行動研究」進行課程發展，強調「課程即課程發展的行動研究假設」的課程意義、「教室即課程發展的行動研究實驗室」的學習氣氛、「教師即課程發展的行動研究者」的教師角色、「學校即課程發展的行動研究基地」的情境，進行核心素養的課程發展。因此，政府應該重視課程實施的配套措施行動，邁向成功的課程實施（黃政傑，1991）。因此，「核心素養之教學實施的課程」之運作有待深入探究。

二、「教學實施的課程」之重要性

　　「課程實施」是將所規劃的課程方案付諸行動的執行過程，能連結理想願景、課程方案與教育實務，是實踐理念課程的一種具體行動，透過教育人員的慎思熟慮構想與實踐行動，縮短理想與實際之間差距（蔡清田，2016）。黃光雄、蔡清田（2017）主張「課程實施」是將課程規劃時空之旅的「築夢」願景與課程設計的「逐夢」方案，轉化成為「踏實」的實踐過程，課程實施不只是將事前經過規劃設計的課程加以傳遞，也是教育願景轉化實踐歷程與協商交涉結果。黃政傑（1991）也認為課程實施的範圍包括課程方案執行的過程及其方法，因此，學校如何連貫課程設計與實施歷程，乃是課程改革成敗關鍵（白亦方，2021）。

　　「核心素養之官方計畫的課程」等經過規劃後，若沒有經過實施，則

無法落實教育理念願景（蔡清田，2016），更無法達到「核心素養之教學實施的課程」之效。因為，如果教師沒有「知覺」到實施新課程的必要性，並且進一步在自己的教室將加以運作的話，那麼一切都只是紙上談兵（Marsh & Willis, 1995）。因此，「課程」如果要對學生產生影響，必須透過實施付諸行動，是邁向成功的課程改革的必要條件之一（黃政傑，1997；陳伯璋，2010）。課程不只是代表一套「教材支援的課程」或預定教學大綱，而是在教室情境中將一種教育理念與價值轉化為教學實務，因此「教學實施的課程」之運作，有其不可忽略的重要性。特別是課程改革涉及了技術、政治與文化觀點，因此要求教師立即達到成功的課程實施，是不切實際的想法。成功的課程實施，經常是緩慢地伴隨著教師專業發展與「教學實施的課程」之運作，而逐漸達成課程改革的願景。

　　教師面對課程改革的態度可分為五類：反對者、拖延者、沉默者、支持者與熱忱者（黃政傑，1991），被動的沉默者與拖延者，以及具破壞力的反對者，是課程實施強大阻力。對於反對者、拖延者與沉默者的抗拒而言，不要把抗拒當作是一種負面的事情；相反的，要把它當作是教育工作者還沒有充分理解他們被要求要執行的工作，這正是實施在職進修的絕佳情境（Fullan & Miles, 1992）。因此，對這些反對者、拖延者與沉默者而言，進修的意義在於革「心」而非填充資訊，才能轉化阻力成為助力。進行教師專業發展的進修活動必須從改變教師的心態著手，使其樂於接受新課程，且自願進修，以增進其專業能力（Doll, 1996）。因此，透過在職進修的專業發展，可提升教師對新課程的關注階段與使用層次。

三、課程實施差距的本質

　　「教學實施的課程」是由教師實際傳遞的課程，不一定和教師所知覺的「教材支援的課程」一致，當然也不一定相同於「官方計畫的課程」的內容，因為教師在教室中是具有專業自主性，學校教師往往透過自己的教育信念，來詮釋課程並與學生進行教學互動，進而調整「教學實施的課程」，因而可能與原先所知覺到的「教材支援的課程」或「官方計畫的課程」之間存有差距（Brophy, 1982），但是，由於教師較少自行觀察檢視自己「教學實施的課程」之運作，因此，如能透過課程行動研究，往往可

獲得專業發展（Sergiovanni, 1995），可為教學工作帶來新的而且更深刻的教育意義，同時也是非常有價值的學習，可協助教師在教學實施經驗的過程中獲得專業發展（Eisner, 1994），進而努力促成學生學習。因此，有必要透過學校教師專業反思，或透過受過訓練的觀察者去觀察記錄課程實施歷程，以進一步瞭解「教學實施的課程」，分述如次：

(一)學生的因素

　　學生未學到教師所教的全部內容，可以稱之為「教學實施的課程」與「學習獲得的課程」之間的差距。假如學生的學習效果不佳，教師必須立刻加以修正。當大部分學生不能瞭解教師教學實施的課程內容時，教師宜修訂教學程序方法，並進行重新教學。假如大部分的學生沒有精熟核心素養的學習目標，也必須重教並延緩進行新單元（黃光雄、蔡清田，2017）。假如只有少數一兩位學生沒有精熟核心素養的學習目標，可提供這些學生個別的協助。本書下一章「學習獲得的課程」，將就此進行探討。

(二)教師的因素

　　另一方面，教師的因素也會影響「教學實施的課程」。因此，應該讓教師有機會聚在一起進行專業討論，在探究的氣氛當中分享教師彼此的經驗。學校教師同仁應該要認真分析哪些教學方法會發生積極的效用，這些具有正面效果的教學，有如下述（Glatthorn, 2000: 83）：

1. 釐清核心素養的學習目標；
2. 協助學生從學習目標中，理解學習的意義與目的；
3. 鼓勵學生提問問題；
4. 運用要求高度參與學生活動的學習策略；
5. 經常利用平時考試來掌握學生的學習並維持其高度參與；
6. 觀察學生的語言與非語言的分心行為；
7. 利用監控資料，以調整教學。

　　「教學實施的課程」之教學運作，就是將「官方計畫的課程」、「教材支援的課程」，轉化為教學行動實踐，這個歷程不只是課程傳遞，

更是教育信念轉化的歷程與協商交涉的結果（單文經、高新建、蔡清田、高博銓，2001）。因此，如果低估課程改革的複雜性，把課程改革當作是一直線性的強制過程，是不容易成功的。除非進行教育人員在職進修，協助其認識新課程，透過研習提升其課程實施關注焦點、透過工作坊增進課程實施使用層次、透過行政支援才能確保「核心素養之教學實施的課程」之成功實施（蔡清田，2019）。

四、連貫「官方計畫的課程」與「教學實施的課程」

「官方計畫的課程」、「教材支援的課程」對「教學實施的課程」有著影響。特別是所謂「課程連貫」，又稱課程連結（黃政傑，1991），又稱「課程的緊密連結」（黃光雄、蔡清田，2017）。此一概念與「忠實觀」課程實施有密切的關聯，允許極小空間甚或不允許「調適觀」的課程實施。連貫在課程實施當中，意指課程的緊密連結，將「官方計畫的課程」、「教材支援的課程」與「教學實施的課程」，緊密結合的實施過程，落實課程的理念與貫徹課程的計畫，企圖使課程實施與原訂的課程計畫相互一貫，落實課程改革的理想與目標。「課程連貫」不只是課程內容的垂直貫徹、水平連結、學習階段的銜接、領域統整與課程實施層次的緊密結合與前後一貫而已；更企圖經由多方面評估，以規範課程內容，並確保「官方計畫的課程」與「教學實施的課程」之間達到一貫性。例如：教師往往會在開學前認真備課瞭解「官方計畫的課程」，以便規劃「教學實施的課程」宜包含哪些項目內容（Glatthorn, 2000）。

「教學實施的課程」之運作，這是課程連貫的一部分。教師需要協助以確定他們是否能夠充分運用「教材支援的課程」，以便實施「官方計畫的課程」的核心素養。學校課程發展委員會應該協助教師參考「官方計畫的課程」，以便進一步擬定學校課程的年度計畫與單元計畫，在擬定此種計畫的過程當中，教師應該有系統地檢查年度計畫與單元計畫當中所包含的「必要的」核心素養學習目標，是否合乎「官方計畫的課程」之規範。教師可透過「教學實施的課程」連結「官方計畫的課程」、「教材支援的課程」與「學習獲得的課程」，掌握必須精熟的核心素養與學習重點；尤其是教師可參考國中會考與學測指考內容，以便成為「教學實施的課程」

部分內涵，引導學生學習核心素養學習重點（蔡清田，2016）。

§表5-1 「官方計畫的課程」、「教材支援的課程」與「評量考試的課程」的
課程校準

科目：英語科	國民中學二年級	
課綱核心素養學習重點	是否實施評量考試	教科書內容：英語第九課
能看懂常用的英文標示	X	第23至26頁
能朗讀短文	X	第16至17頁
進行英語訪談		第54頁

另一方面，教師需要確定能在「教學實施的課程」有效連貫「官方計畫的課程」，而且學校行政人員應該協助教師有系統地檢查年度計畫與單元計畫當中所包含的「核心素養」與相對應的「學習重點」。因此，教師可參考表5-1「官方計畫的課程」、「教材支援的課程」與「評量考試的課程」的課程校準，檢視所使用的「教材支援的課程」之內容，將教科書課文主題適宜處理核心素養學習重點的頁碼加以註記。教師進而可將要評量考試的核心素養學習重點，列為優先實施的項目。若能在教科書的章節註記指出「必要的」核心素養學習重點，則教師在從事「教學實施的課程」之教學時，自能掌握學習重點達到「核心素養之教學運作實施」的效果。本章稍後將對此進一步加以探究。

第二節　核心素養的課程實施之教學原理

核心素養的課程實施教學原理與核心素養之理論基礎，有著密切關係如表5-2所示，核心素養教學目標宜包含知識、能力、態度的統整，可透過核心素養教學目標，導正過去重知識、重能力、忽略態度之偏失，這是建立在核心素養的哲學理論基礎；核心素養不是先天或遺傳的，是經由後天學習獲得的，是可教可學的，可透過學習情境分析設計引發導向學習目標的學習動機，這是建立在核心素養的心理學理論基礎；核心素養「教學設計」可引導教師運用於各學科領域／科目的教學，可設計以核心素

養為焦點的課程、教學與評量，特別是可透過教學設計選擇組織「學習內容」，以發展學習方法及活動策略，再透過「學習表現」展現核心素養學習成果（蔡清田，2020）。

§表5-2　核心素養課程實施之教學原理及學理基礎

核心素養課程實施之教學原理	學理基礎
(一)核心素養課程實施之教學目標宜包含知識、能力、態度等面向的統整，可透過核心素養的教學目標，導正過去重知識、重能力、忽略態度之偏失。	核心素養的哲學理論基礎、經濟學理論基礎
(二)核心素養不是先天或遺傳的，是經由後天學習獲得的，是可教可學的，可參考核心素養的課程實施之教學設計原則，進行學習情境分析設計，引發導向學習目標的學習動機。	核心素養的心理學理論基礎、社會學理論基礎
(三)核心素養課程實施教學設計模式可引導教師運用於各學科領域／科目課程的教學，可設計以核心素養為焦點的課程、教學、學習與評量，特別是可透過教學設計選擇組織「學習重點」的「學習內容」，以發展學習方法及活動策略，並進行「學習內容」的「發展活動」，再透過可實踐的「學習表現」，進行「統整活動」評量「學習表現」，展現學生的核心素養學習成果，以引導各學科領域／科目課程的教學，並改進各教育階段的課程教學，以因應各種領域的需要。	核心素養的社會學理論基礎、教育人類學理論基礎

一、核心素養課程實施之教學目標宜包含知識、能力、態度等面向的統整，可透過核心素養的教學目標，導正過去重知識、重能力、忽略態度之偏失

核心素養課程實施之教學目標宜包含知識、能力、態度等面向的統整，可透過核心素養的教學目標，導正過去重知識、重能力、忽略態度之偏失（蔡清田，2020），這是建立在核心素養的哲學理論基礎、經濟學理論基礎，呼應了「素養」是由「知識」、「能力」與「態度」三者組成的複合構念，核心素養是指一個人經過學習而獲得具備知識、能

力、態度，能在特定社會情境場合中，勝任所需要的任務行動（蔡清田，2018）。

核心素養的課程實施教學論已取代單面向知識的教學論，核心素養包含知識、能力與態度，知識是核心素養的基礎，能力則為知識應用在問題解決的過程，情意態度價值判斷則是行動的重要先決條件，當個人接受教學之後，可以經過學習獲得核心素養，以因應外在情境之需要，俾能進行成功生活。

二、核心素養不是先天或遺傳的，是經由後天學習獲得的，是可教可學的，可透過課程實施之學習情境分析設計，引發導向學習目標的學習動機

核心素養不是先天或遺傳的，是經由後天學習獲得的，是可教可學的，可透過課程實施之學習情境分析設計，引發學習動機，這是建立在核心素養的心理學理論基礎；核心素養不是先天或遺傳的，而是需要透過有意的培養，是可教可學的，而且可以透過有意的人為教育課程實施之加以規劃設計與實施，經由一段特定時間教學以學習獲得核心素養。個體的認知、技能、情意等內在心理特質，會與所處的社會生活情境進行互動而產生知識、能力、態度等行動的先決條件，依據特定教學活動情境，將有助於學習者提升其核心素養之學習動機（Paniagua & Istance, 2018）。

核心素養是發生在有意義的「情境」脈絡下，為了因應個體所處生活情境的複雜需求，可經由課程實施之規劃與設計，引導學習者主動參與學習，以學習獲得核心素養，因應生活情境的複雜需求，這彰顯了「核心素養」具有動態發展本質，是可學與可教的，而且核心素養會因學習經驗而不斷發展，必須重視學習情境分析，以增進學習者與情境的互動，進而形成一種動態互動的核心素養本質（Lave & Wenger, 1990）。因此，核心素養教學設計可進行學習情境分析，以「學習表現」和「學習內容」雙向交織成學習目標，呼應核心素養課程實施教學四原則（洪詠善、范信賢，2015）：

(一)核心素養的課程實施之教學強調知識、能力與態度的統整

核心素養的課程實施之教學，強調知識、技能、態度統整在一起，強調學習是完整的，不應只偏重知識而忽略能力與態度情意價值。核心素養的課程教學實施可融入於各領域／科目當中，透過適當教材或教法，以促成學生在知識、技能與情意的統整。教師應調整偏重學科知識的灌輸式教學型態，可透過提問、討論、欣賞、展演、操作、情境體驗等有效的教學活動與策略，引導學生創造與省思，提供學生更多參與互動及力行實踐的機會。以國語文教學為例，除了課文內容的學習之外，應培養學生能運用科技、資訊及媒體所提供的各種素材，以進行檢索、擷取、統整、閱讀、解釋及省思，並轉化成生活素養（洪詠善、范信賢，2015）。

(二)核心素養的課程實施之教學強調情境化、脈絡化的學習

情境脈絡影響教學策略的適當性與有效性，因此，核心素養的課程實施之教學設計，強調情境化、脈絡化的學習，連結實際的情境脈絡，讓學習產生意義，就是朝向學習意義的感知及學習意義的理解，透過情境化與脈絡化的教學設計，將核心素養的學習賦予意義，協助學生瞭解核心素養的學習，可以應用到生活情境中，有助於解決生活問題。對核心素養的真正理解，得把「學習內容」和「學習表現」的過程、經驗、事件、情境、脈絡做適切結合。因此，核心素養的教學設計，強調結合情境案例進行學習，不僅教抽象知識更重視情境學習，學生能主動地與周遭人、事、物及環境互動觀察現象，尋求關係，解決問題，並關注如何將所學內容轉化為實踐知識，並落實於生活中。

(三)核心素養的課程實施之教學強調學習歷程、學習方法及學會學習的策略

核心素養的課程實施之教學，強調學習歷程、學習方法及學會學習的策略；核心素養的教學設計須把「學習內容」和「學習表現」的歷程結合在一起，培養學生成為終身學習者。學校教材之設計，除了知識內容的學習之外，更應強調學習歷程及學習方法的重要，以使學生喜歡學習及學會如何學習。以自然科學領域教學為例，除了教自然科學的重要概念或事

實之外，應培養學生能從觀察、實驗的歷程，學習探索證據、回應不同觀點，並能對問題、方法、資料或數據的可信性進行檢核，進而解釋因果關係或提出問題解決方案（洪詠善、范信賢，2015）。

(四)核心素養的課程實施之教學強調實踐力行的學習表現

核心素養的課程實施之教學，強調實踐力行的「學習表現」，讓學生可以統整所學，實際活用在生活裡，或是把所學遷移到其他例子進行應用，更可對其所知所行進行外顯化的思考，在生活情境統整活用、循序漸進、實踐力行。強調實踐力行，讓學生可以統整所學加以表現，是「做中學、學中做」的靈活運用，培養學生成為具備核心素養的終身學習者；核心素養係能促進個人在多元的社會領域中更有效率的參與，並且增進個人成功生活及健全社會發展。

三、核心素養課程實施教學設計模式，可引導教師運用於各學科領域／科目的教學

核心素養的養成，不是只與某一特定領域／科目有關，而是可透過不同科目以不同形式來促成。核心素養的課程實施可融入於各領域／科目當中的「學習重點」，透過適當教材教法，並兼顧「學習內容」或「學習表現」，以促成學生在知識、技能與情意面向的統整（林永豐，2019）。因此，可透過課程實施之教學設計「學習重點」的「學習內容」，以發展學習方法及活動，並進行「學習內容」的發展活動，再透過可實踐「學習內容」的「學習表現」，進行統整活動評量「學習表現」，展現學生的核心素養學習成果，以引導各領域／科目課程教學，並改進教學，以因應社會生活的需要。

尤其是透過「學習重點」，可協助教師引導學生專心學習能呼應核心素養的「學習內容」與「學習表現」，可提供教師作為設計領域／科目「學習目標」，甚至作為學校課程計畫與領域／科目教學活動設計之依據。「學習重點」的功能，可以指引教師進行領域／科目的教學，尤其是教師應調整過去偏重學科知識灌輸教學型態，改為著重扮演「助學者」的角色，可採「適性教學」、「差異教學」與「有效教學」等策略（蔡清田，2020），可透過安排欣賞、展演、操作、體驗、引導學生創造與反

思等之有效的教學活動，提供學生更多參與互動及實踐的機會，強化學生主動學習的角色（蔡清田、陳伯璋、陳延興、林永豐、盧美貴、李文富、方德隆、陳聖謨、楊俊鴻、高新建、李懿芳、范信賢，2013）。

第三節 核心素養課程實施教學設計模式

傳統課程實施之教學設計大多是教學流程的「準備活動」、「發展活動」、「綜合活動」；但是缺乏十二年國教課程改革特色，因此本書根據上一節核心素養的課程實施之教學原理，提出因應新課綱核心素養的「學習目標」（Learning Objectives，簡稱O）、「學習情境」（Learning Situation，簡稱S）、「學習內容」（Learning Content，簡稱C）、「學習表現」（Learning Performances，簡稱P）的圖5-1核心素養課程實施教學設計OSCP模式，重構「引起動機」、「發展活動」、「統整活動」的「三動模式」，以便進行核心素養課程實施之教學設計，引導學生學習獲得核心素養，並可作為新課綱核心素養公開課的備課、觀課、議課的行動研究重點（蔡清田，2021）。

§圖5-1　核心素養課程實施教學設計OSCP模式

「核心素養課程實施教學設計模式」之四步驟，包括：(一)首先，核心素養的課程實施教學設計之教學目標宜包含知識、能力、態度的統整設

計，而且教師需透過課前備課，將其教學目標具體轉化成為適合該學習年級階段學生的「學習目標」，以呼應「核心素養」的「學習內容」及「學習表現」；(二)其次，教師可透過分析「學習情境」，設計布置導向適合該「學習目標」學習經驗的學習情境，如導入適當的時事、人物、圖片、照片、影片等相關情節，以布置有利於學習的情境以利「引起動機」引發學生的學習動機，特別是可設計以學生為主體並能連結學生生活的學習經驗，以引發學生學習動機、學習興趣及問題意識以進行學習探究；(三)其三，教師宜透過核心素養課程實施教學設計的「發展活動」，透過選擇組織適切的「學習重點」之「學習內容」，善用提問等教學互動方式以發展學習方法及活動策略，逐步引導學生的「學習表現」；(四)最後，師生宜透過課程實施教學設計之「統整活動」，進行多元學習評量如觀察、訪談、實作、學習單、學習檔案、口頭發表、專題報告等任務的「學習評量」，以瞭解學生的學習表現之進展情形，並引導學生活用實踐展現適當的「學習表現」，以統整歸納瞭解核心素養「學習目標」的達成程度（蔡清田，2020），茲說明如次：

一、核心素養的課程實施教學設計之教學目標宜包含知識、能力、態度價值等面向的統整設計，而且教師需透過課前備課，將其教學目標具體轉化成為適合該學習年級階段學生的「學習目標」，以呼應「核心素養」的「學習內容」及「學習表現」。

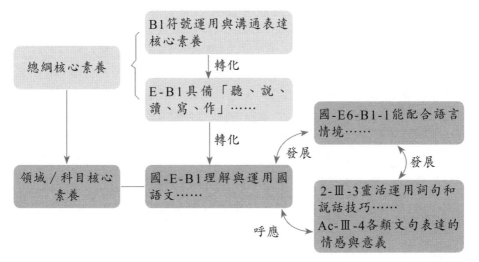

§圖5-2　核心素養的學習目標與學習重點（學習表現及學習內容）呼應圖示

　　「核心素養課程實施教學設計OSCP模式」的「學習目標」，就是國際教育界流行的目標導向課程設計之預期學習成果，這是「成果導向的教育」所稱「預期的學習成果」，探討如何透過「逆向思考」與「以終為始」的課程設計方法（Wiggins & McTighe, 2005），引導學生學習核心素養「學習目標」，合乎課程設計目標模式且呼應課程想像將課程目標轉化成學習目標，具有激勵作用能將學生需求轉化為學習動機，朝學習目標前進。

　　核心素養的目標宜包含知識、能力、態度等面向的統整，可導正過去重知識、重能力、忽略態度之偏失，可透過核心素養教學目標整合知識能力與態度，並具體轉化為學生的「學習目標」。這也呼應「強調知識、能力與態度的統整」的第一個核心素養課程實施之教學原則，強調學習是完整的。核心素養課程實施教學設計OSCP模式，是指教師能將核心素養教學目標轉化為「學習目標」，布置合宜學習情境，以激發學生的「學習動機」，並選擇呼應「核心素養」及其相對應的「學習重點」，發展「學習內容」的學習活動，再引導學生展現「學習表現」，並藉多元評量方式以瞭解核心素養「學習目標」的達成程度（蔡清田，2019）。

　　十二年國民基本教育核心素養，需有效進行課程轉化，以利核心素養的達成（國家教育研究院，2014b）。核心素養課程實施是可以「分教育階段」與「分領域／科目」進行課程設計；「分教育階段」是指核心素養依序分為國小、國中、高級中等教育等「教育階段」循序漸進；「分領域／科目」是指如「符號運用與溝通表達」的核心素養依「教育階段」設計出「國小教育階段核心素養」（國小E-B1具備「聽、說、讀、寫、作」的基本語文素養，並具有生活所需的基礎數理、肢體及藝術等符號知能，能以同理心應用在生活與人際溝通），並可再依「領域／科目」學科特色敘寫其「領域／科目核心素養」（國小國語文的「國-E-B1理解與運用本國語言、文字、肢體等各種訊息，在日常生活中學習體察他人的感受，並給予適當的回應，以達成溝通及互動的目標」）；而且如圖5-3核心素養的學習目標與學習重點（**學習表現及學習內容**）呼應圖示，國小國語文的「國-E-B1理解與運用本國語言、文字、肢體等各種訊息，在日常生活中學習體察他人的感受，並給予適當的回應，以達成溝通及互動的目標」此一國語文領域／科目核心素養，並可結合「2-Ⅲ-3靈活運用詞句和說話技

巧，豐富表達內容」的第三學習階段「學習表現」與「Ac-Ⅲ-4各類文句表達的情感與意義」的第三學習階段「學習內容」，再具體轉化成為國小六年級國語文第一條學習目標「國-E6-B1-1能配合語言情境，欣賞不同語言情境中詞句與語態在溝通和表達上的效果」，以便進行後續的教案設計（蔡清田，2021）。

§表5-3 核心素養的三層次目標體系轉化示例
—— 以國小國語文領域／科目為例

	B1核心素養	B1符號運用與溝通表達（具體內涵）
核心素養的「第一個層次」（總綱層次）目標	E-B1 國小教育階段核心素養	E-B1具備「聽、說、讀、寫、作」的基本語文素養，並具有生活所需的基礎數理、肢體及藝術等符號知能，能以同理心應用在生活與人際溝通。
核心素養的「第二個層次」（領綱層次）目標	國-E-B1國小國語文領域／科目核心素養	國-E-B1理解與運用本國語言、文字、肢體等各種訊息，在日常生活中學習體察他人的感受，並給予適當的回應，以達成溝通及互動的目標。
核心素養的「第三個層次」（教案層次）目標	國-E6-B1-1國小國語文六年級學習目標	國-E6-B1-1能配合語言情境，欣賞不同語言情境中詞句與語態在溝通和表達上的效果。

　　教師進行「核心素養的課程實施教學設計」，要先學會解析課程綱要的「領域／科目核心素養」和撰寫特定年級「學習目標」。教師須依據課程綱要的「領域／科目核心素養」，結合「學習重點」之「學習表現」與「學習內容」，撰寫特定年級「學習目標」。以表5-3核心素養的三層次目標體系轉化示例，「第一個層次」參考《十二年國民基本教育課程綱要總綱》的「B1符號運用與溝通表達」核心素養可以轉化成為「國小教育階段核心素養」的「E-B1具備「聽、說、讀、寫、作」的基本語文素養，並具有生活所需的基礎數理、肢體及藝術等符號知能，能以同理心應用在生活與人際溝通」，再轉化為「第二個層次」參考《語文領域 —— 國語文課程綱要》的「領域／科目核心素養」和國小國語文領域／科目核心素養的「國-E-B1 理解與運用本國語言、文字、肢體等各種訊息，在日常

生活中學習體察他人的感受，並給予適當的回應，以達成溝通及互動的目標」，再具體轉化為「第三個層次」該項國語文領域／科目核心素養的國小六(6)年級第一(1)條學習目標「國-E6-B1-1能配合語言情境，欣賞不同語言情境中詞句與語態在溝通和表達上的效果」或國小六(6)年級第二(2)條學習目標「國-E6-B1-2能學習敘述、描寫、說明、議論、抒情等表述方式，練習寫作」，學習目標的編碼方式，是將國小國語文領域／科目核心素養「國-E-B1」的第二碼教育階段再補加上年級編碼，並加上第四碼流水號成為「國-E6-B1-1」或「國-E6-B1-2」，以便後續教學。

§圖5-3　呼應「國-E-B1」國小國語文領域／科目核心素養的學習目標與學習重點示例

　　「學習目標」的敘寫應以學生應習得的目標為主，以學生為學習主體，並應考量學習時數限制，不宜在有限的時數下納入過多的學習重點。教師可依據「學習表現」和「學習內容」之對應分析，連結高相關性的「領域／科目核心素養」，整合「學習表現」、「學習內容」與「領域／科目核心素養」之內涵，具體轉化為單元教材之特定年級「學習目標」。「學習目標」的編碼方式，就是將國小國語文領域／科目核心素養「國-E-B1」的第二碼教育階段再補加上年級(6)編碼，並加上第四碼為流水號(1)(2)成為「國-E6-B1-1」或「國-E6-B1-2」，以便進行該國語文領域／科目核心素養的後續教案設計及教學實施與學習評量；「學習目標」的撰寫方式可依據圖5-3呼應「國-E-B1」國小國語文領域／科目核心素養的學習目標與學習重點示例，可以透過特定年級「學習目標」的設計，呼應「領域／科目核心素養」之「學習表現」與「學習內容」，同時強調該學科的認知（知識）、技能（能力）及情意（態度），如表5-4呼應國語文-E-B1核心素養（「國-E-B1理解與運用本國語言、文字、肢體等各種訊息，在日常生活中學習體察他人的感受，並給予適當的回應，以達成溝

通及互動的目標」）的學習目標與學習重點的雙向細目表，運用「學習表現」的動詞用法及「學習內容」的內容概念，以撰寫特定年級(6)的具體「學習目標」（如「國-E6-B1-1 能配合語言情境，欣賞不同語言情境中詞句與語態在溝通和表達上的效果」或「國-E6-B1-2 能學習敘述、描寫、說明、議論、抒情等表述方式，練習寫作」），以利進行後續教學設計。

§表5-4　呼應「國-E-B1」國小國語文領域／科目核心素養的學習目標與學習重點示例

呼應國小國語文的「國-E-B1」領綱核心素養的各單元學習重點與學習目標			
單元名稱	學習重點		學習目標
單元一	學習表現	2-Ⅲ-3靈活運用詞句和說話技巧，豐富表達內容。	國-E6-B1-1能配合語言情境，欣賞不同語言情境中詞句與語態在溝通和表達上的效果。
	學習內容	Ac-Ⅲ-4各類文句表達的情感與意義。	
單元二	學習表現	6-Ⅲ-5書寫說明事理、議論的作品。	國-E6-B1-2能學習敘述、描寫、說明、議論、抒情等表述方式，練習寫作。
	學習內容	Bd-Ⅲ-1以事實、理論為論據，達到說服、建構、批判等目的。	

　　教師撰寫「學習目標」可參考「學習重點」的「學習表現」（performance）與「學習內容」（content）的PC二維雙向分析表，進行「學習目標」的課程設計（黃光雄、蔡清田，2017；楊俊鴻，2019），此即所謂「學習目標」的「學習表現」與「學習內容」雙向細目表的PC雙因子二維課程設計模式（蔡清田，2018）。應以特定年級學生為學習主體，用淺顯易懂的文字語詞來撰寫特定年級「學習目標」以整合「學習表現」與「學習內容」，一方面可將「學習表現」的「重要動詞」具體明確地應用連結在「學習目標」中，另一方面同時將「學習內容」的「重要概念」具體明確地應用連結在「學習目標」之中。例如：運用表5-5呼應國語文-E-B1核心素養（「國-E-B1理解與運用本國語言、文字、肢體等

各種訊息，在日常生活中學習體察他人的感受，並給予適當的回應，以達成溝通及互動的目標」）的「學習目標」與「學習內容」及「學習表現」的雙向細目表，運用「學習表現」的「重要動詞」及「學習內容」的「重要概念」，進而撰寫特定年級的具體「學習目標」（如「國-E6-B1-1能配合語言情境，欣賞不同語言情境中詞句與語態在溝通和表達上的效果」），以利後續教學。

§表5-5　呼應國語文-E-B1核心素養之「學習目標」與「學習內容」及「學習表現」的雙向細目表

學習表現 學習目標 學習內容	2-Ⅲ-3靈活運用詞句和說話技巧，豐富表達內容。	6-Ⅲ-5書寫說明事理、議論的作品。
Ac-Ⅲ-4各類文句表達的情感與意義。	國-E6-B1-1能配合語言情境，欣賞「不同語言」情境中「詞句」與語態在溝通和表達上的效果。	
Bd-Ⅲ-1以事實、理論為論據，達到說服、建構、批判等目的的。		國-E6-B1-2能學習「敘述、描寫、說明、議論」、抒情等「表述方式」，練習寫作。

應根據單元主題且與核心素養高相關的「學習內容」與「學習表現」，透過「學習內容」與「學習表現」雙向細目表，進行教案設計，如表5-5呼應國語文-E-B1核心素養之「學習目標」與「學習內容」及「學習表現」的雙向細目表，以設計「學習目標」。而且「學習目標」更可將緊密連結緊扣「領域／科目核心素養」的具體內涵改寫成為核心素養的「學習目標」，這就是一種更高階而精巧的三維螺旋課程設計模式（蔡清田，2018），如圖5-4「學習目標」三維螺旋課程設計模式。

§圖5-4 「學習目標」三維螺旋課程設計模式

二、教師可透過分析「學習情境」，設計布置導向適合該「學習目標」的學習經驗的合宜學習情境，如導入適當的時事、人物、圖片、照片、影片等相關情節以布置有利於學習的情境，以利「引起動機」引發學生的學習動機，特別是可設計以學生為主體並能連結學生生活的學習經驗，以引發學生學習動機、學習興趣及問題意識以進行學習探究。

「情境」是達成核心素養課程實施之學習目標的重要脈絡媒介，核心素養必須在人與「情境」脈絡交互作用中培養，核心素養的學習必須發生在有意義的「情境」脈絡之下，透過情境學習，學習適應社會生活（蔡清田，2019），是以學校教育人員如能設計優質學習情境，經營良好班級學習氣氛的外在環境與內在情境，將能引發學生積極學習動機。特別是，如果學校教育工作人員能布置適當的學習情境，透過「學習情境」分析設計導向「學習目標」的學習脈絡情境，將能引發「學習動機」並選擇組織學習經驗，有助於「學習目標」的達成（Paniagua & Istance, 2018）。因此，教師可透過「學習情境」分析設計導向「學習目標」的學習情境脈絡，引發「學習動機」並選擇組織學習經驗，特別是安排機會透過學生已經學過的舊經驗連結實際的情境脈絡，布置情境讓學生將舊經驗應用到真實情境之中，讓「學習目標」產生生活情境意義，並且呼應「強調情境化、脈絡化的學習」的第二個核心素養教學設計原則（洪詠善、范信賢，2015）。

就核心素養的課程實施教學設計而言，可以相關情境或時事議題作

出發，以引發「學習動機」，透過發現問題後再凝聚與學習該單元必備的知識能力與態度（鄭任君、蔡清田、楊俊鴻，2017），這是建立在核心素養的心理學、社會學與教育學的理論基礎，可透過情境分析設計布置脈絡，激發觸動學習動機以利選擇組織學習經驗，如此將能引導學生個體展現負責任之行動，這些構成要素之間組合而成的整體互動體系，可引導學生將所學應用到各種學習領域與社會生活情境，不僅有助於個人獲得成功人生，更有助於建立功能健全的社會（蔡清田、陳伯璋、陳延興、林永豐、盧美貴、李文富、方德隆、陳聖謨、楊俊鴻、高新建、李懿芳、范信賢，2013）；是以核心素養的教案設計，強調教學應能強化其情境脈絡的連結，亦即進行教學情境分析設計布置，以引發「學習動機」，使學生不僅透過情境脈絡來學習，也能將所學應用到情境脈絡。

三、教師宜透過核心素養課程教學實施設計的「發展活動」，透過選擇組織適切的「學習重點」之「學習內容」，善用提問等教學互動方式以發展學習方法及活動策略，逐步引導學生的「學習表現」。

　　教師進行核心素養課程實施教學設計，宜針對「核心素養」的學習目標，應設計教學互動的「發展活動」，教師可透過選擇組織適當的學習經驗導入主要的「學習內容」，以引導學生展現「學習表現」（洪詠善、范信賢，2015），以彰顯核心素養乃包含知識、技能、情意的統整能力，發展學習方法及活動策略，呼應「強調學習歷程、學習方法及學會學習的策略」之第三個核心素養教學設計原則，更合乎核心素養之理論基礎及教學原理（蔡清田，2020）。

　　尤其是「核心素養」的課程實施教學設計宜依據「學習目標」，選擇組織課程綱要的「學習內容」，進行「發展活動」的設計，亦即教師依據明確的「學習目標」，將課程綱要的「學習內容」與教科書的「教材內容」進行教學轉化處理；特別是一方面將教科書提供教材的相關學科知識內容組織整合成為學科知識結構體系，以呼應課程綱要的「學習內容」；另一方面並將「教材內容」與生活情境統整，轉化成為活潑生動而能激勵學生學習的課堂「教學內容」，進而引導學生展現出課程綱要相對應的「學習表現」。

四、師生宜透過課程實施教學設計之「統整活動」，進行多元學習評量如觀察、訪談、實作、學習單、學習檔案、口頭發表、專題報告等任務

的「學習評量」，以瞭解學生的學習表現之進展情形，並引導學生活用實踐展現適當的「學習表現」，以瞭解核心素養「學習目標」的達成程度。

　　核心素養課程實施教學設計模式，除了上述的「學習目標」、「學習情境」與「發展活動」之外，更涉及課程實施之「統整活動」的設計。特別是可透過課程實施之「統整活動」，活用實踐「學習表現」，並藉多元評量方式，以瞭解核心素養「學習目標」的達成程度，進而達成以「學習目標」引導教學，學習與評量的緊密連貫統整，以「學習目標」促成教、學、評的三位一體。這呼應「強調實踐力行的表現」的第四個核心素養課程實施之教學原則，讓學生可以統整所學，可透過「統整活動」，活用實踐進行「學習表現」的學習評量。

　　例如：以表5-6陳佳君、孫昌平、吳儒宓、陳麒皓、吳育寧等老師共同設計秀林國小一年級「生活領域」課程「聲音好好玩」教學設計簡案為例，說明可以透過「核心素養課程實施教學設計OSCP模式」，首先將生活B3的「核心素養」具體轉化為學生「學習目標」如「生活-E1-B3-1知道任務目標，透過小組討論完成老師交付任務。並能體會、欣賞生活中美的表現，且具備藝術創作與賞析等基本素養，促進多元感官的發展。」其次，透過「學習情境」分析設計布置導向「學習目標」的合宜學習情境，引發學習動機；其三，核心素養的「教學設計」的「發展活動」，可透過選擇組織「學習內容」如「C-I-2媒材特性與符號表徵的使用。D-I-4共同工作並相互協助。」以發展學習方法及活動策略；最後，則透過「統整活動」，引導學生活用實踐以展現適當的「學習表現」如「7-I-4能為共同的目標訂定規則或方法，一起工作並完成任務。4-I-2 使用不同的表徵符號進行表現與分享，感受創作的樂趣。」以瞭解核心素養學習目標「生活-E1-B3-1」的達成程度。

§表5-6　陳佳君、孫昌平、吳儒宓、陳麒皓、吳育寧等老師共同設計秀林國小
　　　　一年級「生活領域」課程「聲音好好玩」教學設計簡案

領域／科目	生活領域	設計者	原作者：陳佳君 整理者：孫昌平、吳儒宓、陳麒皓、吳育寧		
實施年級	國小一年級	總節數	一節（40分鐘）		
主題名稱	聲音好好玩				
設計依據					
學習重點	學習表現	7-I-4能為共同的目標訂定規則或方法，一起工作並完成任務。 4-I-2使用不同的表徵符號進行表現與分享，感受創作的樂趣。	核心素養	總綱	E-B3具備藝術創作與欣賞的基本素養，促進多元感官的發展，培養生活環境中的美感體驗。
	學習內容	C-I-2媒材特性與符號表徵的使用。 D-I-4共同工作並相互協助。		領綱	生活-E-B3感受與體會生活中人、事、物的真、善與美，欣賞生活中美的多元形式與表現，在創作中覺察美的元素，逐漸發展美的敏覺。
議題融入	人E3瞭解每個人需求的不同，並討論與遵守團體的規則。				
與其他領域／科目的連結	本節課的生活課程是統整了領域內的藝術、綜合活動。				
教材來源	生活課本（南一書局）				
教學設備／資源	音樂故事表演《彼得與狼》影片、電子白板、樂器、繪本				
學習目標					
生活-E1-B3-1知道任務目標，透過小組討論完成老師交付任務。並能體會、欣賞生活中美的表現，且具備藝術創作與賞析等基本素養，促進多元感官的發展。（7-I-4＋4-I-2＋C-I-2＋D-I-4）					

教學活動設計		
教學活動內容及實施方式	時間	評量方式
一、引起動機：OS（學習目標：生活-E1-B3-1知道任務目標，透過小組討論完成老師交付任務。並能體會、欣賞生活中美的表現，且具備藝術創作與賞析等基本素養，促進多元感官的發展。） (一)觀賞「音樂故事表演──《彼得與狼》」影片 (二)問題提問 　　1.大野狼是用什麼樂器演奏的呢？ 　　2.小鳥是用什麼樂器演奏的呢？	5分	軼事紀錄、口語評量
二、發展活動（C學習內容） (一)先進行聲音情境內容之全班討論【C-I-2媒材特性與符號表徵的使用。】 　　1.故事中每一位角色都有它的獨特特色，例如：小鳥輕快飛翔，代表樂器是長笛；大野狼讓人們害怕，用法國號可以吹奏詮譯出緊張的氣息。 　　2.老師示範故事繪本《拉拉去溜冰》：故事場景為冬天雪地，運用手搖鈴、三角鐵；小企鵝可愛活潑，使用鈴鼓；故事中的情境運用到的樂器，使用沙鈴。	15分	口語評量
(二)作情境聲音故事演出之準備【D-I-4共同工作並相互協助。】 　　1.引言：聲音可以有故事，小朋友們要如何利用樂器的聲音演出你們的故事？ 　　2.老師拿出四本故事書，讓小組選擇上臺表演：《拉拉去溜冰》、《小象的長鼻子》、《小花朵的樂器》、《我不知道我是誰？》。 　　3.請小組討論要演出的小小故事，還需要搭配哪些聲音？ 　　4.大家準備好就上臺演出。	10分 10分	實作評量 實作評量
三、統整活動（P學習表現） 　　【7-I-4能為共同的目標訂定規則或方法，一起工作並完成任務。4-I-2使用不同的表徵符號進行表現與分享，感受創作的樂趣。】 (一)小組上臺表演完成音樂故事，並選擇與故事情況能表現的樂器。		

(二)請各組討論，表演小組選擇的樂器聲音與故事內容符合程度，並與全班分享。			
參考資料	音樂故事表演《彼得與狼》影片		
附錄	無		

陳麒皓老師更在這堂公開授課觀課使用如表5-7 109學年度秀林國民小學公開授課觀課紀錄表，指出此一教案挑選使用了符合該年齡層之讀物「繪本」，是很好的教學材料，此教案設計對象為國小學生，目的在認識聲音特性並實際運用，此種《彼得與狼》音樂影片表現的教學方式，有聲有色就像是電影多了配音跟配樂可結合「人E3瞭解每個人需求的不同，並討論與遵守團體的規則。」等重要議題，並以觀察聲音為媒介，做專注、正念等訓練，練習專注於當下而自我精進；抑或是作為一種個人覺察，如覺得鼓聲令人精神振奮、笛聲使人放鬆，有人喜歡鼓聲、有人欣賞笛聲等，做外部感官之自我覺察，進而覺察內在。

§表5-7　109學年度秀林國民小學公開授課觀課紀錄表（觀課者填寫）

觀課教師	陳麒皓老師		觀課日期	109年	12月	10日
授課教師	陳佳君老師		教學年/班	一年甲班		
教學領域 教學單元	聲音好好玩——聲音的想像					
教學內容	能配合說故事的情境加上音樂表演（B-I-2、D-I-4）					
教學觀察		教學活動		學生表現		
		一、引起動機 　　觀賞「音樂故事表演——《彼得與狼》」影片以及提問，進而引導到對於聲音的認識。 二、發展活動 (一)先進行聲音情境內容討論。 (二)老師示範繪本《拉拉去溜冰》。 (三)情境聲音故事配音的討論。		1.大部分學生能用心觀賞影片並專心聽老師的解釋故事內容。 2.學生會舉手再發言。 3.學生能舉手回答問題。 4.學生能正確回答問題。 5.學生能專心於老師的示範。 6.學生能瞭解樂器聲音的性質。 7.學生能投入小組討論中。 8.學生能利用樂器的性質來安排故事情境所需的音效。		

	三、統整活動 　　讓學生小組用說故事的方式搭配情境聲音進行演出。
優點	利用學生前兩週所學習到的聲音來進行繪本的閱讀，甚至是以小小音樂劇的方式呈現，這是很有趣。生活、藝術與人文、閱讀這三者在這個教學中都很清楚地呈現。
疑惑	在學生討論的時候，我有注意到老師在電腦前指導兩位沒有參與分組的學生，我在想是不是這兩個學生是需要個別指導的。
觀課省思	專業領域不一樣的時候，還真的會限制了自己的視線跟教學的想像力。感謝佳君老師給予的新視角。

　　上述「核心素養課程實施教學設計OSCP模式」，可以透過「核心素養」進行領域／科目的教案設計，可以精簡為「引起動機」、「發展活動」、「統整活動」等「三動」教學流程，並結合新課綱核心素養課程實施教學設計之學習目標、學習情境、學習內容、學習表現等進行核心素養課程實施之教學設計，引導學生學習獲得並達成核心素養的學習目標（蔡清田，2020）。特別是，因應生活情境，掌握整合認知、情意、技能之「學習目標」，透過課程實施教學設計之「學習情境」分析設計，導向「學習目標」的學習情境，引發「學習目標」之「學習動機」，透過課程實施教學設計之「教學活動」發展對應的「學習內容」，進而可透過課程實施教學設計之「統整活動」，活用實踐「學習表現」，進行學習評量，並藉多元評量方式以瞭解核心素養課程教學設計之「學習目標」的達成程度，一方面可達成「核心素養」的課程實施之「學習目標」及「學習內容」與「學習表現」的三合一教學設計，另一方面更可以「學習目標」引導教學、學習與評量的緊密連貫，以「學習目標」促成教、學、評的三位一體，以落實達成「核心素養」的培養。

第四節 教學實施的課程與教師專業發展

　　黃政傑（1991）提出四項課程實施策略的因素：在職進修、資源支持、參與決定與給予回饋，值得進一步推動課程改革的參考。尤其是在學校課程發展的基本假定之下，學校人員共同參與課程發展，學校教師同時兼有設計者與實施者的身分，得以蒐集回饋資料，因此參與決定與給予回饋兩因素已經融入課程發展歷程中而非影響實施的問題，相較之下，學校教育人員專業能力的進修與行政支援則需要特別注意。學校課程實施的成敗，主要的關鍵之一是在學校教育工作者，特別是，就課程實施的行動綱領而言，應該主要包括進行相關學校教育人員研習，溝通並裝備新課程的知能，首先強調理念溝通，辦理教育人員進修研習，增進實施新課程的知能，提升其關注焦點，促成專業發展。

一、透過教育人員在職研習新課程，提升「教學實施的課程」之關注焦點

　　教育人員是否接受「核心素養之教學實施的課程」的相關進修研習，與其後的課程實施程度有密切相關（蔡清田，2020）；換言之，接受充分進修研習者，其實施程度越高（Fullan & Pomfret, 1977）。然而，光憑「校內的」教育人員本身，是不足以協助學校獲得成功的課程實施，有必要透過「校外的」課程改革推動者之協助，以促成課程革新方案的達成。因此，學校行政人員除了利用每日朝會、校務會議、茶敘、餐敘、聯誼等時間，做正式與非正式的新課程說明外，有必要聘請學者專家指導，提升教師對「教學實施的課程」之關注焦點（黃光雄、蔡清田，2017）。豪爾（G. E. Hall）、瓦樂司（R. C. Wallace），以及唐賽特（W. F. Dossett）等人提出了課程實施的程序，一部分是有關於「關注的階段」（stages of concern），另一部分是「使用的層次」（levels of use）（Hall, Wallace & Dossett, 1973）。如表5-8課程實施的關注階段，可以用來追蹤教師在實施新課程時，教師關注的焦點。課程實施過程中，教師關注的焦點也不斷地在七個階段中轉變移動（Hall, Wallace & Dossett, 1973）。

§表5-8　課程實施的關注階段（Hall, Wallace & Dossett, 1973）

關注的階段	主要的特徵
階段0 （低度關注）	顯示很少關心或投入參與學校課程革新方案。
階段1 （資訊）	對課程革新資訊表示關注，並有興趣瞭解課程革新的實質特點與含意，如一般特徵、影響、使用的要求等，但參與者尚未關注自己與課程革新的關係。
階段2 （個人）	個人尚未肯定課程革新對自己的要求，個人不能肯定自己是否能應付這些課程改革要求，也不確定自己在課程革新過程中所要扮演的角色。但是，已經開始焦慮必須付出的個人成本，與分析其在整個學校組織中的角色，並考慮實施新方案後，需要作出的決定和與現存結構之間可能的衝突等。
階段3 （管理）	實施課程革新方案的過程、任務與所需的新行為，成為主要的關注焦點，以瞭解如何使用資訊和資源的最佳方法，效率、組織、管理、時間表及後勤需求成為主要關注議題。
階段4 （後果）	課程革新方案對學生的衝擊影響成為關注焦點，該課程方案對學生的適切性、學生能力及表現等成果的評鑑，以及改進學生成果所需的改變等成為關注主題。
階段5 （合作）	實施課程革新方案時，教師涉及與他人合作協調，成為關注焦點，並考慮學生利益，改進實施策略。
階段6 （再關注）	探討課程革新方案帶來的普遍優點，並關注主要改變的可能性，考慮由更有利的另類變通方案取代的可能性。個人並且對另類變通課程革新方案有明確的想法與建議主張。

　　就關注的階段而言，實施新課程的過程中，教師關注階段的剖析，將有助於設計適當的教師在職進修研習活動，以提升課程實施的教師關注焦點。

二、透過教育人員的工作坊，提升新課程「教學實施的課程」之使用層次

　　工作坊是不同於會議，而是一種較為長期的專業發展在職進修管道媒介，工作坊可以包容許多不同的活動，例如：傾聽專家顧問的專題講座、

討論共同議題、閱讀專業文獻、蒐集並設計教材、觀賞影片、進行角色扮演、填寫評鑑表格、和其他參與者進行聯誼與討論。工作坊的最大特色是參與者所發展培養出來的社會相似性與良好的同儕情誼，另一個最大特色則在於培養參與者解決問題的能力與熱忱。課程實施研究，應該蒐集有關課程材料使用的相關資訊。

　　課程實施的使用層次，可用來追蹤實施新課程的過程中，教師實際教學表現。當教師逐漸熟悉某一項課程革新，則其課程使用層次也不斷提升（Marsh & Willis, 1995）。課程使用層次是經由利用「焦點晤談」所發展出來的一套系統方法（Loucks, Newlove & Hall, 1975），蒐集課程教材特徵及在教室中教材實際使用情形資料說明，可供校長、教師、家長或課程實施相關人員，進一步瞭解課程實施情形如表5-9課程實施的使用層次（Hall & Loucks, 1977: 226）。

　　瞭解教師的課程使用層次，將有助於新課程方案的實施。課程使用的層次之資料，有助於教師在職進修研習活動的專業發展設計（黃光雄、蔡清田，2017）。最好透過全盤規劃，將零星的研習轉化為制度化的在職進修，進行分級分類制的進修規劃，因應不同需求規劃不同類型的工作坊與種子教師培訓，甚至進一步針對課程研發種子學校與實驗推廣學校辦理行動研究培訓，提升新課程使用層次（蔡清田，2002）。

三、以核心素養為依據的「教學實施的課程」教師專業發展之規準

　　「核心素養之教學實施的課程」是落實「核心素養之官方計畫的課程」的重要關鍵。因此，就「核心素養之教學實施的課程」之教育專業發展而言，學校應提供教師專業發展的機會與計畫，協助教師實施以核心素養為根基的高品質教育，其關注的焦點乃在於「教學實施的課程」的教學實務是否以核心素養為依歸，同時，教師在實施以核心素養為依據的教學課程時，也能獲得行政人員的協助支援，可以提供機會讓教師透過「核心素養之教學實施的課程」促進教師專業發展（Glatthorn, Carr & Harris, 2001）。

§表5-9　課程實施的使用層次

使用層次	使用的範圍
1. 未使用	使用的教師，對於課程改革缺乏瞭解，或瞭解甚少，未參與課程改革工作，也未準備參與。 （決斷點：採取行動，以獲取課程改革的資料。）
2. 定向	使用的教師，已經或正在獲取課程改革資料，而且已經或正在探討課程改革的價值取向，及使用教師的需求。 （決斷點：決定採用新課程，建立實施時間表。）
3. 準備	使用的教師，正為第一次使用新課程而準備。 （決斷點：依使用者的需求使用課程，必要時加以改變。）
4. 機械地使用	使用的教師，致力於革新，卻只重短期使用或日常使用，缺乏反省的時間。其改變旨在符合使用教師的需求，而非學生需求。基本上，使用者試圖熟練的工作，雖然合乎使用者的要求，但是結果是非常膚淺且不連貫使用。 （決斷點：建立例行式的使用形式。）
5. 例行化	在使用過程中，已經成為習慣，如有改變，也是少數。很少考慮到改變課程革新方案修訂和革新效果。（決斷點：依據正式或非正式評鑑，改進課程，以增進效果。）
6. 精緻化	使用者依據短期或長期的實施結果，考慮學生利益，修訂課程革新的方案，以增進課程革新的即時效果。 （決斷點：與同事協調合作，開始合作進行改變。）
7. 統整	使用者結合自己和同事在課程革新上的努力，在共同影響的範圍內，給予學生集體的影響。 （決斷點：開始探討革新的變通方案，或主要修正方向。）
8. 創新	使用者評鑑革新方案的品質，尋找目前課程革新的另類變通方案或修正方案，以增進其對學生的影響，檢視領域內的新發展，探索自己及整個學校系統的新目標。

　　以核心素養為依據的「教學實施的課程」，旨在協助教師實施課程綱要與學校課程計畫之核心素養（蔡清田，2020），因此，此種「核心素養之教學實施的課程」之教師專業發展計畫要合乎高品質，宜考慮下列兩方面的規準：

(一)「核心素養之教學實施的課程」之教師專業發展的機會，旨在協助教師實施課程綱要的核心素養。

　　「核心素養之教學實施的課程」之教師專業發展，如果明顯地以實施課程綱要與學校課程計畫的核心素養為焦點（Glatthorn, Carr & Harris, 2001）。這些問題可能包括：誰應該負責課程綱要與學校課程計畫的哪些核心素養？如何定義教學指引，以達成「官方計畫的課程」的核心素養？教室中的教師與學生要做什麼？如何評量核心素養？要運用哪些規準以界定達成核心素養？什麼情報資料可告訴教師有關核心素養達成程度？這對於教學有什麼啟示？

　　教師教學實施課程之時，除了掌握「核心素養之教材支援的課程」之外，也要能從同事與行政人員之處，獲得明確的「核心素養之教學實施的課程」之教師自我評量、擬定目標、同儕諮詢、總結性評鑑等支持與回饋，以便能順利實施課程（Glatthorn, Carr & Harris, 2001）：

1. 「核心素養之教學實施的課程」專業發展的教師自我評量
   (1) 焦點集中於哪些「官方計畫的課程」之核心素養？
   (2) 需要在哪些領域追求改進？
   (3) 需要什麼支援以促進必要的變革？
2. 「核心素養之教學實施的課程」專業發展的目標設定
   (1) 目標需要去設定哪些「官方計畫的課程」的核心素養？
   (2) 哪些核心素養與學習重點代表著最大的挑戰？
   (3) 要運用什麼工具以評量目標的達成？
3. 「核心素養之教學實施的課程」專業發展的教師同儕諮詢
   (1) 就「官方計畫的課程」的核心素養而言，如何以最佳方式彼此支援？
   (2) 在互動過程中，帶來了哪些優點與需求？
   (3) 可利用什麼資源？
4. 「核心素養之教學實施的課程」專業發展的總結性評鑑
   (1) 「官方計畫的課程」的核心素養，如何形塑評鑑的目的？
   (2) 在此歷程中，教師的期望角色和責任是什麼？
   (3) 目標是什麼？如何知道目標是否已經達成了呢？

　　當學校教師組成學習社群，開始去解答這些課程實施的教師專業發展問題，並將焦點集中於「官方計畫的課程」的核心素養的實施之上，通常會出現進一步教師專業發展需求，例如：此一「核心素養之教學實施的課程」核心素養與學習重點的意義是什麼？誰要負責這些核心素養與學習重點？在這方面要如何評量學生？如何以最佳方式來向家長與大眾進行溝通說明？學校內部當中的專家在哪裡？如何以最佳的方式來分享彼此的知識？這些問題則有助於促成高品質的核心素養課程實施之教師專業發展。

(二)以實務工作相結合的專業發展機會，包括了「核心素養之教學實施的課程」之同儕諮詢，是對所有教師而言都是具有可行性的。

　　「核心素養之教學實施的課程」之同儕諮詢，藉著提供協助教師專業發展而形成了一座橋梁，以連結教師專業發展及評鑑歷程，在一個自我評量、擬定目標、教室的支援、反省與對話的情境脈絡當中，「核心素養之教學實施的課程」之同儕諮詢可以促進一種專業學習的情境，對新進教師與資深教師而言都是一樣有幫助的。在以課程綱要與學校課程計畫的核心素養為依據的教育系統中，「核心素養之教學實施的課程」之同儕諮詢，包括了所有同儕協同合作的情境，只要是有助於改進學生在課程綱要的核心素養實際表現。「核心素養之教學實施的課程」之同儕諮詢，包括良師輔導、同儕教導、同儕評鑑、讀書會或學習團隊與協同合作行動研究（Glatthorn, Carr & Harris, 2001）。

　　總之，就「核心素養之教學實施的課程」而言，「課程即核心素養」之課程理念，鼓勵教師互相協助支持的同儕諮詢與進修研習，以獲得繼續專業發展。此種重視教育系統中所有人員的同儕相互學習與持續進步，可改進學校師生的實際表現，增進工作滿意度，同時提升新進教師與資深教師的尊嚴。所以，配合教師生涯發展及促進「教學實施的課程」之教師專業發展，鼓勵教師成為行動研究者，從事課程實施探究以獲得教育理解；換言之，教師必須探究其教室情境的可能教學效應，而且「課程即核心素養」的課程理念，有待教師在實際教室情境當中，加以實地考驗或修正，此種「核心素養之教學實施的課程」之觀點，可進而促成教師的教育專業發展（蔡清田，2021）。特別是，在一個以課程綱要與學校課程

計畫的核心素養為依據的教育系統當中，新進教師的同儕諮詢所需要重要的諮詢，也要包括以核心素養為依據的學習成績報告等，稍後各章會進一步說明。

第六章

核心素養之學習獲得的課程

　　我國十二年國教新課綱重視核心素養的課程理念，但學生是否習得核心素養（丁毓珊、洪健容，2021；洪慧萍，2021）？因此，需要探討「核心素養」是否影響了「學習獲得的課程」（learned/achieved curriculum）？特別是這種經由學習獲得的課程簡稱「學到的課程」／「習得的課程」（learned curriculum）（Glatthorn, Jailall & Jailall, 2017），又稱「經驗的課程」（experienced/experiential curriculum）（Goodlad, 1979），是學生從教師教學後所獲得的學習經驗，這是教師、學生與情境之間交互作用後的學習經驗（黃光雄、蔡清田，2017；黃政傑，1991；陳伯璋，1999；歐用生，1986）。這涉及到《十二年國民基本教育課程綱要總綱》強調「課程即核心素養」的課程理念（教育部，2014），學校人員有必要將新課綱核心素養轉化成為「學習獲得的課程」，並引導學生朝向核心素養學習目標結合「學習內容」展現「學習表現」以習得核心素養，這涉及稍後論述的「核心素養的SIE學習模式」，可協助學生學習核心素養成為社會所需人才（OECD, 2021）。因此，本章探討「核心素養之學習獲得的課程」以引導學生習得核心素養，包括第一節從「教學實施的課程」到「學習獲得的課程」，第二節提供「學習獲得的課程」之學習機會與通道，第三節核心素養的「學習獲得的課程」與真實學習，第四節引導學生透過學習機會與通道進行真實學習。

第一節　從「教學實施的課程」到「學習獲得的課程」

　　一般人可以經由課程綱要與學校課程計畫觀察到「核心素養之官方計畫的課程」，並經由教師使用「核心素養之教材支援的課程」進行「核心

素養之教學實施的課程」，卻往往不易瞭解學生是否學習獲得核心素養。因此，本節先探討核心素養的學習理念特質，之後再探討從「教學實施的課程」到「學習獲得的課程」的課程校準、探究提供核心素養的學習管道，論述如下：

一、核心素養的學習理念特質

「核心素養的學習」係指以學生為學習主體，學生能學習並實踐於生活情境的一種新學習，有別於傳統學科內容導向的學習。核心素養學習具有多元面向、多元功能、多元場域、高階複雜、長期培育等「三多元一高一長」的學習特質，如表6-1說明如次。

§表6-1　核心素養的「三多元一高一長」五種學習特質

核心素養學習理念特質	核心素養學習理念特質的具體描述
(一)多元面向	具備「多元面向」，此特質建立在核心素養哲學理據教學原理。
(二)多元功能	具備促進個人發展與社會發展之「多元功能」，此學習特質是建立在核心素養經濟學理據及教學原理。
(三)多元場域	具有跨越各種社會場域與學習領域等「多元場域」之廣度，此學習特質是建立在核心素養社會學理據及教學原理。
(四)高階複雜	牽涉到人因應情境的「高階複雜」的深度反省思考心智運作的深度學習，此特質是建立在核心素養心理學理據及教學原理。
(五)長期培育	必須透過各教育階段的終身學習之「長期培育」，此學習特質是建立在核心素養的人類學理據及教學原理。

(一)核心素養的學習，具備多元面向

核心素養的學習具備多元面向，是指核心素養涵蓋知識、能力與態度等多面向，乃是「多元面向」統整的整體（蔡清田，2011），此特質

建立在本書第二章核心素養哲學理據與第五章教學原理基礎之上。一方面彰顯了核心素養是涵蓋了認知、技能、情意的「複合構念」；另一方面，這呼應了個體在生活情境任務要求下，展現主體能動者所需行動的知識、能力、態度之整體因應互動體系（陳伯璋、張新仁、蔡清田、潘慧玲，2007）。核心素養是行動主體能動者與生活情境互動過程當中，具有主體能動性的行動實踐智慧，涉及到主體能動者扮演反思的實踐者，透過行動反思與學習展現主體能動者的負責任行動，成功地因應生活情境的複雜任務（洪裕宏、胡志偉、顧忠華、陳伯璋、高湧泉、彭小妍等人，2008）。核心素養的學習特質，便是個人在道德和智慧成熟，能擔負起自主學習責任（林堂馨，2019），可導正過去重知識、重能力、忽略態度之偏失。核心素養可協助學習者能在生活情境中，有助於瞭解自己，學會與他人互動，進而適應社會生活。

(二)核心素養同時具備促進個人發展與社會發展之多元功能

核心素養的學習理念特質之二，是核心素養的學習，同時具備促進個人發展與社會發展之「多元功能」（蔡清田，2018），並且能在多元脈絡情境中解決各種問題，有助於增強個人的成就動機、工作的品質，同時強調社會需求與功能，此學習特質建立在本書第二章核心素養經濟學理據與第五章教學原理基礎之上。因此，核心素養可以作為「教育目的的重要來源」，不僅有助於「個人發展」開展潛能獲得優質生活，且可促成「社會發展」產生社會經濟效益建立優質社會，並可培養人民的終身學習、社會公民責任等各種社會核心價值，是以核心素養可作為教育目的之重要來源，更可進而轉化為具體的「學習目標」。

(三)核心素養具有跨越各種社會場域與學習領域等多元場域之廣度

核心素養的學習理念特質之三，是核心素養的學習具有跨越各種社會場域與學習領域等「多元場域」之廣度，此項特質建立在本書第二章核心素養社會學理據與第五章教學原理基礎之上（蔡清田，2020）。「多元場域」的學習理念特性是可以學習遷移並運用到許多不同的社會情境與學習領域／科目。特別是個人所處的社會生活情境，牽涉到個人所處環境脈

絡廣大的人、事、物所構成的各種生活問題與工作挑戰，亦即根據個人所處環境脈絡情境因素來定義核心素養。這種核心素養可以透過個人以及所處的情境脈絡與個人所採取的主體行動等要素，闡述個人及其所處的制度結構之間的動態關係，因為個人所處的社會環境脈絡情境的條件不同以及根據的前提不同，核心素養可協助個人彈性因應不同脈絡情境而調整其行動。例如：因應防止冠狀病毒COVID-19疫情擴散而在家學習的遠距教學需要，嘉義市政府與廠商合作開發「school+App」，透過分享教材連結網址，讓學生「自主學習」，教師可公告每天功課及學習任務，作業拍照上傳、教師批閱後再回傳等，還有「家長簽名」和「家長私訊」功能，使用手機或平板電腦就可操作防疫學習，而無法上網之學生也可透過與嘉義市政府合作之世新有線電視臺第103頻道進行視頻教學的學習。

一方面，核心素養能跨越生活的各種不同的社會場域與學習領域（Trilling & Fadel, 2009），另一方面，個人也可透過參與這些各種不同的社會場域與學習領域行動，獲得社會福利、規範、權力關係、社會互動等為基礎的一組社會地位動態組合（Schröder, 2015）。核心素養能跨越各級學校的主要學習領域課程科目內容及重要的新興議題。是以透過各級學校教育的主要學習領域科目內容及重要的新興議題，培養未來社會的人民具有必要的核心素養，以便能在許多不同的社會情境完成許多不同的角色，因應當代生活的不同需求與挑戰。

(四)核心素養牽涉到人因應情境的高階複雜反省思考心智運作的深度學習

核心素養的學習理念特質之四，是核心素養牽涉到人因應情境的「高階複雜」的深度反省思考心智運作的深度學習，此項學習理念特質建立在本書第二章核心素養心理學理據與第五章教學原理基礎之上。核心素養牽涉到人因應情境的高階複雜反省思考心智運作的深度學習，牽涉到內在動機、自我概念、認知、技能、態度或價值等，包括認知的技能或心智與非認知的技能與情意（Weinert, 2001）。「高階複雜」的學習特性，是指核心素養的學習，是建立在當代社會生活所需的個體內部情境之社會心智運作機制的認知、技能、情意等行動先決條件之上，並透過個體對生活

的反省學習，激發個體內部情境之社會心智運作機制的認知、技能、情意等內在結構的行動先決條件，以促進個體與環境交互作用，已成功地因應生活情境下各種社會場域複雜任務，有助於個體獲得「優質生活」。

核心素養涉及了人因應情境的高階複雜反省思考心智運作及高階複雜的深度學習。此種反省思考及行動，必須運用後設認知技能、創造力，以及批判能力，這不僅涉及個人如何思考，也包括個人如何建構其思想、感受，以及社會關係的整體生活經驗，要求個人到達更為成熟的境界。這就涉及到核心素養必須透過各教育階段的終身學習之長期培育。

(五)核心素養必須透過各教育階段的終身學習之長期培育

核心素養的學習理念特質之五，是核心素養的學習，必須透過各教育階段的終身學習之「長期培育」，此特質建立在本書第二章核心素養人類學理據與第五章教學原理基礎之上。核心素養係可持續發展，且在不同人生階段中強化之，涉及了終身學習歷程。其基本假設是，個體與所處的生活情境之間的關係是辯證的、動態的，個體行動是發生在生活環境的社會場域複雜需求之中（Goody, 2001）。

核心素養的學習，必須透過各教育階段的終身學習之長期培育，此種特質彰顯了「核心素養」具有動態發展的本質，是不斷成長與改變的，而且可因學習經驗、教學指導而發展，必須透過不同教育階段的長期培育，如何在各種階段時期與環境，有效發展這些素養，並有助於個人創造成功的生活，乃成為一項亟待解決之問題，而這需要透過各教育階段的終身學習之「長期培育」。因此，如何從核心素養的「教學實施的課程」轉化到「學習獲得的課程」的課程校準，便有其重要性，以下加以論述。

二、從「教學實施的課程」到「學習獲得的課程」的課程校準

「學習獲得的課程」類似於Glatthorn（2000）所指底線的課程（bottom-line curriculum），係指學生根據自己的特質、興趣、需要、問題、機會等所選擇的實際學習或經驗的課程，亦即學生真正學會的課程。因此，學生「學習獲得的課程」，也是課程探究不可或缺的一環。一般

而言，當教師單純地假定認為學生已經學習獲得到了教師所運作「教學實施的課程」全部內容，但是證據卻往往顯示事實並非如此。如同Doyle（1986）的研究指出學生在教室中的大部分時間，若不是心不在焉，便是假裝認真工作，學生只是模模糊糊的知覺到教師「教學實施的課程」之內容。因此，教師們應該在學校課程發展委員會或領域課程設計小組會議或學年會議當中討論分析，探究「教學實施的課程」與「學習獲得的課程」之間的差距是什麼？何種因素導致如此？能做什麼以減少此種差距？特別是應該協助教師有系統地校準「官方計畫的課程」當中，所包含的必須精熟核心素養學習重點。

　　另一方面，必須特別留意「教學實施的課程」與「學習獲得的課程」之間的落差，這可能來自學生的因素與教師的因素。就教師的因素而言，教師可以透過釐清核心素養的學習目標，協助學生在學習過程當中，發現學習的意義與目的；鼓勵學生去提出問題；利用要求高度參與學生活動的學習策略；經常利用平時考試，來監控學生的學習與維持其高度警覺，以調整教學實施運作（Glatthorn, 2000）。甚至教師可以透過工作坊，以瞭解「教學實施的課程」與「學習獲得的課程」之間的差距有多大，以及可以做什麼以縮短差距（蔡清田，2021）。

三、提供核心素養之學習機會通道

　　面對多變的21世紀社會，學生終其一生將面對就業、轉業、再就業的變遷與再學習，因此學會如何學習的終身學習核心素養，比學會什麼重要（Henderson & Hawthorne, 2000），此種「核心素養之學習獲得的課程」顯得重要。特別是學校作為教育的場所，學生是教育的主體，學生學習權利要保障，以暢通其學習管道並累積「核心素養之獲得學習的課程」之效果（蔡清田，2016）。如果希望學校成為有關懷性、支持性的學習環境，而能夠培育學生成為真正終身學習者（Sergiovanni, 1995），必須重視「核心素養之學習獲得的課程」。目前國內課程改革的缺失之一，就是忽略城鄉差距，沒有注意到弱勢學生的權益，因為教科書的版本變多了，中上社會階層的學生可以多買幾本教科書與參考書，以及更多相關的「教材支援的課程」，但中下社會階層的窮學生則可能買不起多本教科書

與獲得其他相關「核心素養之教材支援的課程」，而不利於其「核心素養之學習獲得的課程」；多元入學也可能讓中下社會階層的窮學生處於不利之處，這些是必須要積極補救的部分。教育是要提供更多的機會，讓每位學生發揮其潛力與可能性。因此，教育應該要能讓每個人，不管有錢沒錢，都有公平接受學校教育「官方計畫的課程」、「教材支援的課程」與「教學實施的課程」之機會管道，也只有獲得公平教育的機會，孩子才能夠在學習的過程中開展潛能，得到「核心素養之學習獲得的課程」與適才適性的發展機會。

第二節　提供「學習獲得的課程」之學習機會與通道

　　課程是達成教育改革理念的學習通道，因此，必須協助學生有機會獲得核心素養的學習通道或學習管道，才能協助學生掌握「核心素養之學習獲得的課程」之學習機會。所謂「核心素養之學習獲得的課程」之學習機會通道，是指協助學生獲得「核心素養之官方計畫的課程」及「核心素養之教材支援的課程」與「核心素養之教學實施的課程」等機會，以利進行學習並累積「核心素養之學習獲得的課程」之成果。因此，本節「學習獲得的課程」之學習機會與通道，先探討核心素養學習模式、獲得核心素養之學習機會通道，茲說明如次。

一、核心素養的學習模式

　　「核心素養的學習」，有助於協助個體彈性地因應不同環境脈絡情境而調整其行動，以因應不同情境的各種社會需求與任務挑戰，有助於個體成功因應社會情境之需求，可同時促進「個人發展」與「社會發展」（Rychen & Salganik, 2001），因此可運用上一章「核心素養課程實施教學設計OSCP模式」之「學習目標」的「學習情境」，透過「情境學習」引導學生因應社會情境（Social Situation，簡稱S），並激發內隱機制（Implicit Mechanism，簡稱I）的內在動機與學習轉化「學習內容」，進而展現「學習表現」之外顯行動（Explicit Action，簡稱E），因此

稱為「核心素養的社會情境、內隱機制、外顯行動學習模式」（Social Situation, Implicit Mechanism, Explicit Action，簡稱「核心素養的SIE學習模式」）。

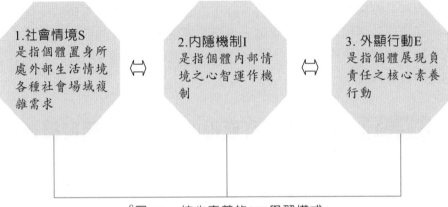

§圖6-1　核心素養的SIE學習模式

此一「核心素養的SIE學習模式」包括了個體成功地因應外部生活情境下的各種社會複雜任務要求，激發個體內部心智運作機制的認知、技能與情意等行動的先決條件，展現個體行動所需的知識、能力、態度之整體因應互動體系，如圖6-1「核心素養的SIE學習模式」所示，具有三個重要構成要素：其一，「社會情境S」是指個體置身所處外部生活情境各種社會場域複雜需求，特別是指個體必須因應生活情境的各種社會場域之複雜需求，可呼應達成「核心素養課程實施教學設計OSCP模式」之學習情境及學習目標；其二，「內隱機制I」是指個體內部情境之心智運作機制；其三，「外顯行動E」是指個體展現「形於外」的負責任之核心素養外顯行動，展現達成核心素養「學習目標」之具體行動，可跨越各種社會生活情境領域，不僅有助於個人獲得成功人生，更有助於建立功能健全社會，分述如下：

(一)「社會情境S」是指個體置身所處外部生活情境各種社會場域複雜需求

「社會情境S」是指個體外部所處的社會生活情境，特別是指個體必須因應生活情境的各種社會場域之複雜需求，而且核心素養能協助個體成功地因應外部生活情境的各種社會場域之複雜需求。其中，社會情境牽涉到個體置身所在環境的人、事、物所構成的生活問題與工作挑戰任務。「社會情境」是依據核心素養「三多元一高一長」的學習理念，以及核心素養理論基礎教學原理之上（蔡清田，2020），特別是核心素養是個體基於外部生活環境脈絡情境的需求，激發個體內部情境的心智運作機制之認知、技能、情意等行動的先決條件，以展現個體的行動，並能成功地因應外部生活情境的複雜任務要求之整體因應行動。

「核心素養的SIE學習模式」當中之社會生活情境要素，是指個體在特定的「社會情境」中，需成功地滿足外部社會情境的各種社會場域之複雜需求，方能順利地執行生活或工作任務。這是以「社會功能取向」的論點來定義核心素養，前瞻性地探索個人應具備哪些核心素養，進而獲得社會興趣、規範、權力關係、社會互動等為基礎的一組社會地位動態組合之社會資本，同時促成成功的個人生活及功能健全的社會（陳伯璋、張新仁、蔡清田、潘慧玲，2007）。因此核心素養與社會情境關係密切，此種複雜社會情境之下的「情境學習」，一方面呼應了複雜理論的重要性（馮朝霖、范信賢、白亦方，2010；Smitherman, 2005），另一方面更可呼應達成「核心素養課程實施教學設計OSCP模式」之「學習目標」，透過「學習情境」布置脈絡，引發學習動機並選擇組織學習經驗；核心素養的教學設計，可透過選擇組織學習內容發展學習方法及活動策略，進而透過統整活動實踐學習表現，進行評量檢核核心素養的學習目標之達成程度。

(二)「內隱機制I」是指個體內部情境之心智運作機制

「內隱機制I」是指個體內部情境的心智運作機制，特別是指個體內部情境的心智運作機制之認知、技能，以及情意等行動的先決條件，這是指「誠於中」內隱不明顯的內在心智或隱藏不可見的潛在運作機制。核心

素養的「內隱機制」是依據核心素養具有「三多元一高一長」的學習理念特質，以及哲學及心理學的理據及其教學原理，是經由激發個體內部情境的心智運作機制之認知、技能、情意等內在結構的行動先決條件，方能成功地因應外部生活情境之下的各種社會場域之複雜任務（Brown, Collins & Duguid, 1989）。核心素養能激發個體內部心智運作機制之認知、技能，以及情意的行動先決條件，這種論點指出核心素養的學習有其深度。此種有關核心素養涉及認知技能，以及情意價值動機等「高階複雜」的心智運作機制，對核心素養的情境學習，相當具有啟發作用。

(三)「外顯行動E」是指個體展現負責任之核心素養行動

「外顯行動E」是指個體的行動是指個體展現「形於外」的負責任之核心素養外顯行動，展現達成核心素養學習目標之學習表現具體行動。「外顯行動」是依據核心素養「三多元一高一長」的理念特質，以及人類學、哲學、社會學及心理學的理據。特別是當個體處理模糊不清與矛盾衝突的立場與行動時，必須慎思熟慮考慮到多面向的各種衝突矛盾不相容的理念邏輯與立場，以及其多面向背後的相互關聯與彼此關係，並採取明智的行動，達成核心素養之學習目標。

「核心素養的SIE學習模式」，有別於以教師教學為主的傳統導向與以學科領域／科目知識學習為主的內容導向，藉由同時強調學習歷程及「學習表現」，並透過兼重思考與行動、理解與應用等高層次認知思考之規劃，讓學生能透過主動探索、體驗、試驗、尋求答案與合作學習，在與周遭人、事、物及環境的互動中尋求關係，並關注如何將所學內容轉化為實踐。特別是核心素養的學習，是「人與生活世界」交織而成的學習歷程與結果，牽涉到「人與自己」的相遇與對話之「自主行動」，也涉及「人與事物」的相遇與對話之「溝通互動」，涉及「人與他人」的相遇與對話之「社會參與」，合乎「自發」、「互動」與「共生」的人類圖像特質，彰顯了「自己」、「人與他者」及「生活世界」等人類倫理系統圖像（馮朝霖、范信賢、白亦方，2011）。

這呼應了「行動者網絡理論」（actor-network theory）重視個人與社會情境組織制度任務之間，存在著種種連結互動的關係（Fenwick & Edwards, 2010），每個行動者的角色、特徵、任務和興趣都不斷地在變

動,課程是存在於某種行動網絡中,持續不斷地建構與開展的動態歷程,這也呼應了動態課程此一概念的主張(楊俊鴻,2018)。尤其是核心素養的學習是透過人與自己、他人、生活世界的事物之關聯及參與互動,包括和自己對話的「自主行動」實踐、認知世界事物的「溝通互動」實踐、與他人對話的「社會參與」實踐。學習必須變成學生自己的分內任務,引導學生進行「自主學習」、「情境學習」、「合作學習」,可將傳統的消極被動、虛假不實、單一個別的學習,翻轉為積極主動、真實情境、團隊合作,以培養「自主行動」、「溝通互動」與「社會參與」之「核心素養」(蔡清田,2019)。這對獲得接觸核心素養的「官方計畫的課程」、「教材支援的課程」、「教學實施課程」之機會通道具有重要的啟發價值,以下加以闡述。

二、獲得接觸核心素養「官方計畫的課程」之機會通道

學生需要先有機會通道,去獲得核心素養之認知、技能與情意態度,學生才能學習獲得核心素養,而且這必須以課程綱要核心素養的「官方計畫的課程」為依據去規劃學校課程計畫的課程方案,以提供各年級學生學習機會,而且除了提供「部定課程」各年級學生學習課程單元之外,而且也須規劃延伸「部定課程」的「校訂課程」,以便在學校內部跨越班級年級與校外學區與社區之間進行學習時,可有效獲得核心素養的學習機會與管道。

三、獲得接觸核心素養「教材支援的課程」之機會通道

學生需要公平合理適當的與相關聯的多元學習機會通道,去接觸適合核心素養「官方計畫的課程」的「部定課程」與「校訂課程」相關學習教材與學習資源等「教材支援的課程」。特別是,學生需要有機會去接觸「核心素養之教材支援的課程」以進行學習,教師要提供機會讓學生在課程當中,學到多元的認知、技能與情意,接觸各種不同核心素養進行多元學習;而且學生也需要有機會去參與社區學習活動,並將社區相關單位視同如一個學習資源,以便學生可以向政府機關或民營事業單位、工商業界、市議會或鄉鎮民代表會等進行多元而適性的學習;學生也需要有多元

的機會通道去接觸企業、公園、商店、社團、圖書館、電腦資訊科技；學生也需要有適當的機會通道去接觸學校內部提供的所有教育服務機會，去接觸有助於核心素養學習的設備（Glatthorn, Bragaw, Dawking & Parker, 1998）。

四、獲得接觸核心素養「教學實施課程」之機會通道

　　學生需要獲得核心素養機會通道，去接觸瞭解學習發展的特性且擁有良好教學方法的教師，以便熟悉教師所要運作的核心素養「教學實施的課程」內容。尤其是教師應當在規劃設計適當的課程與教學的同時，教師也應當發展學生可接觸的核心素養，並經由多種觀點與相關的學科方法，來呈現適當的核心素養教育知識內容，例如：從歷史的、經濟的與文學的觀點來研究臺灣地理、歷史與社會；教師也應當持續地更新學習單元，以包括最新的與修正的學習資料，以及現行的核心素養與適當的教學策略。

　　學生也需要獲得機會通道，去接觸那些願意分享核心素養的知識與技能、和別人一起規劃課程，而且自己繼續終身學習的教師。教師可以參與不同的專業發展經驗，例如：讀書會、協同合作進行課程發展，增進其運作核心素養「教學實施的課程」內容與教學的知識；而且教師也應該願意和相關人員一起工作，例如：家長、教師同事、學科專家、社區成員、工商業人士，參與學生學習經驗及協同合作機會，設計「核心素養之教學實施的課程」，以滿足學生學習需求（蔡清田，2021）。

五、獲得核心素養的「自主學習」時間之機會通道

　　學生需要有效地且彈性地利用「自主學習」時間，以達成核心素養學習目標；學生應將最多的時間用在所從事的核心素養學習目標的學習任務，以呈現能有彈性地與有效地使用時間的學習證據。而且學校課程表的規劃設計，例如：「校訂課程」的彈性學習課程，是圍繞著學習與教學的需要；學習的架構時間、策略與方法等，都是基於學生學習上的個別差異、優點與需求的變項，引導學生進行核心素養的「自主學習」，因此，教師由知識提供者、傳遞者轉為學習促進者、引導者，學生由知識的接受者轉為學習發動者；學生扮演主動參與角色，其主要歷程包括自訂目標、

自主規劃、自我監控調節、自律改善四個可彈性調整的階段。自訂目標階段分為分析需求、設定目標兩步驟；自主規劃階段分為計畫學習、選擇學習資源及選擇學習策略三步驟；自我監控調節階段分為積極實踐、監控歷程兩步驟；自律改善階段分為多元評估、反思修訂步驟（林堂馨，2019）；教師宜在適當時機導入外在事件或宣布加入特殊事件，以進行核心素養「教學實施的課程」，並透過機會教育融入適當課程以有效影響學生學習；教師也可安排協同合作的時間，例如：學生與教師、教師與家長、教師與家庭等之間的合作，以協助核心素養「教學實施的課程」之順利進行，協助學生獲得核心素養「自主學習」時間之機會通道，以進行多元而適性的學習。

六、獲得一個安全的與健康的學習環境之機會通道

學生需要在一個物理上與情緒上安全，與教育上支持的學習環境當中，進行學習，因此，學校應該用心規劃，並且協助獲得一個安全的與健康的學習環境之機會通道（Glatthorn, Bragaw, Dawking & Parker, 1998）。例如：學校教育政策與學習規則，是公平的、眾所周知的，而且是一體通用的，學校環境是無菸害、無藥害的學習環境，工作與學習空間的管理組織良好，是安全環境的指標實例，教師與學長是健康的，而且示範健康的行為舉止，每一個學生獲得機會通道，去接觸具有關懷心的教師與同學，因此，學習的工作任務與課程計畫方案可以安全地進行；而且學習環境是可以調整改變的，以協助所有的學生都可以獲得成功的學習，並累積核心素養「學習獲得的課程」之成果。

特別是與此安全及健康的學習環境之機會相關的是「潛在課程」，這種未預期的課程，是指學生從物理環境、學校政策、學校教育過程當中所獲得的學習。「潛在課程」對於學生的學習，有著可能潛移默化卻強而有力的影響（黃光雄、蔡清田，2017）。儘管學生通常不知道潛在課程的影響，學生卻每天都經驗到潛在課程的影響（蔡清田，2016；Jackson, 1992）。因此，學校教育人員應該基於所知的學習理論，例如：多元智慧、學習型態、語言發展等，努力經營布置安全與健康之學校教育環境，並且用心選擇組織設計合適的核心素養課程實施教學策略，評估學生的需

求，協助學生獲得接觸「核心素養之官方計畫的課程」、「核心素養之教材支援的課程」、「核心素養之教學實施的課程」的機會管道，以及獲得自主學習時間之機會通道，特別是引導學生進行核心素養的「學習獲得的課程」與真實學習。

第三節 核心素養的「學習獲得的課程」與真實學習

本節包括核心素養的學習原理與核心素養的情境學習及真實學習，尤其是核心素養的「情境學習」重視知識能力態度與情境的「真實學習」，核心素養可統整學習內容與學習表現，能兼顧能力導向學習與知識導向學習，可引導學生進行「真實學習」，分述如次：

一、核心素養的學習原理

本節核心素養的「學習獲得的課程」與真實學習，可從「核心素養的SIE學習模式」進一步引申出以下三個學習原理：(一)可透過「學習情境」以激發學生「學習動機」導向「學習目標」；(二)可透過「學習目標」統整知識能力態度呼應核心素養；(三)可透過「學習重點」發展學習活動並統整「學習內容」與「學習表現」，強化練習實踐力行表現，促成學習經驗的類化遷移，展現負責任的核心素養行動表現，以因應社會情境的需要。茲說明如次：

(一)可透過「學習情境」以激發學生「學習動機」導向「學習目標」

「核心素養的SIE學習模式」，強調「情境」對於學習的重要性，這對「核心素養的學習原理」具有啟發作用，尤其是「學習情境」影響教學策略的有效性，是以學校教育人員如能設計優質學習情境，經營良好班級學習氣氛的「情境」，將能引發學生積極學習動機，而且「學習情境」攸關著「誰正在學習？」，以及「情境的什麼人、事、物與核心素養學習相關？」（Paniagua & Istance, 2018）。如果學校教育工作人員能布置適當的「學習情境」，強調在參與動態發展的情境中進行學習，將能引發學生「學習動機」，有助於「學習目標」的達成，這是合乎核心素養的「情

境學習論」，強調透過相關學習活動設計，可引起學生的學習興趣並促進學生的「學習動機」，協助學生獲得認知、技能、情意價值面向上的幸福感，並可讓傳統單調乏味的課堂學習，翻轉變得活潑有趣而能有利於「學習目標」的達成。

　　「核心素養的學習」需要透過學校教育情境規劃，「情境」是學習核心素養的重要脈絡媒介，核心素養必須在人與「情境」脈絡交互作用中培養，核心素養的學習必須發生在有意義的「情境」脈絡之下，透過「情境」學習，才能確保學習者的主動參與，以及獲得適應現在生活的機會（周淑卿、吳璧純、林永豐、張景媛、陳美如，2018）。因此，可透過「學習情境」的分析與設計，布置學習情境脈絡，引發「學習動機」並選擇組織學習經驗導向「學習目標」，特別是安排機會透過學生已經學過的舊經驗連結實際的情境脈絡，布置情境讓學生將舊經驗應用到真實情境之中，強調學生參與情境而進行真實學習，並讓學生體會學以致用，以解決真實社會生活世界中的問題。

(二)可透過「學習目標」統整知識能力態度以呼應核心素養

　　「核心素養」的「學習目標」宜包含知識、能力、態度等面向的統整，可導正過去重知識、重能力、忽略態度之教育偏失，這是建立在前述「核心素養的SIE學習模式」的理論基礎，可整合知識能力與態度，並具體轉化為學習目標，這呼應「強調知識、能力與態度的統整」的核心素養教學原則，強調學習是完整的（Paniagua & Istance, 2018），因此，核心素養的學習能協助個體發展成為一個健全的人，也能因應生活情境需求，統整知識、能力與態度等面向的學習並運用在生活情境。核心素養的學習能促成個體能「誠於中」並「形於外」的負責任行動，目的是引導人發展其進化的主體能動性，經此過程將可培養成具有知識、能力和態度的人（洪詠善、范信賢，2015）。

　　教師可依據《十二年國民基本教育課程綱要》的「核心素養」，具體撰寫特定年級學生能學會的「學習目標」，例如：參考《十二年國民基本教育課程綱要總綱》的「B1符號運用與溝通表達」及「國小教育階段核心素養」的「E-B1具備『聽、說、讀、寫、作』的基本語文素養，並具

有生活所需的基礎數理、肢體及藝術等符號知能，能以同理心應用在生活與人際溝通」，再參考《語文領域課程綱要》國小國語文領域／科目核心素養的「國-E-B1 理解與運用本國語言、文字、肢體等各種訊息，在日常生活中學習體察他人的感受，並給予適當的回應，以達成溝通及互動的目標」，並再撰寫具體轉化成為國語文領域／科目核心素養的國小6年級B1第一條學習目標「國-E6-B1-1能配合語言情境，欣賞不同語言情境中詞句與語態在溝通和表達上的效果」；此一「學習目標」的編碼方式，就是將國小國語文領域／科目核心素養「國-E-B1」的第二碼教育階段補加上年級6編碼，並加上第四碼為流水號(1)成為「國-E6-B1-1」，成為能具體呼應核心素養的「學習目標」，以便進行核心素養「學習目標」導向的教學。

(三)可透過「學習重點」發展學習活動並統整「學習內容」與「學習表現」，呼應「核心素養」的學習理念特質，兼重學習歷程方法與學習結果，強化練習實踐力行表現，促成學習經驗的類化遷移，幫助學生運用「學習內容」去展現「學習表現」以達成核心素養的「學習目標」，以因應社會情境的需要。

依據核心素養的「學習目標」，選擇組織「學習重點」之「學習內容」，進行學習以引導學生展現「學習表現」，以達成核心素養的「學習目標」，如圖6-2能呼應核心素養的「學習表現」與「學習內容」所示，可以呼應核心素養的學習理念特質，而且可以兼重學習歷程方法與學習結果，強化練習實踐力行表現，將能有助促成學習經驗的類化遷移，展現負責任的核心素養行動表現（蔡清田，2020）。一方面，將教科書提供教學材料的相關學科知識內容組織整合成為學科知識結構體系，以呼應領域／科目課程綱要的「學習內容」；另一方面，並能將呼應「學習內容」的教材內容與生活情境統整，轉化成為活潑生動而能觸動激勵學生學習的課堂教學內容，進而引導學生展現出「學習表現」，可配合教學加以實踐以引導學生達成能呼應核心素養的「學習目標」。

§圖6-2 能呼應核心素養的「學習表現」與「學習內容」

　　各領域／科目設計了能呼應核心素養的「領域／科目學習重點」統整「學習表現」與「學習內容」，可以在能呼應核心素養的「學習目標」引導同時，強調學習歷程方法的「學習表現」，讓學生能透過主動探索、體驗、試驗、尋求答案，在與周遭人、事、物及環境的互動中尋求關係，並將所學內容轉化為「學習表現」之實踐。一方面，這呼應了近年來學校教育已由教師為主講授教科書的單向學習，翻轉成為以學生為主；另一方面，由注重教內容，翻轉成為也注重學生「學習表現」的學習歷程方法，並強調轉化實踐行動的知能，活用實踐「學習表現」進行學習評量，以瞭解核心素養「學習目標」的達成程度。

　　這也呼應了前述「核心素養的SIE學習模式」，強調透過學習情境設計，學生可運用過去的學習經驗以支持新的學習，並能有效地回應新情境的任務要求以學習獲得成功生活，在這個如同從已知世界到未知世界之旅程中，學生與新世界相遇，與新的他人相遇；在這個旅程中，學生也與新世界對話，與新的他人對話，與新的自身對話（歐用生，2019；蔡清田，2019），包括和自我對話的「自主行動」、認知世界事物的「溝通互動」、與他人對話的「社會參與」，合乎「自發」、「互動」與「共生」的人類圖像特質，彰顯了「自己」、「人與他者」及「生活世界」等人類倫理系統圖像，這和「自主行動」、「溝通互動」、「社會參與」等核心素養的情境學習有著密切關係。

二、核心素養的「情境學習」與「真實學習」

　　「核心素養的SIE學習模式」之核心素養的學習原理，具有「情境學習」與「真實學習」的意涵，尤其是核心素養的「情境學習」重視「真實

學習」，核心素養的情境學習之學習重點可統整學習內容與學習表現，能兼顧能力導向學習與知識導向學習，可引導學生進行「真實學習」。

特別是核心素養的「情境學習」，強調由傳統的「虛假學習」翻轉為「情境學習」的「真實學習」，這是關於人與萬物的「溝通互動」核心素養之深度學習策略，能促進溝通互動核心素養的深度學習。特別是「溝通互動」的核心素養，呼應新課綱「互動」之基本理念，強調廣泛地運用工具，有效地與人及環境互動。這些工具包括物質工具和社會文化工具，前者如人造物、科技與資訊，後者如語言、文字及數學符號。工具不只是被動的媒介，同時也是人我與環境之間積極互動的管道，這些核心素養之學習，可透過「情境學習」學習社會生活所需要的「符號運用與溝通表達」、「科技資訊與媒體素養」、「藝術涵養與美感素養」等核心素養內涵，這些「溝通互動」的核心素養學習，重視情境脈絡影響教與學策略的適當性與有效性，強調學生參與情境而進行真實學習，並讓學生體會學以致用，以解決真實世界中的問題，讓「學習目標」產生生活情境意義。

因為「情境脈絡」會影響教學策略的有效性，因此，核心素養的教學設計，強調情境化、脈絡化的學習，不只是虛擬情境而是要從真實情境當中思考教學問題，連結真實情境脈絡，讓學生對學習產生真實情境的學習意義理解，特別強調在經過設計的真實情境中，就如同要身歷其境能在真實實地情境的「實境學習」，因此，學校教育人員可透過「學習情境」布置導向「學習目標」的學習情境，以引發「學習動機」並選擇組織學習經驗導向「學習目標」，否則就只是「膚淺學習」或「淺層學習」，而不是「真正學習」或「真實學習」，如同沒有「蛋」的蛋餅，沒有「蚵」的蚵仔煎，沒有「牛肉」的牛肉湯麵（蔡清田，2020）。

十二年國教課程改革重視「核心素養」的情境學習，強調由傳統的「虛假學習」，翻轉為「情境學習」的「真實學習」，不僅強調以學生作為學習主體及師生互動參與，同時重視「領域／科目核心素養」，透過「學習重點」的課程設計，統整「學習內容」與「學習表現」，兼顧能力導向學習與知識導向學習，並且配合學生認知結構發展，因應學生由國小到國中、高中的認知技能情意之階段發展過程；而且延續「跨領域／科目」課程統整的特色，活化教學現場，除了引導學生學習學科知識之外，也要強調轉化實踐行動的知能，培養學生因應生活所需的「跨學科領域」

的核心素養。

就「核心素養」的學習策略而言，強調由傳統應試教育的「淺層學習」或「虛假學習」，翻轉為在實地情境進行「實境學習」及「真實學習」，聚焦真實情境的問題解決；「情境學習」的「真實學習」，強調個體要學習到有意義的知識，這種知識必須來自學習者所處的情境當中，而不是無關的情境而來（Brown, Collins & Duguid, 1989）。是以「核心素養的學習策略」，強調在經過設計的真實情境學習統整知識、能力、態度，並引導學生後設學習，知道學習什麼、如何學習、為何學習（蔡清田，2016），核心素養會因學習經驗、教學指導而不斷發展，並且重視學習情境，以增進學習者與生活情境的互動，進而形成交互作用動態互動的論點，如果學校教育工作人員能布置適當學習情境，強調在參與動態發展的「情境」中進行學習，將能引發學生學習動機，有助於「學習目標」的達成，這是合乎核心素養理論基礎教學原理與「核心素養的SIE學習模式」之學習原理，而且呼應了「情境學習」的重要性，強調透過參與式與體驗式的學習活動（楊俊鴻，2018），以強化學生核心素養的發展。

核心素養的「情境學習」，需要從真實生活情境論點，採「問題本位學習」（problem-based learning）或「專題本位學習」（project-based learning）等方式進行，即創發一個能引發學生討論或有興趣的問題或專題的真實任務來導引學生進行學習，特別是針對生活情境當中真實問題或專題的探究過程，規劃和實施以解決問題或完成專題任務之學習過程（洪詠善、范信賢，2015），透過「情境學習」讓學習與生活連結，培養學生自主行動和社會參與的核心素養，並真正的將學習與真實世界連結。

(一)核心素養的「情境學習」重視學生學習承擔責任的「真實學習」

核心素養的「情境學習」重視學生學習承擔責任的「真實學習」，並培養學生能將所學的核心素養應用在生活情境中，因此核心素養能協助個體發展成為一個健全的人，也能因應生活情境需求。核心素養能促進個人在多元的情境或社會中更有效能的參與，並且增進個人成功的生活及健全社會發展。核心素養的情境學習，可引導學生主動地與周遭人、事、物及環境的互動中觀察現象、尋求關係及解決問題，並落實於「真實學習」

之中。教師在實施「真實學習」時，宜強調學生承擔「真實學習」責任，可以參考表6-2「真實學習」的學生責任（Glatthorn, Bragaw, Dawking & Parker, 1998: 76）。

§表6-2 「真實學習」的學生責任

※經由學習經驗
・學生協助促成環境使其能有助於學習。
・學生掌握了學習焦點，並且受到激勵去進行學習。
・學生監控自己的學習，反省自己的學習歷程，敏於感知自己的所學。
・學生和教師與其他學習者共同合作。
・學生常提醒自己的實作表現任務會被評量。
・學生重視學習：學生對學習有感情，並發展出積極的意義。

※學生學習時採取如下的步驟
・學生擬定一個有意義的核心素養「學習目標」。
・學生藉由活化先前的核心素養，溫故知新。
・學生建立漸進的核心素養「學習目標」。
・學生會將它加以組織。
・學生會向自己解釋並產生自己的意義。
・學生會將它畫成圖像。
・學生會將它融入已知的知識能力，並將知識能力重新再概念化。
・學生會用精緻的方式來溝通自己的新知能、討論概念與分享理念。
・學生能以詳細的內容與舉例說明的方式進行寫作。
・學生能以圖像、圖表或模式來呈現核心素養「學習目標」。
・學生能利用隱喻與譬喻。
・學生學習獲得並應用一種學習策略。
・學生利用該項核心素養與策略，和別人合作，以解決有意義的問題。
・學生會評鑑自己的解答問題方式。
・學生會展現並分享自己所學的核心素養。

　　首先，教師宜強調「真實學習」的重點，是強調學習的重要性，而且學生是學習最優先考量的重要事項。「真實學習」將焦點集中於學生學習之上，並且激勵學生自己去完成學習任務。學生持續監控自己的學習歷程，並且隨時留意「真實學習」的實作「學習表現」。「真實學習」的學習者是以一個有意義的核心素養「學習目標」作為開端，進而彈性地進行

學習歷程，學習者會活化先前知識，以積極態度來獲得新知，以自己的策略來組織新知，並建構意義。在真實學習過程中，學生可能用了有效解決問題的學習策略。「真實學習」的最後歷程是提出結論，例如：解決社會情境中的一個問題、評鑑解決問題的方法、溝通並展現所獲的知識（Glatthorn, Bragaw, Dawking & Parker, 1998）。

(二)核心素養的情境學習之學習重點可統整學習內容與學習表現，能兼顧能力導向學習與知識導向學習，可引導學生進行「真實學習」

「核心素養」的「情境學習」之「學習重點」可統整「學習表現」與「學習內容」，可引導學生進行「真實學習」，尤其是十二年國民基本教育課綱重視「核心素養」的學習包含「學習表現」與「學習內容」，可以兼顧能力導向學習與知識導向學習，這呼應了近年來學校教育已由教師為主講授教科書的單向學習，轉變為以學生為主，由注重教「學習內容」，轉變為也注重學生的學習歷程及方法（洪詠善、范信賢，2015）。「核心素養」的學習，不僅強調以學生作為學習的主體及師生互動參與，同時重視統整知識能力與態度，並配合學生認知結構發展，因應學生由國小到國中、高中的認知技能情意之教育階段發展過程，循序漸進地引導學生學習因應生活所需的核心素養（蔡清田，2018）。

因此，各領域／科目的教材開發、教學活動設計，可將十二年國教各領域科目「學習重點」具體轉化為學年學期的「學習目標」（蔡清田、陳伯璋、陳延興、林永豐、盧美貴、李文富、方德隆、陳聖謨、楊俊鴻、高新建、李懿芳、范信賢，2013），特別是可參考各學習階段「學習重點」，具體轉化成為各學年學期的「學習目標」，必要時可再分學期設計具體轉化成為該「領域／科目」的學期「學習目標」，統整該「領域／科目」的學期「學習內容」與「學習表現」，以及各單元主題的「學習目標」，引導學生達成核心素養的「學習目標」，同時強調該領域／科目的認知（知識）、技能（能力）及情意（態度）之「學習表現」與「學習內容」，如表6-3呼應健體-E-A1領綱核心素養的學習目標與學習重點示例，說明如次。

§表6-3　呼應健體-E-A1領綱核心素養的學習目標與學習重點示例

呼應健體-E-A1領綱核心素養的各單元學習重點與學習目標		
單元名稱	學習重點	學習目標
單元一 單元名稱	學習表現	1a-III-3理解促進健康生活的方法、資源與規範。	健體-E5-A1-1理解促進健康的飲食原則。
	學習內容	Ea-III-2兒童及青少年飲食問題與健康影響。	
單元二 單元名稱	學習表現	2a-III-2覺知健康問題所造成的威脅感與嚴重性。	健體-E5-A1-2關注兒童及青少年的飲食問題，覺察不良飲食行為對健康所造成的威脅。
	學習內容	Ea-III-2兒童及青少年飲食問題與健康影響。	

　　各領域／科目的「學習重點」具有引導學生學習核心素養的功能，而且透過「學習重點」可引導學生進行核心素養的學習，透過「學習重點」可以引導學生專心於呼應核心素養的「學習內容」與「學習表現」，可引導學生循序漸進學習獲得核心素養（國家教育研究院，2014b）。以核心素養的「學習重點」可以引導學生關注知識能力、情意及態度的培養，並關注在如何將所學內容轉化為實踐性的智慧，鼓勵主動積極學習，並落實於生活中，以適應並參與社會生活。

(三)核心素養的情境學習可透過「學習重點」呼應「領域／科目核心素養」

　　核心素養的情境學習可透過「學習重點」呼應「領域／科目核心素養」，特別是學習重點係由該領域／科目理念、目標與特性發展而來，透過「學習表現」及「學習內容」呼應並扣緊領域／科目核心素養。「學習重點」能展現該領域／科目的具體內涵，並能呼應該領域／科目核心素養的呈現（國家教育研究院，2014b）。值得注意的是，「學習表現」與「學習內容」至少可以「一對一」對照的方式呈現，如此才能進一步連結領域／科目核心素養與學習重點之間的關係。如果只有「學習表現」而沒有「學習內容」、或沒有「學習表現」而只有「學習內容」、或「學習表現」與「學習內容」分屬不同學習階段等，皆是不恰當的。特別是「學習

重點」係依各教育階段、各領域／科目之內涵進行發展，由各領域／科目的「學習表現」與「學習內容」兩個向度所組成，用以引導學生進行「核心素養之學習獲得的課程」之學習。

第四節 引導學生透過學習機會與通道進行真實學習

「真實學習」（authentic learning），是學生根據所面臨的情境需要、問題、機會、自主特質、個人興趣等所選擇的實際學習，亦即學生真正學習獲得的課程。特別是教師可引導學生進行真實的學習，協助學生轉變成能就自我處境思考的人，並引導其進行真實的學習。

一、真實學習的本質

「真實學習」，不是淺層學習，而是主動建構知能情意的深層學習，學生學習承擔任務，以便展現能在情境中解決問題的「學習表現」（learning performance）；而淺層學習，則可能只是為了獲得良好的考試成績，獲得應試的零星記憶之表面淺層知識。

就「真實學習」之「學習表現」的「實作表現任務」（performance task）而言，以核心素養為依據的「真實學習」課程單元之規劃過程第一步驟，是去分析核心素養「學習表現」的「實作表現任務」，並且用心掌握「真實學習」的本質。就分析核心素養的「真實學習」而言，例如：以小學6年級自然科學為例，其課程目標之一可能是：「瞭解能源及其與熱和溫度之間的關係」。根據上述課程目標所衍生出的核心素養學習重點學習目標可能是：1.知道熱是一種能源的形式。2.界定「熱」與「溫度」，並釐清其差異。3.解釋熱與質量之間的關係。4.解釋熱如何移動：傳導、對流、輻射。5.知道熱的來源。6.知道熱可以被保留，包括利用絕緣體（Kendall & Marzano, 1996）。

根據上述的課程目標，課程小組的教師團隊，可以設計出如下的真實學習之核心素養學習目標之「學習表現」的實作表現任務（Glatthorn, Bragaw, Dawking & Parker, 1998），例如：1.學生的真實學習的「學習表現」之實作表現任務，乃是要編輯設計完成一本小書，以解釋如何在冬

天生存過活，並說明如何透過保持暖和而身體健康。除了提供可靠的建議之外，也要經由自己的實驗而提供支持的科學證據。2.個別的學習表現之實作表現任務：記錄並保留一份科學札記，以記錄學生自己如何透過此一學習領域的課程單元而瞭解熱能的改變，也包括學生自己的科學實驗結果（Posner & Rudnitsky, 2001）。是以真實學習透過學習經驗，學習者促成一個支持情境的教室環境氣氛，將焦點集中於學生學習之上，並且激勵學生自己去完成學習任務，以及師生與同儕之間的合作，在討論真實學習時，教師應該強調師生雙方的共同責任，可以參考表6-4真實學習的教師責任（Glatthorn, Bragaw, Dawking & Parker, 1998）。

§表6-4　真實學習的教師責任

※教師透過學習經驗
・會將反思與深度思考，加以模組化，並監控其學習。
・協助讓環境有助於學習。
・提供學生適時所需的鷹架架構。
・協助學生運用學習經驗中的步驟。
・發展並利用真實學習的實作表現任務，以評量學生的學習。
・歡迎並利用學生針對教與學的經驗，提出的回饋。
・敏於並適切地回應學習的情意面向。

二、真實學習的注意事項

　　真實學習的學習者是以一個有意義的學習任務作為開端，例如：嘉義大學附設實驗小學六年級學生，便以「規劃自己班級的畢業旅行」作為真實學習的學習任務，透過承擔規劃畢業旅行真實學習的「實作表現任務」，真實學習的學習者會活化他們的先前知識能力與態度，以學習獲得核心素養的學習目標。更重要地，學生以「積極態度」努力學習蒐集整理分析相關資料以獲得新知，學習者會以團隊合作的策略來規劃協調、對話反思、討論互動，承擔個人與團體的學習任務，而且積極負責地進行個人學習與團隊學習，共同合作積極建構意義並畫成創意圖像，進而「認真報告分享經驗成果」，展現核心素養學習目標的學習任務之學習表現。真實學習重視學生承擔學習任務的學習結果，真實學習是一種努力的學習、真

實學習必須要有獲得新知並應用新知、真實學習必須要有反思對話、真實
學習不只是活動而已，真實學習必須要有回饋、真實學習是情意的，也是
認知的，呼應了本章前述核心素養理念特質，以及「核心素養的SIE學習
模式」，真實學習具備知識能力與態度的多元面向學習原理。

　　特別是根據核心素養特質與真實學習的原理，可歸納提出下列注意事
項，供學校教師參考引導學生進行真實學習，重視學生承擔學習任務的真
實學習結果。

(一)真實學習是一種努力的學習

　　儘管真實學習可透過合作進行學習，真實學習應關注個別學生的學習
成就（Paniagua & Istance, 2018）。

1. 教師可將學生小組學習的「實作表現任務」加以結構化，讓組內每一
　位成員都有要完成的實作表現任務，並透過同儕壓力，以確保每一個
　組員的實作表現任務都能完成（Glatthorn, Bragaw, Dawking & Parker,
　1998）。
2. 教師應該密切地監控學生小組學習的實作表現，以觀察是否所有學生
　小組成員，皆主動積極進行真實學習的實作表現任務。他們可以如同
　合作學習，計算小組總分及個人平均分數。
3. 教師可以發展結構化的系統，以協助合作小組的成員評鑑彼此的貢
　獻。

(二)真實學習必須要有獲得新知並應用新知

　　此一原則指出當學生能接觸新知，並應用新知去擴展、取代與深化現
有知識時，才可能產生真實學習（Paniagua & Istance, 2018）。

1. 指出課程方案當中的必要知識，將焦點集中於有助瞭解重要學科知識
　的概念與歷程。
2. 確保其評量具有堅實的知識根據，特別是在課程單元設計與結構的過
　程中，要包括知識的獲得，協助學生獲得管道以接觸新知，避免以教
　師講述作為唯一的教學方式。
3. 最後，在整個課程單元學習過程中，監控學生對新知的瞭解。

(三)真實學習必須要有反思對話

此一原則指出，真實學習的反思與討論的兩個相關成分。針對經驗進行反省，以加深思考的深度，可以獲得最佳的學習。而且個別的看法，有需要透過團體對話進行經驗與分享（Trilling & Fadel, 2009）。

1. 進行教學，有系統、有組織地進行反省，藉由放聲思考與強調反省的重要性。
2. 在全班討論時，放慢速度並增加「待答時間」。在提問之後，至少等待3秒，再要求學生回答。
3. 在探究複雜問題時，要求學生進行個別反省，之後再進行小組或全班討論。如果學生寫下複雜問題的答案，會更有幫助，因為此一寫作歷程會協助學生，將知識提升到意識層次，並且察覺到他們的知識。
4. 教學生如何透過小組進行反省，如輪流反省、主動積極聆聽、分享理念、開放地面對建議性的差異、從施捨中獲得學習。

(四)真實學習不只是活動而已，真實學習必須要有回饋

許多教師熱中於活動，卻可能要求學生從事無關於核心素養學習目標的活動。教師可以不同方式運用真實學習的原則，例如：在設計課程單元時，強調學習結果而非活動；在規劃個別課題時，確保每一個經過規劃的活動，是和課程目標相關的；在進行課題教學時，彈性運作並隨時關注核心素養學習目標，並且清楚而明確地向學生說明每一個教學活動的學習目標（Paniagua & Istance, 2018）。

真實學習必須要有回饋，回饋的來源包括學生自己、教師、家長、同儕、電腦、外部專家、考試。教師應善用客觀而有建設性的正面與負面回饋，如果回饋具有下述特徵，則更容易促成真實學習：

1. 適時的回饋，最好是在實作表現任務之後，儘快提供回饋。
2. 回饋是客觀的，基於明確的規準與特定的證據。
3. 回饋是多重的，而且有不同的來源。
4. 回饋是建設性的，同時強調優點與有待改進之處。

(五)真實學習是情意的，也是認知的

過去由於升學壓力重視考試分數的績效，使得情意教育往往受到忽略。事實上，情意可能比認知還要重要（Brown, Collins & Duguid, 1989）。因此，教師應花時間去激勵學生學習動機，強調學習經驗的意義；教師應敏於察覺學生的情感，教師應認知到許多學生對於學校教育、考試與所學的科目具有負面態度的此種事實；教師應建立正面而積極的態度，而讓學生有機會獲得努力之後的成功；教師本身展現正面而積極的態度，並表現出關心學生並重視自己的教學；教師應瞭解學生所真正學習得到的「學習獲得的課程」，總是多於「考試評量的課程」之測驗所評量到的部分，儘管是最佳的實際工作表現任務評量或實作評量，也只能測量到學生所學習到的部分內容，而且有時沒有被評量考試評量出來的，可能是最重要的目標，例如：培養積極的學習態度、或勇於解決問題。是以「評量考試的課程」或「學習獲得的課程」之評量，實有其重要性，因此，「核心素養之官方計畫的課程」，可能影響了「核心素養之教學實施的課程」與「核心素養之學習獲得的課程」，但「核心素養之官方計畫的課程」是否也影響了「核心素養之評量考試的課程」？下一章將就此進一步加以探究。

第七章

核心素養之評量考試的課程

　　我國十二年國教新課綱是否影響了「評量考試的課程」（assessed/tested curriculum）（Carr & Harris, 2001）？「評量考試的課程」是指出現於評量考試測驗當中的課程（黃光雄、蔡清田，2017；黃嘉雄，2021；Khine, 2020），例如：我國國民中學教育會考、大學學科能力測驗及指定考試分科測驗等升學考試、學校定期評量、平時評量，又如美國各州的測驗、地方學區的測驗與教師自編的測驗（Armstrong, 2003），都是「評量考試的課程」或稱「評量的課程」（assessed curriculum）、「考試的課程」、「測驗的課程」、「測得的課程」（tested curriculum）（Glatthorn, Jailall & Jailall, 2017; Manalo, 2020）。

　　因應十二年國教新課綱，我國國中教育會考、大學學測及指考分科測驗皆有素養試題是以生活情境問題為主，評量試題閱讀量高，用以描述問題情境配合圖表或數據資料，不僅評量學科知識內容，更評量到由學科知識延伸出來對知識概念判斷應用生活問題解決（謝名娟、程峻，2021）。同樣地，為確保師資生具備《中華民國教師專業素養指引—師資職前教育階段暨師資職前教育課程基準》之五大素養及十七項專業素養指標，自2021年起教師資格檢定考試也配合修訂實施素養導向之評量內容（洪仁進、曾建銘，2020）。因此，本章包括第一節從「學習獲得的課程」到「評量考試的課程」，討論有關「學習獲得的課程」之評量，第二節「評量考試的課程」的核心素養評量理念模式，第三節「評量考試的課程」的核心素養真實學習評量，第四節「評量考試的課程」的核心素養學習評量報告。

第一節　從「學習獲得的課程」到「評量考試的課程」

　　學生在學校接受教師實施教學的課程，並經由各種考試評量以瞭解學習成效，而且家長與地方首長，往往會要求學生要有好的考試成績，且學生也經常在各種場合表現關心「考試會不會考這個」？可見學生受到「評量考試的課程」之影響相當大，因此，有必要探究「評量考試的課程」之目的。

一、「評量考試的課程」之目的

　　藉由「評量考試的課程」，一方面可瞭解學生「學習獲得的課程」之學習成果；另一方面透過「評量考試的課程」，瞭解學生學習成果，可改進學生學習成效。

(一)「評量考試的課程」可瞭解學生「學習獲得的課程」之學習成果

　　就「評量考試的課程」之功能而言，透過評量提供訊息，瞭解學生「學習獲得的課程」之學習成果。一方面，評量是課程教學當中的一個重要部分，宜運用多元的評量，評量學生「學習獲得的課程」之學習成果。評量可以兼採質化與量化的探究形式去獲得資料，如學生檔案、學生訪談、教師團體焦點訪談、師生日誌與札記、現場觀察、學生出席紀錄、學校氣氛量表與學生成就測驗，這些不同的資料，可組合成為「評量考試的課程」的評量圖像（蔡清田，2020）。Stiggins（1987）指出可用來登錄成績的方式有：檢核表、等第量表、事後軼事記錄、檔案、錄影帶等，配合評量的目的反映學生的學習狀態。另一方面，可根據評量進行教學與學習環境的調整，例如：English（1992）強調課程與評量之間的落差，可經由「前置」與「後置」來達成連貫；「前置」是指先發展課程，再尋求可配合的評量；「後置」則是先發展評量，再發展課程，可落實課程、教學、學習、評量的連貫統整。

　　應注意「評量考試的課程」的評量時機，可藉由評量學生的起點，作為擬定學校課程計畫與教學單元設計之依據；可評量學生學習歷程，及

時發現學習困難，進行補救教學；而且評量學生「學習獲得的課程」之結果，可針對學生的不足之處，加以輔導修正；甚至全班評量結果的共同錯誤，可能反映教師本身「教學實施的課程」之疏失，並可據以改進；而且全校性或全國性的「評量考試的課程」之評量結果，則可能反映「官方計畫的課程」之問題，可作為未來修訂參考。

(二)「評量考試的課程」可以瞭解學生是否能達到核心素養學習重點要求

　　因應十二年國教新課綱強調核心素養，「評量考試的課程」的評量成果報告，可以協助學生獲得有關達成核心素養的回饋資料情報；教師應利用「評量考試的課程」之資料情報，以提升教學品質，並改進「學習獲得的課程」。例如：吳正新（2020）建議可採「蒐集並彙整情境相關的資訊」、「找出情境中可能會問的問題」、「問題背後數學概念的確認」、「題型的選擇」等四步驟，研發素養導向試題；國家教育研究院（2019）也強調核心素養導向評量意味著期望透過適當的評量實務，引導並落實能夠培養學生核心素養的課程與教學。其學習評量有兩大要素：1.布題強調真實的情境與真實的問題：以往測驗多著墨於知識和理解層次的評量，核心素養導向則較強調應用知識與技能解決真實情境脈絡中的問題。2.評量強調總綱核心素養或領域／科目核心素養、學科特質及「學習重點」的「學習內容」與「學習表現」。是以教師可依據教材內容、教學目標與相關核心素養學習重點，訂定「評量考試的課程」之「評量規準」（criteria）之「評量基準尺規」（rubrics），以瞭解學生是否能學到核心素養學習重點（Wiggins, 1989）。

　　就「評量考試的課程」之內容分析而言，同一學年或同一學科領域的教師團隊，可列出一份該學科領域的年級層次必須精熟的核心素養學習重點之清單，該學科領域教師，應可進而指出哪些必須精熟的核心素養學習重點，可能被當作「評量考試的課程」之評量項目。在此過程中，該學科領域教師，可分析政府與學校辦理的評量考試之內容，該學科領域教師，可充分運用評量考試內容之說明，以及先前的考古題庫作為參考（Glatthorn, Carr & Harris, 2001）。

(三)宜考量「評量考試的課程」之各種不同的「評量規準」

教師在運用「評量考試的課程」時，可使用不同「評量規準」提供學生學習回饋。「評量規準」是評量當中非常重要「項目內容」的預期品質。一般而言，可分為作品、過程與進步的「評量規準」，如表7-1評量規準實例（Guskey, 2001）。

§表7-1 「評量考試的課程」之評量規準舉例

基準尺規 評量規準	優	甲	乙	丙	丁
作品的					
過程的					
進步的					
其他的					
總分（成績）					

1. 作品的評量規準，是指與學生特定學習成就或學習表現水準有關「學習獲得的課程」之評量規準，可根據學生作品，評量學生的知識與並會做什麼事的能力。例如：教師往往利用報告、專案、檔案等作品的評量規準，來評定學生「學習獲得的課程」之表現成績。
2. 過程的評量規準，是指學生如何完成學習的過程。例如：教師可能認為學生的努力情形、在班級上的表現行為、學習的相關工作習慣等都是過程的評量規準，因此，平常表現、課堂小考、家庭作業、課堂參與、準時交作業或出席率等，都是過程評量規準。
3. 進步的評量規準，是指學生實際從學習經驗中得到進步的規準，包括學習收穫、成績改進、附加價值的成績及教育成長等。例如：教師往往利用進步的評量規準，去審視學生學習到目前已進步多少。有的教師則是以學生的「學習潛能」之特定語詞，來說明判斷學生的收穫進步，因此，學生在「學習獲得的課程」方面的進步情形之評量規準，往往是根據個別學生而有差異。

二、「評量考試的課程」之單元學習評量

　　「評量考試的課程」之一種評量方式，就是分析單元學習成果的評量。有些教師根據所使用學習內容，一個單元接著一個單元，發展出「評量考試的課程」之單元學習評量，並呼應其核心素養學習重點。因此，教師是可運用下列程序，進行「評量考試的課程」之單元學習評量：(一)列出「評量考試的課程」之學生對象與主要單元內容項目的對照表。而且表上邊列出「評量考試的課程」之主要單元內容項目，例如：以下是一位教師就「三國時代」這個單元評量進行分析：如戰爭的原因、參戰的地方範圍、主要的戰役和結果、戰爭中扮演關鍵角色的重要人物、戰爭的結果和影響；表左邊則由上而下列出班上所有學生的名字，如表7-2「三國時代」課程單元的評量對照表。(二)在表上記下每位學生在單元中每一部分的學習表現，並使用下列符號表示：「優」：優異的表現、「良」：滿意的表現、「中」：不滿意的表現。(三)分析結果，檢視兩個面向包括對象學生、學生學習的單元內容。(四)根據上述「評量考試的課程」之主要單元內容學習表現分析，再進行後續教學。

§表7-2　「三國時代」課程單元的評量對照表

學生 ＼ 內容項目	戰爭的原因	參戰地方範圍	主要的戰役	戰爭中關鍵角色人物	戰爭的結果和影響
王○如	優	優	優	優	優
郭○育	優	優	優	優	良
黃○德	優	優	優	優	良
鄭○均	優	優	優	良	中
董○霞	優	優	優	良	良

教師可參考下列流程設計「評量考試的課程」（Nitko, 1983）：

第一個步驟，是評估某種評量的限制與其可用資源。這個步驟旨在評估某些「評量考試的課程」之實用性。例如：哪些因素會使評量的功能受到限制？哪些相關資源可供教師用來規劃「評量考試的課程」？

第二個步驟，是分析課程單元內容，Berliner（1987）建議教師使用雙向細目表來進行課程單元分析，細目表的左邊列出了課程單元的內容。舉例而言，某課程單元的內容是「三國時代」，則其要項包括：戰爭的原因、戰爭中各地方的結盟、三國時代中的重要戰役、戰爭中的關鍵人物，以及戰爭的結果；而在細目表的上邊，則分類列出期望學生表現的學習行為結果。然後，教師就可以使用這個矩陣來選擇「評量考試的課程」之評量內容要項，是以一邊是關鍵性的人物，另一邊是期望行為，則兩邊交叉所形成的課程單元評量要項便可能是：評量「諸葛亮」和「司馬懿」兩位英雄人物在「三國時代」的事蹟。

第三個步驟是要決定哪些課程單元要納入「評量考試的課程」之評量當中，教師不一定評量全部課程單元內容，而可從實際教學單元中，選擇評量項目。當然，課程單元分析表中所列的學習內容要項，應該是教師認為重要的評量項目。

第四個步驟是決定評量施測的單元目標之重要程度，其目的可協助教師準備「評量考試的課程」之課程單元評量，幫助學生有效分配時間，並且協助教師發揮課程單元評量的功效。而就表示課程單元目標的重要程度而言，最容易的方式，就是使用百分比來表示課程單元目標的重要程度。

第五個步驟是寫下課程單元的評量題目，此時就要用到所蒐集的資訊。教師首先選擇符合各個單元目標的評量問題類型，並兼顧其效度及實用性，以瞭解哪一種評量類型的試題最能有效地評量單元學習概況？一般而言，評量課程單元的選擇方式可能包括：問答、填充、解釋、是非、配合題、多重選擇、實作或演練。

第六個步驟，是綜合各類型的評量題材，編擬出「評量考試的課程」之單元內容並撰寫評量考試測驗說明。在編擬評量課程單元的過程中，教師對於問題如何編排和組合，有許多的選擇方式。教師可以依據課程單元內容來組織試題，教師也可以按照課程單元的具體目標來命題，因此，必須蒐集所有知識理解方面的內容。Bloom、Hastings和Madaus

（1971）認為，當評量的要項與上述的內容和行為的組成方式頗為類似時，其編排最好是依照其困難程度，由易而難來組織評量的試題。

第七個步驟，是敘寫明確的課程單元評量之說明。評量必須使用學生能夠閱讀和理解的用詞，而且應該撰寫詳細說明，而不是仰賴口頭上的解釋。定案之前，應該請同仁審視評量，並將可能發生的問題提出來討論，好好地檢視課程單元評量的說明是否清楚，並就檢視結果加以評估，以決定課程單元評量應答時間和說明的清晰程度。

三、評量學生在課堂上的「評量考試的課程」

就學生在每堂課的「評量考試的課程」之評估而言，教師應將「評量考試的課程」之評量視為重要工作。評量是教學的必要項目，以便瞭解「教學實施的課程」與「學習獲得的課程」之效果。

首先，在教學進行之初，可實施簡短的口頭或紙筆測驗，以瞭解學生在先前課程中所習得的內容表現。如果採用紙筆測驗，可請學生自行檢視，或是由同學相互檢查，讓學生瞭解測驗目的旨在增進學生本身的學習成效（Berliner, 1987）。

其次，當教師在講解一種概念或能力時，可隨時觀察學生行為表現，以監督其專注程度。特別留意的是，絕對不要被學生埋首作業或積極參與活動的外在表面現象所矇騙，因為學生可能善於表面掩飾，隱瞞其內心在不專心的敷衍情形。

再次，當教師解釋一個概念或示範一種技能之後，要確認學生是否已經理解。如果教師指派作業要學生在座位上完成，或是要學生分組來完成作業，那就要密切地監督指導學生工作情形。誠如上述，學生必須自行負責，善加利用這段時間。而最簡單的方式就是提出一些問題來問學生，或是對於不願回答或不會回答的學生，就請全班學生一起回答，但不要只是找那些自願回答的學生。教師可以要求中、低程度學生在回答時，請學生使用先前約定好的手勢來表示，例如：「大姆指向上、大姆指向下」或是「第一個答案正確就豎起一根手指，第二個答案正確就豎起兩根手指」（Glatthorn, 2000: 127）。此外，教師有時候也可以詢問學生，要求學生寫下簡短回答，或是對於一種概念的理解，扼要地敘寫以評量學生的學習

情形。一般而言，類似的紙筆回應方式，可協助學生釐清相關的概念，並且可獲得實質回饋。最後，教師可就學生所學內容，實施簡要評量，以結束該課程單元的學習。

「評量考試的課程」之評量旨在改善學生學習，「評量考試的課程」之評量後，理應有適當回饋，可協助學生並提供必要支援。使用「評量考試的課程」之評量可修正「教學實施的課程」之教學活動，以提升學生「學習獲得的課程」之成果。如果大部分的學生都無法瞭解教師對某一個概念的解釋，則教師就須重新運作「教學實施的課程」再度教一遍或修正教學過程。最後，教師要盡可能地提供機會實施學生自評，也可使用特定的評量測驗試卷，將正確的答案蓋起來，再讓學生來回答。

四、學生的學習檔案評量

學生的學習檔案，是一種有目的而統整的學生學習成果輯，以顯示學生在某一方面的進步與成就。學生學習檔案評量也是十二年國教新課綱核心素養導向評量的趨勢（謝名娟、程峻，2021），學生學習檔案評量，是每一位學生蒐集評量資料的彙編。因此，學生學習檔案，可包括一些可隨著時間進展，而強調追蹤學生表現出合乎核心素養學習重點的進步資料。

此種學生的學習檔案，可勾勒出學生學習表現的圖像，而且又可充實學習獲得的課程之評量中所顯示的班級評量結果。此種學生的學習檔案評量，可將學生在合乎指定核心素養學習重點上的進展情形，告知家長、教師與學生。學生的學習檔案可包括指定的評量，以年級與課程內容均衡分配方式，來評量所指定的核心素養學習重點。學生的學習檔案，可用來檢視長時間以來的學校課程計畫與教學方案效能，以及學生在達成核心素養學習重點方面的進步。例如：表7-3「評量考試的課程」之學生學習檔案評量實例，顯示學校可決定經由核心素養學習重點（正確閱讀），以發展學生學習檔案評量（修改自Carr & Harris, 2001: 31）。

§表7-3 「評量考試的課程」之學生學習檔案評量實例

可能包括在學生學習檔案中的核心素養學習重點	可能的學習評量檔案	其他評量／建議
溝通 1.2（正確閱讀）學生閱讀該年級教材時，有90%正確率，並能明確表達其意義。	語言 ・口語閱讀流暢評分指引—3年級 ・第二級Vermont閱讀發展評量 ・Vermont, Herman, Trubisz小學低年級與2-4文字素養溝通量表 ・K-4德州小學閱讀量表 科學 ・9-12全州考試科學檔案（Golder State Exam Science Portfolio） 社會學習領域 ・5-8、9-12Vermont歷史專案 ・K-12河濱實作評量系列（Riverside Performance Assessment Series）	

　　學校課程發展委員會可利用「核心素養之評量考試的課程」評量檢核表，以挑選高品質的學生學習檔案。此種「核心素養之評量考試的課程」之評量檢核表，可以提供有關核心素養學習評量工具的檔案。最後，還可以將此檔案，區分為不同學習領域、不同年級或學習階段水準的區塊，並作為每一位學生在不同年級的評量資料格式，以便於進行追蹤。甚至學校也可以將這些評量資料格式置於學校網路上，以便簡化書寫記錄，不僅可以節省時間，更可以便捷的管道為教育人員提供服務。例如：表7-4可以提供有關小學4年級的語文核心素養學習重點的評量檔案檢核表之參考（Carr & Harris, 2001: 33）。

§表7-4 以核心素養學習重點為主的學習評量檢核清單

此一核心素養學習重點為主的學習評量檢核清單，可以用來發展「評量考試的課程」的學生評量檔案，也可用來發展一個更完整的評量指引之參考。

結果成效
□該「評量考試的課程」之評量，是否合乎課綱的素養導向教學？
□該「評量考試的課程」之評量，是否合乎核心素養學習重點？

公平性

☐ 該「評量考試的課程」之評量，是否適合於所設計的年級水準？

☐ 該「評量考試的課程」之評量，是否提供充分的時間讓學生完成，反應出學生的能力而非應考技巧？

☐ 該「評量考試的課程」之評量，是否提供適當機會，讓學生在教室教學過程中去應用他們已經學習的知識與能力？

☐ 該「評量考試的課程」之評量，是否能避免文化、種族與性別的刻板印象？

☐ 該「評量考試的課程」之評量，是否應用了一種沒有偏見的評量計分過程？

☐ 該「評量考試的課程」之評量，是否能評量學生的知識與能力？

☐ 該「評量考試的課程」之評量，是否可進行必要的調整？

信度與效度

☐ 該「評量考試的課程」，是否描述了所要評量的核心素養學習重點？

☐ 該「評量考試的課程」，是否代表了預期的核心素養學習重點？

☐ 該「評量考試的課程」，是否提供了證據，說明其結果是可類化推論的，可說明學生的實作表現。

☐ 該「評量考試的課程」的設計，是否包括了考量學生必須完成的工作任務，以便說明其類化推論的結果？

☐ 該「評量考試的課程」，是否包括明確的評分規準，以說明該「評量基準尺規」的應用？

☐ 該「評量考試的課程」，是否提供了證據，以說明結果是合乎該評量計算公式與情境條件？

認知的複雜性

☐ 該「評量考試的課程」所使用的工作任務，是否運用了合乎學生被期待去使用的適當背景知識？

☐ 該「評量考試的課程」所使用的工作任務之解答方式，是否不能被事前記憶背誦？

☐ 該「評量考試的課程」所要評估的，是否來自課程的主要概念與原則？

☐ 該「評量考試的課程」之評量所提供的證據，是否能透過工作任務而引導出理解或問題解決的技能？

內容品質與範圍

☐ 該「評量考試的課程」之評量所使用的學習工作任務，是否與課綱核心素養學習重點相互一致？

☐ 該「評量考試的課程」之評量所使用的學習工作任務，是否經由專家加以檢討，以確保其品質、精確及學科與跨學科的適切性？

☐ 該「評量考試的課程」之評量的格式，是否反映了教室教學實況？

成本與效益
□該「評量考試的課程」之評量，具有可行性嗎？
□該「評量考試的課程」之評量，是否合乎成本效益？

設計學生學習檔案評量，可考慮下列的問題：例如：學生學習檔案所包括的核心素養學習重點之數量合理嗎？學生學習檔案評量是高品質的嗎？這些學生學習檔案評量對所參與的學生，會有什麼影響？學生學習檔案可提供有用的回饋給學生與家長嗎？學生學習檔案所提供的資訊情報，有助於課程計畫與課程方案及教學單元設計的改進嗎？該學生學習檔案是否能反映核心素養學習重點嗎？這些問題可在設計學生學習檔案評量時，可以進一步結合以便未來能成為有用資料情報，以引導學生的未來學習。

第二節 「評量考試的課程」的核心素養評量理念模式

核心素養具有內隱的與外顯的「冰山模式」特質，具有可評量推估的性質；而核心素養的表現水準，也是一個連續體的狀態，代表個體核心素養相關構成要素之高低水準（蔡清田，2020）。此兩種特質可轉化為圖7-1「核心素養的SIEA學習評量模式」（Social Situation, Implicit Mechanism, Explicit Action, Assessment Appraisal，簡稱SIEA），可從以下兩個面向說明核心素養的評量特質：

一、核心素養具有可教可學的「研究假設」之理念特質

核心素養是涉及個體心理機制的認知、情意和技能的複合構念（Weinert, 1999），而且核心素養是可從學習中獲得的，可經由社會的、動機的、教學的觸動引發，在一定條件下，核心素養是可教的、可學的，這呼應了胡志偉、郭建志、程景琳與陳修元等人（2008）所進行的「能教學之適文化國民核心素養研究」之研究發現，核心素養是經由後天學習而獲得的；核心素養可以透過各教育階段之課程設計與教學實施引導學生學習與評量。學習評量宜依據核心素養學習重點，考量學生生活背景與日

常經驗，妥善運用在地資源，發展真實有效的學習評量工具，以瞭解學生在相對於核心素養的學習重點之學習進展，並有效進行追蹤，長期評估學生在學習重點的學習內容與學習表現之成長與進步。

二、核心素養具有內隱的與外顯的「冰山模式」特質

核心素養具有內隱的與外顯的「冰山模式」特質（Spencer & Spencer, 1993）。「外顯的」特質往往是比較容易描述而且容易觀察到的知識、能力，也是比較容易培養發展與進行評量的；至於內隱的態度情意價值、動機，就較不易直接描述觀察，但是可透過適當的測驗評量加以推估（洪裕宏、胡志偉、顧忠華、陳伯璋、高湧泉、彭小妍等人，2008）。

§圖7-1 「核心素養的SIEA學習評量模式」

特別是核心素養具內隱的與外顯的「冰山模式」特質，可結合本書第六章圖6-1「核心素養的SIE學習模式」，轉化成為如圖7-1「核心素養的SIEA學習評量模式」或稱「核心素養的社會情境、內隱機制、外顯行動、學習評量模式」，具有四個重要構成要素：其一，「社會情境S」是指個體置身所處外部生活情境各種社會場域複雜需求，特別是指個體必須因應生活情境的各種社會場域之複雜需求；其二，「內隱機制I」是指個體內部心智運作機制的行動先決條件；其三，「外顯行動E」是指個體展

現負責任之核心素養行動，展現個體行動所需的知識、能力、態度；第四「評量推估A」，特別是核心素養的學習評量，可評估核心素養學習重點的「學習目標」之「學習表現」達成程度。這模式包括三項重點：第一點是核心素養具有可評量性，可加以評量；第二點是核心素養的學習表現水準，是經過推估而得知的；第三點，核心素養是一個連續體的狀態，代表個體核心素養相關構成要素之高低水準。

核心素養的學習表現水準，是可以透過設計許多不同情境之下的評量，以評量得知個體在適應該「情境」所需要之行動表現。因此，若要對核心素養的「學習評量」有更進一步的理解，「情境」要素就越顯重要，不僅是個體有關核心素養的學習是如此，特別是在《國際學生評量計畫》中，情境是有關閱讀、數學與科學的評量之重要成分（王世英、張鈿富、吳慧子、吳舒靜，2009），「情境因素」會影響個體的素養「學習表現」與學習評量，因此須透過真實情境進行核心素養的「真實評量」，以瞭解「學習內容」並評量「學習表現」。

第三節　「評量考試的課程」的核心素養真實學習評量

本節「評量考試的課程」的核心素養真實學習評量，係指學生能活用所學的核心素養並實踐於行動中的學習評量原則，並且特別強調本書第六章所論及核心素養真實學習的「真實評量」，以及上述「核心素養的SIEA學習評量模式」，這種「核心素養」的學習評量可參照課程綱要「核心素養」的「學習重點」，宜彈性運用測驗、觀察、問答、面談、檔案等方法來評量學生學習，而且真實學習之學習評量關注學生的「學習表現」。特別是「學習表現」是指該領域／科目重要的認知、技能、情意等有價值的表現，能呈現「非內容」面向的學習特質，引導學生學習達成認知、技能、情意之「學習表現」，而達成核心素養學習重點之學習目標，且能呼應核心素養的重要特質（蔡清田，2020）。

一、核心素養之學習評量原則

　　就核心素養之學習評量而言，核心素養的評量可參照課程綱要「核心素養」呼應的「學習重點」來評估學生知道什麼與能做什麼，完整的評量系統最好參考「學習內容」與「學習表現」相互對應之雙向分析表。「學習內容」是預期學生能知道與做什麼，涉及課程內容的難度和廣度，「學習表現」是敘述學生學習課程後可以達到什麼樣的程度，並給予對應的描述，藉由教師以核心素養的學習重點為基礎的評量，來描述學生應該達到核心素養的學習表現等級水準。因此，就核心素養之學習評量而言，宜參考核心素養學習評量的重要原則：(一)核心素養之學習評量可參考課程綱要的「學習重點」；(二)透過「學習重點」可指引學習評量的設計；(三)核心素養之學習評量策略宜多元；(四)核心素養之學習評量的工具類型宜有彈性，茲分項說明如下：

(一)核心素養之學習評量可參考課程綱要的學習重點

　　核心素養之學習評量可參考課程綱要的「學習重點」，特別是「以學習重點為依據的學習評量」，考量學生生活背景與日常經驗，妥善運用在地資源，發展真實有效的學習評量工具，以「學習重點」為主軸的學習評量，須兼顧整體性和連續性，以瞭解學生在「學習重點」之學習進展，有效進行追蹤評估學生成長進步（教育部，2014）。核心素養之學習評量宜設計生活化、情境式的素養導向評量題目，以便說明如何評量對應於核心素養的「學習內容」之學生「學習表現」。

(二)透過「學習重點」可指引學習評量的設計

　　「學習重點」可指引學習評量的設計，作為學校教師進行學習評量的依據，「學習重點」除能達成課程教學連貫之外，若能透過課程綱要實施通則中有關學習評量方式的訂定，作為實施學習評量的準則，並決定適當評量方法，以進行檢核回饋，將可縮減落差，促進課程、教學、學習與評量的連貫。「學習重點」可以建立各領域／科目「學習表現」的「評量基準尺規」，可引導學生學習「學習內容」以達成學習目標之學習表現，並透過學業學習達成目標且展現認知、技能、情意之表現目標，據以瞭解

學生在學習一段時間後的各「學習階段」之「學習表現」成效，而且可與「經濟合作開發組織」所推動《國際學生評量計畫》或其他國家的學生「學習表現」資料庫等進行評比，並可依據評量結果作為對於課程綱要各學習階段學習重點進行檢核與修正之依據。

(三)核心素養之學習評量策略宜多元

《十二年國民基本教育課程綱要總綱》的實施要點指出，評鑑方法應採多元化方式實施，蒐集學生學習結果與平時學習情形的表現資料，並定期提出學生學習報告。特別是因應十二年國民基本教育新課綱實施，《國民小學及國民中學學生成績評量準則》指出各領域課程及彈性學習課程之評量結果，必須兼顧質性描述及客觀數據，並且採取多元評量方式，包括紙筆測驗及表單，如學習單、習作作業、紙筆測驗、問卷、檢核表、評定量表等。實作評量則注重學生的問題解決、技能、參與實踐及言行表現，可參酌書面或口頭報告、聽力與口語溝通、實際操作、作品製作、展演、鑑賞及行為觀察表現來評分，讓學生有更多瞭解與實作機會。亦即，核心素養的學習評量方式應依領域／科目及活動之性質，採用紙筆測驗、實作評量、檔案評量等多元形式，如歷程檔案評量，學校提供資訊科技，讓學生能討論並記錄整個學習過程和結果；適性評量由學校提供電腦適性評量系統，以發展學生個別的技能與內容，培養學生在活動中展現創意與成果，並應避免偏重紙筆測驗（國家教育研究院，2014b）。

(四)核心素養之學習評量的工具類型宜有彈性

核心素養之學習評量的工具類型宜有彈性，因應十二年國民基本教育新課程綱要的實施，各級學校將改為核心素養導向教學，而且中小學各學習領域課程及彈性學習課程，應由授課教師評量，因此，教師應依據學習評量需求彈性選用適當評量工具類型，是以評量可按領域／科目性質與評量目的之差異性，教師可掌握適當時機彈性運用檔案、觀察、紀錄、實作、表演、口試、筆試、作業、活動單、學習單、研究報告、考卷測驗等各種多元工具，同時注重質與量的評鑑，兼重形成性和總結性評鑑（教育部，2014）。而且評量的內容應考量學生身心發展、個別差異、文化差

異及核心素養內涵，並兼顧認知、技能、情意等不同層面的「學習表現」
（教育部，2014），兼顧整體性和連續性，綜整判斷學生核心素養學習
表現的達成水準等級。

學習評量本於證據為基礎之資料，其結果應妥為運用，除作為教師
改進教學及輔導學生學習外，並可作為學校改進課程之參考依據（蔡清
田、陳伯璋、陳延興、林永豐、盧美貴、李文富、方德隆、陳聖謨、楊俊
鴻、高新建、李懿芳、范信賢，2013）。就核心素養之學習評量報告及
其結果應用而言，學習評量報告應提供量化資料與質性描述，以協助家
長瞭解學生學習情形。質性描述可包括「學習重點」的學習表現達成情
形、學習的優勢、課內外活動的參與情形、學習動機與態度等（教育部，
2014）。

二、「評量考試的課程」之真實學習的真實評量

「評量考試的課程」是指出現於各種評量考試測驗當中的課程內
容，有助於教育人員進一步瞭解「學習獲得的課程」的成果。特別是「真
實評量」其焦點著重在真實生活世界的「實際工作任務」，引導教師協助
學生思考與解決實際生活問題，並統整所學到的知識能力態度，確保學生
獲得真正理解（Posner, 1995），可以採取如下歷程進行「評量考試的課
程」之評量（Wiggins, 1998）。

(一)反省檢討學生可能展現其學習的方式，設計適當的真實學習表現
機會

「評量考試的課程」之真實學習表現機會的每一反應類型，可能激發
某些特定的觀念，教師或許可以參考McTighe與Ferrara（1998）提出真實
學習評量作實作評量表分類。

1. 建構理念的反應：簡答、圖表、視覺符號如概念圖。
2. 產品：短文、研究報告與實驗報告、札記、故事、戲劇、詩歌、檔
   案、藝術展覽或科學展覽、模型、錄音帶或錄影帶、傳單。
3. 實作：口頭報告、舞蹈表演、科學實作、運動競賽、戲劇閱讀、工作
   表現、論辯對答、吟誦朗讀。

4. 歷程：口頭質詢、觀察、訪談、會議、歷程描述、學習札記、思考歷程記錄。

(二)考慮「評量考試的課程」之評量目的，如診斷學生的優點與問題，學習的回饋、教學引導、表現動機、評量或評分、方案評量

真實評量之設計者，要先考慮「評量考試的課程」之評量目的，是要診斷學生的優點與問題、或進行學習回饋、教學引導、表現動機、評量或評分、方案評量，而且希望瞭解學生在某一階段的學習活動之後，所要獲致的預期認知、技能與情意等學習成果。

(三)透過腦力激盪的方式，思考可能加以運用的學習機會與學習任務之評量

第三，可透過腦力激盪方式，思考可能加以運用的學習機會與「學習表現」之評量，研擬「真實評量」的步驟，是將核心素養的「學習重點」分析成為核心素養學習目標與具體任務的「學習表現」。舉例而言，以下是達成學習重點之學習目標所包括的學習任務，例如：1.限制看電視的時間，一週不得超過12小時。2.運用選擇工具，例如：評論專欄和報紙的電視節目表，以篩選重要的電視節目進行觀看。3.指出電視廣告如何透過激發人類的基本驅力和需求來影響人的行為。4.評鑑電視新聞節目的客觀性和公正性，然後，請學生在課堂上完整地論述，說明電視如何影響學生學習。

(四)對腦力激盪結果初擬「真實評量」，並考量其效度與可行性

第四，可對腦力激盪的結果進行初擬「真實評量」，教師可根據腦力激盪的結果，進行「效度檢核」與「真實檢核」；對腦力激盪的結果進行初步「真實評量」，並考量相關概念之後，選出最佳的概念。一方面效度檢核，可回答：「此一真實評量，能否有助於學生展現學習重點之學習目標的認知、技能、情意？」另一方面，真實檢核可回答：「此一真實評量在教室可行嗎？」教師可以考慮學生的興趣，所需的知識來源、所花的時間、可能性等來回答此一問題（Posner & Rudnitsky, 2001）。

(五)發展該項「真實評量」的場景情節，教師可以規劃一個課程單元的場景情節，作為評量「真實評量」的方法

第五，可發展該項「真實評量」的場景情節，教師可以規劃一個課程單元的場景情節，作為評量「真實評量」的有效方法，課程單元的場景情節是一幅心像，以指出該課程單元是如何開始發展、如何進展、如何結尾；發展該項「真實評量」的場景情節，教師可以規劃一個課程單元的場景情節，作為評量「真實評量」的方法，例如：教師可將全班分組每組三人，每名學生負責一個議題的分項工作，並利用「拼圖式」合作學習歷程，讓每位學生扮演其所負責議題的分項工作的專家，再由每一議題的分項工作專家教其餘組員。每一組挑選其所要報告項目的主要議題，每一組的專家在組員的協助下，積極蒐集負責該議題的資料並準備向全班同學發表演說，有助於教師去評量學生學習表現，並分析「學習重點」的「學習目標」及其相對應的核心素養、學習內容、學習表現與可運用的相關資源等。

特別是，「評量考試的課程」可以經由一個設計的「真實情境」，引發出「問題」，再由解決問題的整個過程中，考量各階段心智活動所需的核心素養「學習重點」的「學習內容」與「學習表現」。

(六)評量真實學習任務之學習表現的初稿，並隨後加以修正

「真實評量」的初稿可隨後加以修正，接下來可以利用表7-5所列規準進行評量，應注意真實學習任務之學習表現，是否適切地評估學生所要精熟的核心素養學習重點／學習目標（Glatthorn, Bragaw, Dawking & Parker, 1998）。

§表7-5　評量核心素養真實學習任務學習表現之規準表

1.學習任務的學習表現能呼應所要評估的核心素養學習重點之學習目標。
2.要求學生運用先前知識以獲得新知，並達成學習重點的學習目標。
3.要求學生運用創造思考等高階層次思考歷程。
4.學習目標不只合乎脈絡情境的意義，而且是真實學習。
5.引起學生的興趣。
6.在學校教室情境下是可行的。
7.對所有人傳達公平的感受，而且沒有偏見。
8.對學生具有挑戰性，且不會使學生挫折。
9.包括學生「學習表現」的「評量規準」與評等／評分「評量基準尺規」。
10.同時提供團體與個別工作，並給予適當的績效責任。

(七)規劃真實評量的「評量規準」與評等／評分「評量基準尺規」的說明，以評量真實學習的學習表現

　　就「評量考試的課程」而言，有必要根據核心素養學習重點，發展為核心素養真實評量的「評量規準」（criteria）與評等／評分的「評量基準尺規」（rubrics）。

1.「評量考試的課程」之評量規準

　　「評量規準」是評量當中重要「項目內容」的品質成分，是指重要「學習內容」的預期學習任務項目之品質陳述，例如：評量棒球隊的游擊手，可利用的「評量規準」，就是「移位」、「接球」、「跑步」等重要「項目內容」的內容指標。因此，一位棒球隊教練可能設立「評量規準」如「精確的移位」與「精確的接球」，以選擇能勝任的游擊手隊員。

　　「評量規準」是有關學生某種重要項目「學習內容」的學習結果具體指標，應該是明確的與公開的（Carr & Harris, 2001: 41），特別是有關學生學習的「評量規準」，必須明確界定學生在特定年級或學習階段課程中的學習成果，並根據新課綱核心素養的學習重點，判斷其學習內容的學習情形。因此，必須明確說明「評量規準」與核心素養學習內容的關係。

2.「評量考試的課程」之評量基準尺規

　　「評量基準尺規」，是根據「評量規準」進一步「評等」或「評分」的判定基準說明，這是評定學生某項「學習表現」的評等或評分的表

現水準說明。簡言之「評量基準尺規」，就是根據「評量規準」評定「學習表現」的「尺規」說明，往往是沿著一條連續線來描述說明「學習表現」的品質程度或精熟程度（Wiggins & McTighe, 2005），如以固定量尺（三點或五點或七點或九點的等第量尺），以及對於每項任務分類分數的特色描述說明，去擬定其相對應「學習表現」的水準，以瞭解學生在達成核心素養學習重點的「學習表現」到底到達哪一種層次水準（Carr & Harris, 2001: 42）？

因此，如果能針對學生的學習表現，並明確配合一個評量表設計及其表現水準的具體描述說明，便可設計成為「評量考試的課程」的「評量規準」與評等評分說明的「評量基準尺規」。例如：表7-6團隊辯論的「評量規準」與「評量基準尺規」（改自Glatthorn, Bragaw, Dawking & Parker, 1998: 56），或許可以優、甲、乙、丙、丁等級的「評量基準尺規」評量學生團體辯論的表現水準。

§表7-6　團隊辯論的「評量規準」與「評量基準尺規」

評量規準 ＼ 評量基準尺規	丁（差）	丙（可）	乙（中）	甲（良）	優
團隊合作	無助於團隊合作，並經常中斷	有一些貢獻，並偶爾中斷	有許多貢獻，並沒有間斷	有許多有幫助的貢獻，並能促成團隊合作	有許多有價值的貢獻，並能提供領導
知識的使用					✓
推理能力				✓	
溝通技巧			✓		
其他					

(八)利用「評量規準」與評等／評分說明的「評量基準尺規」加以系統化組織

第八，利用「評量規準」與評等／評分說明的「評量基準尺規」，將所有決定加以系統化組織；其步驟是利用「評量規準」與評等／評分說明的「評量基準尺規」，將所有決定事項加以系統化組織（Glatthorn, Bragaw, Dawking & Parker, 1998）。

1. 「脈絡情境」指出了環境，亦即時間與地點，以及學生的角色。例如：以下是制憲大會所要展現的學習任務之脈絡情境：「時間是1787年，地點是美國賓州，你是十三州的代表之一，你是制憲大會代表賓州的小組成員之一。此次大會旨在建立新國家的政府機制基礎。成員們在三個議題上意見不一：是否以法律廢除奴隸制度？聯邦或州何者應該擁有較多權利？總統的權力與國會的權力應該如何加以分立？」

2. 其後的「學習任務」，則要清楚地而以十分明確的特定細節，展現學生之「學習表現」。學生應該清楚地瞭解他們所要解決的問題，以及該任務的學習表現。以下是根據上例所可能指出的學習任務：「你將是一位對上述建立新國家的政府機制議題的一位專家，藉由小組成員之協助，你將準備針對制憲大會發表演說。你的演說要清楚地說明你的小組對憲政的意見，你的演說時間約有10到15分鐘，你要去說服大會委員接受你的發表內容。」

3. 接下來要將所規劃之評等／評分「評量基準尺規」的說明包括在內，教師也可以將針對評鑑個別學生所要精熟的個人學習任務的「學習表現」之「表現水準」說明加以包括進去。在上述例題中，每位小組成員的個別工作任務，包括必須向影響美國國會的重要關鍵人物Hamilton與Jeffersan寫一封信。

(九)安排適當課程單元以便進行真實評量

第九，是安排適當課程單元以便進行「真實評量」，每一個課程單元都應該經過許多類型的評量，教師可利用自己規劃的或參考其他的評量要務，和同事進行形成性評鑑，定期檢查以確保設計出高品質的課程單元

之學習材料。當完成該課程單元的準備後，便應該根據「評量基準尺規」進行評量。在進行必要的修正之後，便可以邀請將要使用此課程單元的教師進行檢討，以便提供改進建議。值得特別注意的是安排並進行適當課程單元之真實評量，每一個課程單元都應該經過許多類型的評量，教師可參考表7-7所列出的評量要務。當設計完成了該課程單元，應該和同事進行形成性評鑑，定期檢查以確保設計出高品質的課程單元之學習材料。此處最重要的評量要務，是該課程單元的效能，是否有效協助學生精熟該項核心素養學習重點的「學習表現」，教師應該提供書面回饋資料，以說明學生的特定「學習表現」水準（Glatthorn, Bragaw, Dawking & Parker, 1998）。

§表7-7　真實學習之課程單元的評量要務

此課程單元是否
1. 包括了課程綱要所指定的課程核心素養？
2. 協助學生精熟該項核心素養學習重點的學習表現？
3. 具體展現真實學習的學習任務與學習表現等要素？
4. 運用了實際可行的時間架構？
5. 真實學習的真實評量有助於教師進行評量？

(十)實施「真實評量」的結果

第十，是實施「真實評量」的結果，就實施以核心素養為依據的課程單元而言，單元設計完成之後，教師便可實施該單元，確保學生學習獲得必要的知識技能，以便能在「真實評量」上有良好的「學習表現」。一種有效掌握「真實評量」的作法，是在公布欄上張貼該項「真實評量」的「學習表現」水準分析結果。當每一節課結束時，一方面學生便能在教師的指導之下，確定其是否在該節課中學習獲得了有關核心素養學習重點的進步，精熟了必要的知識與技能。另一方面，教師也應該進行檢查，以確定是否發生「真實學習」，進行「真實評量」，並利用「真實評量」結果，明確指出學生在「真實學習」的「評量基準尺規」上的「學習表現」

類型及其相對的學習表現水準（Glatthorn, Bragaw, Dawking & Parker, 1998）。

第四節 「評量考試的課程」的核心素養學習評量報告

「評量考試的課程」之評量報告，事前宜規劃評量指引、根據核心素養學習重點進行成果報告、協助學生獲得有關其在核心素養學習重點進展的回饋資訊、指出成績報告通知書的「評量規準」與評等／評分的「評量基準尺規」說明，以及整個年級或整個學校核心素養學生表現的報告。

一、事前宜規劃「評量考試的課程」之核心素養學習評量指引

核心素養之「評量考試的課程」評量指引，是有關如何評量學生學習之一套選擇設計工具，以確保從核心素養之「評量考試的課程」評量實施，可有效獲得「學習獲得的課程」之回饋情報。「核心素養之評量考試的課程」評量指引，包括所要評量的作品與實作表現、用來說明的「評量規準」與「評量基準尺規」、報告的方式等要素。核心素養之「評量考試的課程」評量指引，應該要讓學生展現指定核心素養學習重點的學習成果，並讓學生有不同的建構反應，如書面報告、繪圖作品與戲劇表演等實作表現，這些不同的建構反應，可以提供學生學習回饋資訊，說明學生的多元智能與個別優點，例如：表7-8核心素養之「評量考試的課程」評量指引（Carr & Harris, 2001: 39），表7-9核心素養之「評量考試的課程」評量指引實例（Carr & Harris, 2001: 40）。

§表7-8　核心素養之「評量考試的課程」評量指引

此一核心素養之「評量考試的課程」評量指引，指引四種評量類型（選定的反應與三類建構的反應）。每一類型的評量皆提供三項資料情報：一是定義、二是「評量規準」與評等／評分「評量基準尺規」的說明、三是報告的方式。

學生學習成果	選定的反應	建構的反應		
		簡答	作品	實作表現
定義	學生從所呈現的反應中進行選擇	學生必須設計一個反應或回答	學生所設計的文件記錄或人工製品	學生所完成的實作展現或互動
「評量規準」與評等／評分「評量基準尺規」的說明	回答如何計分	特定學習任務的評等分類「評量基準尺規」說明檢核表	特定學習任務的評等分類「評量基準尺規」說明檢核表	特定學習任務的評等分類「評量基準尺規」說明檢核表
報告的方式	評量百分率、總分、字母等第、書面敘述報告、檢核表、口頭報告	評量百分率、總分、字母等第、書面敘述報告、檢核表、口頭報告	評量百分率、總分、字母等第、書面敘述報告、檢核表、口頭報告	評量百分率、總分、字母等第、書面敘述報告、檢核表、口頭報告

§表7-9　核心素養之「評量考試的課程」評量指引實例

此一核心素養之「評量考試的課程」評量指引，是由一位小學6年級教師所發展出來的自然科學領域課程單元。此項「評量考試的課程」之評量指引，指出每一個評量所使用的「評量規準」與評等／評分「評量基準尺規」的指引說明。

學生學習成果	選定的反應	建構的反應		
		簡答	作品	實作表現
核心素養學習重點7.1		・定期評量 ・平常小考		・操作實驗活動流程 ・評等分類項目內容「評量基準尺規」說明檢核表
核心素養學習重點7.2物質、運動、力與能		・平常小考	・實驗筆記	・操作實驗活動流程

「評量規準」與評等／評分「評量基準尺規」的說明		・回答定期評量或平常小考的問題答案		・操作實驗活動流程之評等分類項目內容「評量基準尺規」說明檢核表

　　透過核心素養之「評量考試的課程」評量指引，可持續提供課程方案與教學實務等方面資料，並強調學生核心素養的學習成果，而且應該可以每年定期留下記錄，並向家長進行報告學生在核心素養方面的學習成果（Glatthorn, Carr & Harris, 2001）。因此，「核心素養之評量考試的課程」評量指引，可將焦點集中於下列要素：

(一) 指出特定核心素養，包括教學與評量的核心素養學習重點。

(二) 教學活動，活動要依據學習重點而加以建構，並產生教師所要用來評量特定核心素養學習重點的學生學習之作品與實作表現。

(三) 證據來源，這是指教師可用來評估學生在特定核心素養學習重點進步情形的學生作品與實作表現。

(四) 「評量基準尺規」之評等／評分說明指引，教師可用來評估證據來源（如解答要點、計分評等表、檢核表或觀察單等）的指引說明。

(五) 評量表，將會由誰來評量學習，如學生、教師、家長。

(六) 成績報告，報告成績與提供回饋的方法，諸如數字的分數、敘述的報告、書面評論或會議口頭報告。

二、根據核心素養學習重點進行「評量考試的課程」評量報告

　　以下有幾點可能是在進行「學習獲得的課程」之評量報告時，需要注意的：

(一) 評量和學生成績報告，需要和課程的核心素養學習重點一致。

(二) 學生需要很明確的被教過那些將會被評量的認知、情意與技能。

(三) 學生家長需要被告知為什麼學生學習評量和成績報告的方式有所改變。

值得注意的是，學生的核心素養學習成績，是否根據學生的知識能力行動而評量所獲得的成績呢？教育人員或許可以根據某一領域課程的特定核心素養學習重點之「評量基準尺規」的評分數、等第或百分數，來決定學生成績。因此，如能根據核心素養學習重點，將學生「學習表現」與描述表現水準的「評量基準尺規」進行比較對照，將是一種具體的效標參照（Guskey, 2001）。

三、學生應該經常透過「評量考試的課程」，獲得其在核心素養學習重點的「學習獲得的課程」之評量回饋資訊

應該透過「核心素養之評量考試的課程」，來評量學生「學習獲得的課程」，獲得特定核心素養的相關回饋訊息，而且學生應該知道核心素養的意涵，瞭解他們在核心素養學習重點將如何被評量，以及如何透過實際行動來改善學習表現。

四、透過「評量考試的課程」獲得「學習獲得的課程」成績報告的注意要項

透過「評量考試的課程」獲得「學習獲得的課程」成績報告，要注意下列要項（Guskey, 2001: 23）。首先，教育人員應該要明確指出，期望學生去達成特定學習領域的核心素養學習重點。其次，教育人員為這些核心素養學習重點建立學生學習表現的指標；換言之，教育人員決定哪些證據最能說明學生是否達成每個核心素養學習重點。其三，教育人員決定評量學生表現品質的分段水準階層。此一步驟牽涉到指出學生成就的分段水準階層，有時稱為分段的「評量基準尺規」，以說明學生邁向核心素養學習重點的進步情形。其四，教育人員與學生家長彼此協同合作，以發展「學習獲得的課程」的評量成績通知書報告格式，以便向家長溝通說明教師判斷學生在核心素養學習重點上的學習進展。這種作法的優點是，以核心素養學習重點的學習評量，提供了學生學習成就與表現水準的主要訊息，可用於診斷與規範的核心素養的學習重點，而有助於提升學習的品質。

五、設計以核心素養學習重點為依據的個別學生「評量考試的課程」成績報告

根據核心素養學習重點，進行學生成績報告的方式通常有兩種：一種是針對個別學生的「評量考試的課程」之評量報告，另一個是針對整個年級或整個學校，說明學生在核心素養學習重點的進步情形報告（Guskey, 2001）。就前者而言，通常學校人員都是靠學生成績通知書，來告知學生相關的學習情形。傳統的學生成績通知書，只不過提供學生修習了哪些科目得到幾分或等第。因此，學校可參考如表7-10用不同方式向家長報告學生「評量考試的課程」的評量方式與內容（Carr & Harris, 2001）。

§表7-10 向家長報告學生「評量考試的課程」的評量方式與內容

通知形式／通知內容	家長說明會	家長參觀日	親師通訊	評量基準尺規說明	家訪或打電話	成績通知書
有關主題、單元與學習材料的資訊情報	✓	✓	✓			
評量類型	✓	✓	✓			✓
教學型態	✓	✓	✓			
學習目標方面的表現				✓	✓	✓
學生行為					✓	✓

學校可以根據現有的學生成績通知報告方式加以改良，並參考下列步驟以設計核心素養學習重點為依據的「評量考試的課程」之評量成績報告書，這些步驟是可以彈性地加以調整。

(一)第一個步驟，成立委員會

首先決定需要由誰參與核心素養「評量考試的課程」之學生評量成績通知書的設計修訂，這可由校長或教務主任來加以召集課程發展委員會或學習評量成績報告委員會，並涵蓋不同年級、不同學習領域教師代表，並

邀請家長代表參加。

(二)第二個步驟，擬定時間軸線

設計核心素養「評量考試的課程」之學生評量成績通知書要花費許多時間，而且要預留試用及再修正的時間。

(三)第三個步驟，同意設計核心素養「評量考試的課程」之學生評量成績通知書之基本規則

設計或修訂核心素養「評量考試的課程」之學生評量成績通知書，可能引起相關人員情緒反應，因此如果一開始就先建立核心素養「評量考試的課程」之學生評量的基本規則，將會有幫助的。例如：會議上不同的歧見爭執，不會延伸到會議室之外。共識是指願意遵守一個決定。每一個努力都是以團體共識為依據，以促成決定。如果不能在一段合理時間之內達成共識，則可透過出席者投票多數決定，遵守並分享該會議的決議（Carr & Harris, 2001）。

(四)第四個步驟，決定核心素養「評量考試的課程」之評量成績通知書內容

決定核心素養「評量考試的課程」之評量成績通知書內容，要根據何種評量規準以決定包括什麼項目的評量內容？其指標可能包括明確的核心素養學習重點，而且學習重點是連貫的。

(五)第五個步驟，界定核心素養「評量考試的課程」之評量成績通知書的目的

核心素養「評量考試的課程」之評量成績通知書，只是整體學生成績報告系統的一部分。核心素養「評量考試的課程」之評量成績通知書要回答哪些問題？這是一項巨大的挑戰。哪些問題可由其他報告方式來回答？此種討論，會引發家長想要知道哪一種學生學習成績報告資料的問題，特別是（Guskey, 2001）：

・我的小孩在作什麼（題目、活動、單元）？

- 我的小孩學習什麼（核心素養學習重點／學習目標，包括知識、能力、態度）？
- 我的小孩如何展現此種學習（證據、作品、表現）？
- 我的小孩作的情形如何？（行為、態度）
- 我的小孩是否有改進？（進步情形）
- 我的小孩需要什麼以達成改進（下一步）？
- 我能幫什麼忙？（家長參與）

　　核心素養「評量考試的課程」之評量成績通知書，會說明其在核心素養學習重點上的進步情形，而不是與他人作比較。

(六)第六個步驟，批判現有的評量成績通知書

　　可以參考其他學校的學生成績通知書，比較其不同指標，並注意下列優良的特徵（Carr & Harris, 2001）：

- 學生成績通知書與特定的核心素養有關。
- 以核心素養學習重點為依據，較容易被家長理解。
- 根據核心素養學習重點學習內容與學習表現加以發展。
- 學生成績通知書有保留家長書寫評論的空間。
- 學生成績通知書具有隔頁的回條。
- 學生成績通知書留有空間讓學生自評。

(七)第七個步驟，設計核心素養「評量考試的課程」之評量成績通知書的模式

　　核心素養「評量考試的課程」之評量成績通知書的模型，可以由不同小組設計不同的格式，並進行比較、對照、結合，並加以修正，以創造新的核心素養「評量考試的課程」之評量成績通知單草案。

(八)第八個步驟，選擇所要涵蓋的核心素養學習重點

　　有些資料可以直接在教室向學生說明，有些資料可以運用其他方式向家長報告，而核心素養「評量考試的課程」之評量成績通知書應該提供跨越所有課程領域學習重點的學習目標或學習內容／學習表現。

(九)第九個步驟，決定核心素養「評量考試的課程」之評量成績通知
　　書的格式

　　以國字代表的成績、以英文字母代表的成績、以數字代表的成績、百
分率、量表分數、「評量基準尺規」內容格式的說明，與書面描述評語等
皆可採用。但是，如果使用相同的核心素養「評量考試的課程」之評量成
績通知書格式，則各校教師之間所用的成績報告的「評量規準」與「評量
基準尺規」等格式，要儘量相互一致，特別是要根據核心素養學習重點，
進行學生學習表現的成績報告。例如：「優」代表超越該項核心素養學習
重點／學習目標的期望；「甲」合乎該項核心素養學習重點／學習目標
的期望；「乙」逐步邁向合乎該項核心素養學習重點／學習目標的期望；
「丙」未合乎該項核心素養學習重點／學習目標的期望。

(十)第十個步驟，設計核心素養「評量考試的課程」之評量成績通知
　　書的草稿，以進行分享與修正

　　設計核心素養「評量考試的課程」之評量成績通知書的草稿，以便
可和教師、行政人員及家長進行分享，此一草稿格式就儘量接近於完工的
成品，以便能夠和其他成員、教師、家長進行面對面的分享與批判，特別
是分享判斷成功的規準，並要求批評者將其回饋意見連貫到判斷成功的規
準，並將其回饋意見帶回委員會，以進行整體檢討是否需要進一步的改
變。

(十一) 第十一個步驟，試用核心素養「評量考試的課程」之評量成
　　　 績通知書

　　一旦委員會對核心素養「評量考試的課程」之評量成績通知書草案感
到滿意，則可以透過某些年級或某些領域教師進行試用。值得注意的是，
教師可能需要花費相當長久的時間，去瞭解填寫核心素養「評量考試的課
程」成績通知書，因此必須仔細地向每位試用者解釋清楚試用的本質，並
讓家長填寫回饋意見表，以及請家長寄回批評的意見，並將運用電腦處理
此一學生成績通知書，建立線上資料庫與回饋系統。

(十二) 第十二個步驟，檢討回饋意見、修正並將核心素養「評量考試的課程」之評量成績通知書的內容與格式加以定案

一旦完成試用，進行核心素養「評量考試的課程」之評量成績通知書的最後變更，決定其評量成績通知書的內容與格式。核心素養「評量考試的課程」之評量，可分別從「部定課程」的領域／科目核心素養學習重點／學習目標與「校訂課程」及學生日常學習表現，分別加以評量。「部定課程」的學習評量，乃是依據核心素養學習重點、學生努力程度、進步情形，兼顧認知、技能、情意等層面，並重視每一個領域／科目學習成果之分析。「校訂課程」及學生日常學習表現評量，教師可透過觀察記錄，指出學生上課情形、學習態度、同儕關係與生活習慣等，包括學生出席情形、獎懲、日常生活行為表現、團體活動表現、公共服務及校外特殊表現等範圍，可參考表7-11核心素養「評量考試的課程」之評量成績通知書的內容與格式。

§表7-11 核心小學110學年第二學期3年級學生核心素養學習評量成績通知書

3年＿＿＿班　　座號＿＿＿＿＿　　姓名＿＿＿＿＿

領域	科目	核心素養學習重點評量規準	評量基準尺規					學期總表現
			做得非常好	已經做到	還可以更好	再努力	需加強學習	
語文領域	國語	1.聆聽能力—能注意聽並聽得正確。						
		2.說話能力—能有禮貌的表達意見。						
		3.寫字能力—能養成良好的書寫習慣。						
		4.閱讀能力—能喜愛閱讀課外讀物，進而擴展閱讀視野。						
		5.寫作能力—能練習運用各種表達方式習寫作文。						

領域	科目	核心素養學習重點評量規準	評量基準尺規					學期總表現
			做得非常好	已經做到	還可以更好	再努力	需加強學習	
英語		1.聽—能仔細聆聽並能聽懂常用之教室及日常生活用語。						
		2.說—能唱一首英語歌曲並能禮貌地作簡單的提問及回答。						
		3.讀—能跟著老師正確地朗讀課本中之對話或故事。						
		4.寫—能臨摹抄寫簡單的單字或字母。						
數學	數學	數與量 1.能使用測量工具描述一個量—【長度、容量】。						
		圖形與空間 2.能認識角的大小及比較面積、體積的大小。						
		代數 3.能透過具體操作，解決生活情境問題中的算式填充題。						
		連結 4.能嘗試不同的解法，解決數學問題。						
自然科學	自然	1.有細心觀察和推論的能力。						
		2.有細心操作及記錄的能力。						
		3.養成動手做的習慣。						
社會	社會	1.能瞭解嘉義地區的人文與自然環境。						
		2.能適應學校與社區的生活。						
		3.能與社會上的人有良好的互動。						
健康與體育	體育	1.表現出操作器材的基本動作能力。						
		2.認識並參與各種身體活動。						
		3.養成對於遊戲規則遵守的態度。						

領域	科目	核心素養學習重點評量規準	評量基準尺規				學期總表現
			做得非常好	已經做到	還可以更好	再努力	需加強學習
藝術	音樂	1.會吹奏直笛ㄅㄛ—高音ㄖㄨㄝ組成的曲調。					
		2.會視唱ㄅㄛ大調的音階和曲調。					
		3.會辨識人聲、樂器及音樂要素，並描述其特質。					
		4.會演唱七首歌曲。					
	美勞	1.嘗試各種藝術創作，表達豐富的想像力與創造力。					
		2.相互欣賞同儕間的作品，並能描述其美感特質。					
		3.蒐集有關生活周遭鄉土文物或傳統民俗文物的藝文資料，並說出其特色。					
生活態度習慣		1.學習態度—主動積極的學習。					
		2.生活態度—正向的思考、理性的判斷。					
		3.團隊合作—能互助合作、進取向上。					
老師的話							

出缺席記錄	應出席日數	事假日數	病假日數	公假日數	其他

榮譽記錄	

校長	教務主任	級任教師	家長簽章

(十三) 第十三個步驟，指出下一個步驟與實施的議題

在委員會結束工作之前，邀請委員們一起反省下一步要做什麼，可以考慮諸如下列的問題：教師們如何獲得機會去熟悉以核心素養「評量考試的課程」成績通知書？家長如何知道此一核心素養「評量考試的課程」之評量成績通知書？需要採取何種評量，以支持核心素養「評量考試的課程」之評量成績通知書？需要採取什麼配套措施，以便讓核心素養「評量考試的課程」之學習評量成績通知書更有效用？

學校甚至可如表7-12將「核心素養之評量考試的課程」之學生學習成績紀錄表加以累積整理作成學生學習檔案，加以建檔管理以便教師進行學生學習輔導。

§表7-12 連續多年的「核心素養之評量考試的課程」學習評量成績紀錄舉隅

核心素養學習重點	學期年級	一		二		三	
		上	下	上	下	上	下
數學	1	甲					
	2	甲					
	3	乙					
	4	丙					
	5						
自然領域	1						
	2						
	3						
	4						
	5						
	6						
	7						

核心素養 學習重點	學期年級	一		二		三	
		上	下	上	下	上	下
社會領域	1						
	2						
	3						
	4						
	5						
藝術領域	1						
	2						
	3						
	4						
	5						
	6						
	7						
	8						
健康與體育	1						
	2						
	3						
	4						
語文	1						
	2						

六、整個年級或整個學校學生的核心素養「評量考試的課程」之學習成績報告

就呈現核心素養「評量考試的課程」之學習成績報告而言，可針對整個年級或整個學校的學生核心素養學習表現情形，向學生家長與社會大眾說明學生在核心素養的進步情形，可以參考公開推廣的四階段策略（Carr

& Harris, 2001）。

(一)第一階段：宜先建立家長與一般社會大眾對核心素養的認知

家長與一般社會大眾往往對核心素養不甚瞭解，因此，政府在正式全面採用以核心素養學習評量之前，宜先建立家長及社會大眾對核心素養的認知，此階段的焦點在協助家長及社會大眾認識核心素養，因此，第一階段的焦點問題可能包括：核心素養是什麼？核心素養從何處而來？核心素養是什麼？核心素養是否具有挑戰性？

學生家長通常還會提出如下的問題，例如：我孩子的教室會有什麼改變？我如何幫助我的小孩學習核心素養？如果我的小孩未能達成核心素養會有什麼後果？因此，學校在向家長與社會大眾溝通說明核心素養時，應該可以參考下列三個步驟，並清楚地界定主要訊息：

1. 擬定明確而且具有挑戰性的核心素養。
2. 評量學生與學校達成核心素養的情形。
3. 讓學校與學生為提升學習核心素養而負起績效責任。

(二)第二階段：宜建立家長與一般社會大眾對學習評量的知覺

如果提供學生家長與一般社會大眾對學習評量的瞭解，將有助於以核心素養學習評量之說明效果，特別是以核心素養學習重點為依據的評量，不同於常模參照評量。

(三)第三階段：分享核心素養學習評量相關結果

學校最好每年皆對外說明該校學生在核心素養學習評量的學習表現。學校可以參考下述各項，以適度提供更為完整的資料情報（Carr & Harris, 2001: 121）。

1. 學校教育資源與條件
   (1) 主要學生對象是誰？學生人數？
   (2) 社區的人口組成、家長參與、學校與社區合作等。
   (3) 學校教職員數量、學歷資格、服務年資、證書證照與相關專業發展等。

(4) 我們學校有哪些教育資源，以及如何運用？包括：班級大小、作息時間分配、課程安排修習、獎助學金、相關支持服務、外部資源等。

2. 課程方案與教學實務

(1) 以課程綱要學校課程計畫核心素養學習重點為依據的課程教學評量。

(2) 教師專業發展，為教師提供了什麼研習進修，有什麼教學效果。

(3) 學生管理的系統，例如：獎勵、出缺席、留校察看、停學、退學等。

(4) 地區性的考試與全國性的考試。

另外，亦可參考表7-13作為全校學生「核心素養之評量考試的課程」學習表現報告之參考問題。

§表7-13 全校學生「核心素養之評量考試的課程」學習表現報告的參考問題

- 今年有多少比例學生達成或超越全國核心素養學習表現水準？
- 今年全校學生核心素養學習表現水準分配情形如何？
- 今年全校有多少學生參與全國性的核心素養學習評量考試？
- 今年全校學生核心素養學習評量考試成績是否有適當進步？

(四)第四階段：引導學生家長與社會大眾的參與，改進以核心素養學習表現為依據的學習

「核心素養之評量考試的課程」之學習評量結果的公開報告說明，可以引發進一步行動。當家長與社會人士看到學生核心素養學習表現的評量結果報告，可能願意提供協助，因此，將「核心素養之評量考試的課程」之學習表現對外報告，不只是提供機會讓外界瞭解，而且也是提供機會邀請家長、社區參與行動，可引導社區成員與教育人員參與安排策略以改進學生核心素養學習表現水準。是以，「核心素養之官方計畫的課程」之「課程即核心素養」的課程理念，影響「核心素養之教學實施的課程」，也影響了「核心素養之學習獲得的課程」與「核心素養之評量考試的課程」，並可進一步提升學生核心素養學習表現水準。

第八章

核心素養之評鑑研究的課程

就「評鑑研究的課程」（evaluated/researched curriculum）而言，《十二年國民基本教育課程綱要總綱》指出各該主管機關應實施十二年國民基本教育「課程評鑑」（curriculum evaluation），以評估課程實施與相關推動措施成效，回饋課程綱要研修並作為改進參考（教育部，2014）；這呼應《十二年國民基本教育課程發展建議書》指出「課程評鑑」回饋包括中央宜完善課程改革評鑑機制，並促進學生核心素養的提升（國家教育研究院，2014a）。因此，本章「核心素養評鑑研究的課程」包括：第一節核心素養之課程評鑑校準；第二節核心素養之課程評鑑改進；第三節核心素養之課程行動研究，以促進課程研究發展的永續經營。

第一節　核心素養之課程評鑑校準

「課程評鑑」係評鑑在課程領域之應用（黃政傑，1991；黃嘉雄，2021），可蒐集適當證據用來判斷課程發展過程與成效，以發揮評鑑回饋的功能（蔡清田，2016）。一方面，評鑑是判斷學習經驗是否已經達到預期目標（Wolf, 1990）；另一方面，評鑑涉及了判斷課程理念、課程計畫、教材資源、實施運作與學習結果之價值優劣（Manalo, 2020），以便指出未來改革方向（Glatthorn, Jailall & Jailall, 2017; Norris, 1990），進而促成課程研究永續發展（李子建、黃顯華，1996）。

特別是「十二年國民基本教育」的課程改革旨在培養學生核心素養（蔡清田，2021），因此，宜透過核心素養的課程校準減少各層面課程不一致的差異性，並促進其前後方向一致緊密連結的共同性（黃政傑，1991），因此課程校準又稱課程一貫（黃光雄、蔡清田，2017；Squires, 2009），可評鑑研究前述各章的「理念建議的課程」、「官方計畫的

課程」、「教材支援的課程」、「教學實施的課程」、「學習獲得的課程」、「評量考試的課程」與「評鑑研究的課程」，並透過核心素養之「課程校準」將其重構為「核心素養之理念建議的課程」、「核心素養之官方計畫的課程」、「核心素養之教材支援的課程」、「核心素養之教學實施的課程」、「核心素養之學習獲得的課程」、「核心素養之評量考試的課程」及「核心素養之評鑑研究的課程」，如表8-1說明「評鑑研究的課程」之課程校準評鑑層次。

§表8-1　「評鑑研究的課程」之課程校準評鑑層次

評鑑重點 層次	理念建議的課程	官方計畫的課程	教材支援的課程	教學實施的課程	學習獲得的課程	評量考試的課程
政府	評鑑學者專家理論研究之理念建議的課程	評鑑課程綱要等官方計畫課程文件品質				評鑑大學指考等考試學測與會考學測升學評量是否合乎素養導向
學校		學校課程發展委員會審核校課程計畫的課程方案是否合乎課程綱要核心素養	學校課程發展委員會與教師團隊評鑑教材支援的課程教科書是否合乎課程綱要核心素養	評鑑教師教學實施與課程綱要及學校課程計畫核心素養的連貫	評鑑學生學習表現與教師教學及學校課程計畫核心素養的連貫	評鑑學校層次評量考試測驗是否合乎素養導向
教室			教師評鑑所要使用的教材支援的課程如教科書是否合乎課程綱要核心素養	教師自我評鑑與同儕觀摩教學及學校課程計畫核心素養的連貫	評鑑學生的學習成效與教師教學及學校課程計畫核心素養的連貫	評鑑教師自編評量測驗考試是否合乎素養導向

一、「理念建議的課程」的課程評鑑重點

　　一方面政府應該尊重學術研究自由，但另一方面為了課程發展的需要，亦可進行「理念建議的課程」的評鑑，或由有興趣研究相關學者的「理念建議的課程」，透過專家審查法、問卷調查法、歷史研究法、座談法、論辯法、實驗法或德懷術等，進行理念建議的課程之評鑑（黃政傑，1987；Eisner & Vallance, 1974）。

　　例如：部分學者曾經批評前行政院教育改革審議委員會《教育改革總諮議報告書》採取精英主義理念，而未深入瞭解教育世俗特質，未能考慮國內社會及教育環境現況，形成教改理念陳義過高，造成師範體系排斥，引發學生家長質疑和教師抵制（周祝瑛，2003；黃光國，2003；薛承泰，2003）。是以「理念建議的課程」可具有理論偏好，這正是「理念建議的課程」又稱為「意識型態的課程」的最佳寫照（Apple, 1979）。《教育改革總諮議報告書》的理念建議充滿理想性，但受到批評包括：缺乏適當理論依據、願景目標訂定轉化缺乏邏輯、課程統整理念流於紙上談兵、協同教學理念淪為口號、國中學習領域教學有名無實，學校教師仍採分科教學，課程改革配套措施不足，仍存在許多理念上的誤解與惡用（陳伯璋，2001）。

二、「官方計畫的課程」的「課程校準」評鑑重點

　　如果課程是課程綱要或學校課程計畫等官方文件，則課程評鑑代表此種「官方計畫的課程」的價值判定。例如：課程綱要的領域科目、基本理念、課程目標、核心素養、課程架構、學習內容、學習表現、教學實施、學習評量的連貫性。除了本書第三章討論之外，可透過專家審查法、問卷調查法、文件分析法、歷史研究法、座談法、論辯法等方法（黃政傑，1987），此處分別就課程綱要與學校課程計畫等「官方計畫的課程」之評鑑，分述如次。

(一)政府課程綱要等「官方計畫的課程」之「課程校準」評鑑

　　我國課綱的「官方計畫的課程」目前由國家教育研究院「十二年國民基本教育課程研究發展會」研議課綱草案，再經教育部「十二年國民基本

教育課程審議會」審議通過，是以政府規劃課程綱要可參考表8-2課程綱要的「課程校準」之評鑑規準要項作為評鑑參考。

§表8-2　課程綱要的「課程校準」之評鑑規準要項舉偶

- 課程綱要是否適當的反映學者專家和專業團體的理念？
- 課程綱要是否符合政府教育政策和重要評量考試測驗？
- 課程綱要是否容易閱讀解釋說明，沒有過多瑣碎資料？
- 課程綱要是否焦點集中於學生應學習獲得的核心素養？
- 各教育階段課程的安排是否符合課程發展的理論原則？
- 課程綱要是否指出各教育階段各領域科目的連貫統整？

　　課程綱要的審議委員會或是學者專家，可就課程綱要等「官方計畫的課程」，進行批判分析，探討其背後的課程理論或意識型態，因為「官方計畫的課程」往往只重視官方政策，難免有時會忽略目標的合理性（黃光雄、蔡清田，2017）。例如：學者質疑國民中小學九年一貫課程綱要目標及基本能力，大多以綱目及條例方式呈現，只是多種概念的拼湊，缺乏明確的課程規劃之理據，欠缺對於課程改革理論依據、基本能力及未來期望作詳細描述（沈珊珊，2005）。學者批判國民中小學十大基本能力當中的「表達、溝通與分享」與「尊重、關懷與團隊合作」，有相當的重複；「主動探索與研究」與「獨立思考與解決問題」，兩種能力也非常相像；「欣賞、表現與創新」與「主動探索與創新研究」似乎都是強調「創新」，有相當的重複（蘇永明，2000）。政府對於外界的批評，應該以研究精神經過客觀分析，透過評鑑尋找解決方法，可參考表8-3政府層次課程綱要「官方計畫的課程」的核心素養「課程校準」之課程評鑑要項（Glatthorn, Carr & Harris, 2001）。

§表8-3 政府層次「官方計畫的課程」的核心素養「課程校準」課程評鑑要項

政府層次 的課程評鑑	形式與結構	內容
評鑑的細項 （政府層次官 方計畫的課程 評鑑焦點）	1.官方計畫合乎課程專業要求。 2.指出核心素養與學習重點的學習表現及學習內容。 3.以合乎學生認知發展階段的方式加以適切排列安置學習表現及學習內容。 4.官方計畫的課程能明確指出理論依據基本理念、課程架構與評量方法。	1.反映最佳課程實務與該領域優良研究。 2.展現了有效使用課程綱要核心素養。 3.顯示了課程綱要與核心素養之間關係。 4.以該領域學習階段學習重點的學習表現及學習內容為焦點。

(二)學校層次課程計畫的核心素養「課程校準」評鑑

學校層次課程計畫除了應該與政府層次課程綱要「官方計畫的課程」進行「課程校準」之外，學校層次的課程評鑑，可以下述問題作為學校課程計畫的「評鑑研究的課程」之焦點。例如：學校課程計畫之課程評鑑應包括哪些要項？課程發展委員會對學校課程計畫的規劃歷程如何進行自評？學校課程計畫文件的品質如何？學校課程發展委員會應該批判地評鑑學校課程發展，諸如各學科領域的學習方案是否有效地緊密連結學校課程計畫？

1.學校課程計畫的核心素養「課程校準」之課程評鑑要項

學校課程計畫的課程評鑑，應該與課程綱要核心素養進行「課程校準」，特別注意學校課程計畫、學習領域課程範圍是否呼應課程綱要的核心素養，並檢討「校訂課程」各主題／專題／議題的學習節數分配是否得宜，可參考表8-4分析學校課程計畫的「課程校準」評鑑要項（蔡清田，2019）。

十二年國民基本教育新課程綱要指出課程評鑑應由中央、地方政府和學校分工合作，各依權責實施，因此學校課程計畫的評鑑，可以配合地方政府與中央政府進行外部評鑑並且結合認可模式。若合乎評鑑指標便予以認可核備：若未達指標，則請學校限期改善。各校課程發展委員會，應

§表8-4　學校課程計畫的核心素養「課程校準」評鑑要項

學校層次的課程評鑑	評鑑學校課程計畫範圍與順序的進度圖表
評鑑細項舉隅（學校層次課程計畫的評鑑）	1.該學校課程計畫範圍與順序的圖表，是否包括核心素養與學習重點，以便學校教師與學生家長能夠加以運用？ 2.是否明確展現學校課程計畫的核心素養與學習重點的學習表現與學習內容？ 3.是否明確展現每一個年級階段須精熟的學習表現與學習內容？

就「部定課程」與「校訂課程」等，進行學校課程計畫的規劃，於學期上課前整體規劃、設計教學主題與教學活動，審慎規劃全校課程方案，訂定學年課程實施計畫，建立學校辦學特色。由於這是將課程決定權下放給學校，各校辦理學校本位課程成效不一，認真執行者有之，敷衍了事者亦有之（吳俊憲、吳錦惠，2021），因此宜鼓勵學校課程發展委員會辦理校內自我評鑑回饋，作為未來改進參考。

2. 課程發展委員會對核心素養的學校課程計畫規劃歷程之自評

　　就學校課程計畫的自評而言，可參考表8-5學校課程發展委員會對核心素養的學校課程計畫之規劃歷程進行自我評鑑（Carr & Harris, 2001）。

3. 學校課程計畫的核心素養「課程校準」的評鑑規準

　　學校課程發展委員會可就核心素養的學校課程計畫加以評鑑（Henderson & Hawthorne, 2000），要明確地指出學校課程計畫所有要實施與評鑑的核心素養的證據，可以某一個特定年級或特定領域科目核心素養學習重點學習目標作為開端；其次則找出大多數教師所實施的核心素養學習重點學習目標。例如：學生是否有機會去學習該核心素養？是否運用多種評鑑去評鑑學生的核心素養學習目標，以便能引導連續的核心素養學習？該計畫是否有效？是否忽略或過分強調某些核心素養學習重點？可參考如表8-6學校課程計畫核心素養的「課程校準」評鑑規準指標（Henderson & Hawthorne, 2000）。

§表8-5 學校課程發展委員會對核心素養的學校課程計畫規劃歷程之自評

課程發展委員會對學校課程計畫規劃歷程之自評	規準	描述	評鑑
需求評估	資料的連結	1.根據課程綱要核心素養相關資料，指出學校課程計畫的需求。 2.包括多元的學生學習表現。 3.包括不同的蒐集方法，如評量考試結果、學校教師意見、學生作品。 4.根據需求考慮情境分析原因。	
	需求的陳述	1.以學生學習表現的用詞，來描述需求。 2.根據核心素養學習重點，說明特定領域需求。	
促進核心素養學習重點學習目標的學生學習表現	核心素養學習重點學習目標的明確說明	1.透過核心素養學習重點，來說明學生在核心素養學習目標學習表現的改進。 2.以評量分數增加的百分率或其他用語，來說明學生在核心素養學習重點的學習表現。	
	核心素養學習目標的數量	核心素養學習目標的數量，有助於時間與資源的焦點集中。	
學校課程計畫的規劃歷程之步驟	與核心素養學習重點學習目標連貫統整	1.學校課程計畫，連貫統整到指定核心素養學習重點學習目標以改進學生表現。 2.實施課程計畫的規劃步驟，將會影響核心素養學習重點學習目標的改變。	
	明確性	1.學校課程計畫的步驟，提供詳細說明，使付出的努力、時間與資源的焦點集中。 2.學校課程計畫的步驟明確，指出責任歸屬。	

課程發展委員會對學校課程計畫規劃歷程之自評	規準	描述	評鑑
課程計畫實施進程的時間軸	明確性	課程計畫實施進程的時間線，包括核心素養學習重點學習目標的情境分析資料，以及完成個別課程計畫與學校整體課程計畫的步驟。	
	適當彈性	能根據短程指標，研擬課程計畫實施進程的時間軸線，而且允許適當彈性。	
資源與人力、物力的經費預算	適當性	人力資源與物力的經費預算，都能適合於學校課程計畫核心素養的實施。	
	焦點	人力資源與物力，都能將焦點集中於學生學習目標的表現改進。	
整體課程計畫	焦點	1.學校課程計畫焦點集中於學生的學習目標。 2.計畫的核心素養學習重點學習目標，對於學生表現具有高度的影響力。	
	明確性	學校課程計畫的所有面向，都撰寫得相當明確，沒有艱深難懂的專門術語。	
	評鑑	學校課程計畫，包括規劃了實施評鑑之歷程。	
	影響	學校課程計畫，可能對核心素養學習重點學習目標的學生表現產生影響。	

§表8-6　學校課程計畫核心素養的「課程校準」評鑑規準

> ・清晰度：是否有三位或以上的讀者理解學校課程計畫核心素養的重要意義？
> ・完整性：核心素養呈現在學校課程計畫的陳述當中。
> ・可行性：教師擁有實施該項學校課程計畫核心素養所需要的適當時間，而且也有足夠的支援材料與設備。
> ・連貫性：學校課程計畫的核心素養學習重點形成一個合理整體。
> ・效率性：核心素養的學校課程計畫是在適當時機下發展出來，而且能夠在合理資源分配下，可付諸實施行動。
> ・關懷度：核心素養的學校課程計畫立場、教室與學校生活圖像，可描繪出所有參與各方的人際互動情境都是相互支持促進成長的氣氛。
> ・參與度：師生認為學校課程計畫當中所呈現的核心素養和活動，都是具有高度吸引力而令人興奮的，而且也能讓人維持相當長久時間之參與投入。
> ・開放度：學校課程計畫核心素養理念思考創造方式，呈現感知的多元途徑。
> ・無壓迫：學校課程計畫的內容與活動，並未強制灌輸某種政治的、宗教的、文化的或社會的意識型態。
> ・均等性：該學校課程計畫所規劃的活動都是公平的，而且學習的脈絡情境、策略與評鑑，對男女生、所有族群文化背景的個體、不同性別取向的個人與所有不同社會階級的所有學生而言，都是均等的。

三、「教材支援的課程」的核心素養「課程校準」評鑑重點

　　「評鑑研究的課程」之另一個重要部分，是教科書等「教材支援的課程」的「課程校準」之評鑑，本書第四章論及「教材支援的課程」的教科書往往是教學過程中師生接觸時間最多的教材。因此，為了確保學習品質，課程材料等「教材支援的課程」一定要評鑑，可透過問卷調查法、座談法、札記法、晤談法或測驗術等方法（黃政傑，1987），進行「教材支援的課程」之評鑑，可參考黃政傑（1991）提出的歷程：

(一) 確定「教材支援的課程」之評鑑目的與範圍。

(二) 組織「教材支援的課程」之評鑑小組。

(三) 接近「教材支援的課程」之材料。

(四) 分析「教材支援的課程」之材料。

(五) 建立「教材支援的課程」之評鑑規準。

(六) 進行「教材支援的課程」之材料評鑑。

(七) 提出「教材支援的課程」之評鑑報告。

　　教師設計領域教學主題擬定範圍和順序時，應該仔細評估其是否符合課程綱要與學校課程計畫的核心素養學習重點與學習目標。學校課程發展委員會應該依據學校課程計畫審查全校各年級的課程計畫，而各領域課程小組亦應仔細評鑑該領域所使用的教科用書等「教材支援的課程」是否符合課程綱要與學校課程計畫的核心素養學習重點？「教材支援的課程」本身是否為高品質？學校除了可參考本書第四章「教材支援的課程」之評鑑規準之外，可利用表8-7作為「教材支援的課程」的核心素養「課程校準」評鑑之參考。

§表8-7　「教材支援的課程」的核心素養「課程校準」評鑑要項（Glatthorn, 2000）

學校層面的課程評鑑	「教材支援的課程」
評鑑細項舉隅（資源支持的課程之評鑑焦點）	1.具有可讀性，可協助學生達成核心素養學習重點學習目標。 2.經過適切課程發展。 3.現行的且最近更新的。 4.避免族群偏見與性別歧視。 5.適合教室課堂的使用。 6.沒有商業主義的意識型態。 7.具有耐用性與持久性。 8.合乎「官方計畫的課程」之課程綱要與學校課程計畫的要求。 9.在難度水準上，合乎學生程度，而且是具有挑戰性。 10.在課程組織設計上，是否具備足夠的學科概念深度。

　　教師評鑑教科書及「教材支援的課程」，評鑑焦點應特別注意下列議題：

1. 這些「教材支援的課程」教學材料，是否會合乎課程綱要核心素養學習重點與學校課程計畫等「官方計畫的課程」之原則規定與要求？

2. 這些「核心素養之教材支援的課程」教學材料，在難度水準上是否合

乎學生的程度，是否可讀的而且是具有挑戰性？

3. 這些「核心素養之教材支援的課程」教學材料，在處理領域科目的學科概念上的深度是否足夠？

　　學校並不是每次進行「教材支援的課程」之評鑑時，都需要去評鑑所有領域科目的「教材支援的課程」。換言之，每年可以只針對某一領域科目「教材支援的課程」進行評鑑。例如：第一年進行語文教材評鑑，第二年進行數學教材評鑑。

四、「教學實施的課程」的核心素養「課程校準」評鑑重點

　　除了本書第五章「教學實施的課程」的討論之外，可以透過觀察法、問卷調查法、文件分析法、內容分析法、晤談法、札記法等方法（黃政傑，1987），進行「教學實施的課程」之評鑑。其中，最重要的「評鑑研究的課程」之一，是評鑑教師是否透過「教學實施的課程」實施政府課程綱要與學校課程計畫之核心素養。教師可定期評鑑「教學實施的課程」來評定教學效能，一方面教師自行整理教學檔案，可於學期中及學期結束後實施評鑑（Aoki, 2003）；另一方面，亦可參考表8-8「教學實施的課程」的核心素養「課程校準」之課程評鑑，以便蒐集評鑑資料（Glatthorn, Carr & Harris, 2001）。

　　「教學實施的課程」之評鑑，正是促進教師專業省思的好機會，可透過課程行動研究，以探究「評鑑研究的課程」（蔡清田，2021）。教師應時常省思「教學實施的課程」之教學問題，教師在課前備課就要先進行「行動前的省思」，課堂教學過程中要即時進行「行動中的省思」，在課堂教學後要針對教學安排進行「行動後的省思」，而且可以再透過共同備課、觀課、議課等同儕彼此提供支持、指引與回饋來「增強省思」。

　　特別是透過教師自我反省與同儕觀摩教學，也可評鑑「教學實施的課程」與「官方計畫的課程」之連貫。最重要的規準之一，是教學是否與原課程核心素養之間一致性（Henderson & Hawthorne, 2000）。另外可敦請延聘具備教育專業素養，且從事相關性質專長同儕教師、國教輔導團、課程督學、學者專家或專業團體，蒞校進行「教學實施的課程」之專業評鑑，包括：1.教學計畫發表，可於學期結束前辦理校內各學習領域教學研

§表8-8 「教學實施的課程」的核心素養「課程校準」之課程評鑑要項

教室層次 課程評鑑	指導說明	該堂課
評鑑細項舉隅 （課程實施的 同儕觀摩）	為了協助有效實施核心素養教學，此項目僅提供教師個人參考，而不可用於正式的教師評鑑，除非該位教師授權同意如此做。	1.與該課程單元先前所教的核心素養學習重點有何關聯？ 2.所實施的核心素養對學生是否是有意義的？ 3.該堂課是否呼應了課程綱要及學校課程計畫的核心素養學習重點？ 4.對學生而言，學習目標是否明確？ 5.是否有助於所有學生達成學習目標？ 6.是否顯示教師對課程內容具有正確知識？ 7.結束時是否會有檢討或總結要點？

究會發表教學計畫，也可採取對校外開放研討觀摩會，邀請輔導委員或校際策略聯盟的合作學校共同辦理，提供教師相互觀摩學習的機會，並透過教學計畫發表會，再次檢核課程計畫。2.教學成果發表，藉由教學成果發表會，分享教學經驗、班級經營心得、行動研究結果、課程實施結果、統整課程實施成果等，並彙整累積教學資源，採資源共享的方式激發教師更多創意（蔡清田，2016）。

五、「學習獲得的課程」的核心素養「課程校準」評鑑重點

除本書第六章的討論之外，「學習獲得的課程」主要可透過觀察法、測驗法、作業評定法、內容分析法、問卷調查法、晤談法、札記法等方法（黃政傑，1987），進行「學習獲得的課程」之評鑑（Glatthorn, 2001）。「學習獲得的課程」是指學生獲得的學習經驗，包括：預期與非預期的學習經驗，特別是評鑑應該注意學生學到了哪些核心素養（蔡清田，2021）？學生如何解釋他們如何學習？學生如何解釋他們如何知道

他們所知道的？教師可能需要每日、每週或每月或每學期或每年根據核心素養學習目標，設計課堂學習單與定期評量的內容，以評鑑學生的學習，這也是「評鑑研究的課程」的內涵（黃嘉雄，2021；Stiggins, 1987）。「學習獲得的課程」之評鑑，是非常重要的，應該特別留意評鑑學生學習表現品質之效能，並直接連貫到核心素養學習重點進行「課程校準」，以說明「學習獲得的課程」與「官方計畫的課程」的核心素養學習重點之連貫情形。

六、「評量考試的課程」的核心素養「課程校準」評鑑重點

除了本書第七章的討論之外，「評量考試的課程」是可透過學生成就的多元評量來加以評鑑，包括：標準化測驗、政府指定的評量考試、學校層次的評量考試測驗、教師自編的測驗考試評量。如果學生評量結果出現問題，通常起因於教師「教學實施的課程」與「評量考試的課程」兩者缺乏課程校準，教師可參考表8-9「評量考試的課程」的核心素養課程校準評鑑要項（Glatthorn, Carr & Harris, 2001）。

§表8-9「評量考試的課程」的核心素養課程校準評鑑要項

評量考試層面的課程評鑑	評量考試測驗的設計	教師回饋
評鑑細項舉隅（課堂評量與教師回饋）	1.具有明確的核心素養學習重點學習目標。 2.提供明確的指導說明。 3.合乎「教學實施的課程」與「官方計畫的課程」的核心素養。 4.指出該評量考試每一部分的相對比重。 5.評量考試測驗的每一部分相對比重合乎「教學實施的課程」強調的核心素養學習重點，並展現兩者之間的連貫。	1.針對學生提供書面或口頭回饋。 2.評量回饋指出學生核心素養學習重點的學習表現。 3.如未需要補救修正時，指出後續步驟。 4.用評量改進教學。

就提升學生「學習獲得的課程」之成效而言，領域科目教學研究會或學年會議的教師團隊應該透過專業社群會議討論，確認該年級或領域科目

「官方計畫的課程」與「教學實施的課程」的核心素養學習重點，而且進一步校準連貫「官方計畫的課程」、「教學實施的課程」與「評量考試的課程」，以確保學生學習獲得核心素養。

第二節 核心素養之課程評鑑改進

本書所論及的「理念建議的課程」、「官方計畫的課程」、「教材支援的課程」、「教學實施的課程」、「學習獲得的課程」與「評量考試的課程」都是有待「評鑑研究的課程」，可透過核心素養的課程校準成為「核心素養之理念建議的課程」、「核心素養之官方計畫的課程」、「核心素養之教材支援的課程」、「核心素養之教學實施的課程」、「核心素養之學習獲得的課程」與「核心素養之評量考試的課程」及「核心素養之評鑑研究的課程」；必須是政府、學校與教師協同合作進行「核心素養之評鑑研究的課程」的評鑑以促成課程進步，本節將就此進行探究。

一、政府、學校與教室層級分工合作進行「核心素養之評鑑研究的課程」的評鑑

應該透過政府、學校與教室層級分工合作，運用適當方式進行合乎情境脈絡的決定，以進行「核心素養之評鑑研究的課程」的評鑑，以促成課程改進。

(一)中央政府層級「核心素養之評鑑研究的課程」的評鑑功能

就中央政府國家層級的課程功能而言，包括規劃課程綱要的課程評鑑、寬廣的課程願景目標、核心素養與各領域科目學習重點；建立並實施課程評鑑機制，以評估課程改革及相關推動措施成效，並作為未來課程改進之參考。例如：《十二年國民基本教育課程綱要總綱》指出課程評鑑的評鑑範圍，包括：課程教材、教學計畫、實施成果等。特別是中央政府應該建立並實施課程評鑑機制，以評估課程改革及相關推動措施成效，並作為未來課程改進之參考；建立各領域學力指標，並評鑑地方及學校課程實施成效（教育部，2014）。

(二)地方政府層級「核心素養之評鑑研究的課程」的評鑑功能

就地方政府層級的課程功能而言，包括：規劃合乎國家課程綱要的地方政府「核心素養之官方計畫的課程」；提供學校課程所需的經費、資源與技術支援；為學校教師人員提供教育專業發展的研習進修方案；規劃進行評鑑以確保「核心素養之學習獲得的課程」之成效品質；輔導學校舉辦學生各領域科目學習成效評量；規劃「核心素養之評量考試的課程」之地方考試或其他實作表現測驗，以彌補國家不足之處。我國《十二年國民基本教育課程綱要總綱》便指出地方政府的課程評鑑範圍，包括：1.定期瞭解學校推動與實施課程之問題，並提出改進對策。2.規劃及進行教學評鑑，以改進並確保教學成效與品質。3.輔導學校舉辦各學習領域學生學習成效評量（教育部，2014），特別是審查學校課程計畫、引導「核心素養之教學實施的課程」之運作與改進「核心素養之學習獲得的課程」之成效（Carr & Harris, 2001）。

(三)學校層級「核心素養之評鑑研究的課程」的評鑑功能

我國《十二年國民基本教育課程綱要總綱》指出學校課程評鑑範圍，包括：負責課程與教學的評鑑，並進行學習評鑑（教育部，2014）。學校校長與教師應該共同合作探究「核心素養之評鑑研究的課程」，確實掌握課程的品質。就學校層級的課程評鑑功能而言，應該做好核心素養之學校本位課程評鑑工作，並鼓勵各校進行自評工作，特別是重視學校課程計畫之核心素養，並依據學校願景轉化成學校課程目標，規劃學習方案並選擇合適「核心素養之教材支援的課程」，為校內教師提供專業發展的研習進修方案，以協助教師運作「核心素養之教學實施的課程」，透過適當「核心素養之評量考試的課程」，以提升學生「核心素養之學習獲得的課程」之成效，並將「核心素養之官方計畫的課程」、「核心素養之教材支援的課程」、「核心素養之教學實施的課程」、「核心素養之評量考試的課程」與「核心素養之學習獲得的課程」進行課程校準連貫的課程評鑑，讓核心素養之學校本位課程的實施，能有效發揮其功能。

(四)教室層級「核心素養之評鑑研究的課程」的評鑑功能

　　教室層級的課程評鑑功能，應協助教師確定學生是否學習獲得核心素養（Glatthorn, Carr & Harris, 2001），宜重視「核心素養之官方計畫的課程」、「核心素養之教學實施的課程」、「核心素養之教材支援的課程」、「核心素養之學習獲得的課程」、「核心素養之評量考試的課程」之校準連貫，透過教室層級「核心素養之評鑑研究的課程」的課程評鑑回饋，協助學生學習獲得核心素養。

二、透過蒐集「核心素養之評鑑研究的課程」情境分析資料進行課程改革

　　課程研究者可以參考下述原則，蒐集政府層面、學校層面、教室層面的情境分析資料，推動未來的課程改進。表8-10「核心素養之評鑑研究的課程」的課程校準之情境分析資料來源與類型之矩陣（Glatthorn, Carr & Harris, 2001），說明此一矩陣，代表三個層面的資料來源（教室層面、學校層面、政府層面）與三種類型（政府教育資源與情境脈絡、學校課程方案教學實務、學生學習成果）的交互作用，這有助蒐集「核心素養之評鑑研究的課程」的評鑑資料以進行課程改革。

§表8-10　「核心素養之評鑑研究的課程」的課程校準之情境分析資料來源與類型

	類型一 政府教育資源情境脈絡	類型二 學校課程方案教學實務	類型三 學生學習結果
情境分析資料	・政府提供什麼資源？ ・時間分配、人力分配與資源分配是否與「核心素養之官方計畫的課程」連貫？ ・「教材支援的課程」是否支持課程綱要與學校課程計畫的「核心素養之官方計畫的課程」？	・「核心素養之官方計畫的課程」的「部定課程」和「校訂課程」之實施情形？ ・各領域／科目與跨領域課程教學、學習及學校目標是否與「核心素養之官方計畫的課程」連貫？ ・「核心素養之教學實施的課程」是什麼？	・學生知道什麼？ ・學生能做什麼？ ・是否有更多學生透過「核心素養之學習獲得的課程」達成「核心素養之官方計畫的課程」及「核心素養之教學實施的課程」的核心素養？

	類型一 政府教育資源情境脈絡	類型二 學校課程方案教學實務	類型三 學生學習結果
來源一 教室層面	・學生人口變項統計的情境分析資料 ・所設計的學習單元 ・所使用的教材數量品質、可用性及機會均等 ・教師專長 ・水平統整與垂直連貫 ・教育機會均等的問題 ・與家長及社區溝通情形	・完成課內工作任務 ・參與課外作業專案 ・觀察 ・課程教學的作業分析 ・接觸合格教師與教材 ・課程教學的評量頻率次數 ・家長溝通的效能	・學生的學習成果 ・教室評量、觀察 ・「核心素養之評量考試的課程」評鑑規準的評等分類項目內容說明之基準尺規等 ・各領域科目的考試
來源二 學校層面	・財務預算的情報資料 ・學校安全設施 ・教師職前培訓與證照 ・選擇課程或修習課程 ・家長會議出席者情況 ・師生比例 ・學校事務的家長參與 ・學生升級安置的提供 ・購買「核心素養之教材支援的課程」 ・學校教育政策目標方針 ・地方重視的課程 ・人口統計的資料 ・地方社區就業人口 ・志工服務的性質與頻率 ・社區或工商界提供資源 ・教師專業發展的性質與學校計畫的關係 ・學校上課日與行事曆 ・教職員的證照、服務年資、不同的職務地位	・畢業生的追蹤調查 ・師生的缺席率 ・學生常規指導紀錄 ・學生被暫時停課紀錄 ・學生的退學紀錄 ・校園暴力事件 ・校園組織氣氛調查 ・教育政策目標方針與歷程之實施 ・學生轉學流動率 ・教師專業發展品質 ・教師專業發展的實施層次水準	・標準化測驗 ・學生成績 ・地方區域的考試 ・學生輟學率 ・學生註冊人數比 ・學生升級安置考試的分數 ・學術獎勵 ・留校察看的比率 ・不同團體在課程綱要上的核心素養學習重點方面的比較資料 ・參與高中階段的入學人數與實際表現 ・完成高中階段課程方案 ・進入工作職場的人數與實際表現
來源三 政府層面	・學校品質的標準 ・專業發展的補助經費 ・研討會議、網頁、政府補助經費應用等	・學校課程品質標準的調查 ・課程綱要與學習機會的調查	・主要領域／科目評量檔案／評鑑規準的評等分類項目內容說明之基準尺規

(一)蒐集政府層面的評鑑情境分析資料

　　「核心素養之評鑑研究的課程」的政府教育情境分析資料來源，包括了諸如所提供的教育資源是什麼？時間分配、人力分配與資源分配是否與「核心素養之官方計畫的課程」連貫？是否與學習機會連貫？是否支持課程綱要的核心素養學習重點？蒐集「政府層面」的「核心素養之評鑑研究的課程」之情境分析資料，有助於進行課程評鑑以規劃未來課程改革之參考。一個完整的評鑑系統，將會顯示如何根據課程綱要的核心素養學習重點，來判斷學生的學習成就，也注意到可用的教育資源與情境、課程與教學實務、學生學習結果與其他指標，而且也包括了從教室、學校、地方、國家的情境分析資料。它可以快速有效地提供重要情境分析資料，例如：學校行政的支持、教育經費的落實、教學品質改善等，這些是能否提升核心素養的重要資料。

(二)蒐集「學校層面」課程方案與實施效能之持續性情境分析資料

　　蒐集學校層面的「核心素養之評鑑研究的課程」情境分析資料，是用來作為規劃未來的學校課程變革之參考。特別是「核心素養之評鑑研究的課程」，需要注意四個實際問題（Glatthorn, Carr & Harris, 2001）：第一是學校課程計畫改進策略的發展歷程，例如：學校課程計畫改進策略規劃歷程是什麼？包括此歷程中的主要步驟與主要參與者。第二是學校課程計畫改進行動方案的發展與開展部署，例如：如何分配資源，以確保行動方案計畫的達成？第三是有關於學生需求與期望之相關知識，例如：如何監控學生使用協助、設備措施與服務，以決定其對主動學習、滿意度與發展等影響。第四是學生表現的結果，亦即，學生在該核心素養目標達成的程度。例如：在主要的核心素養學生表現水準與目前趨勢是什麼？是以這種實施「核心素養之評鑑研究的課程」需要廣泛的情境分析資料，需要同時包括質的描述與量的描述（蔡清田，2021）。

(三)蒐集改進「教室層面」學生學習核心素養為焦點的情境分析資料

　　第三是要蒐集改進「教室層面」學生學習核心素養為焦點的評鑑研究之情境分析資料，作為未來推動課程改進之參考，特別是以改進學生在

「核心素養之官方計畫的課程」與「核心素養之學習獲得的課程」的學習為焦點。「核心素養之教學實施的課程」情境分析資料來源，包括了如「部定課程」和「校訂課程」在教室實施的情形如何？各領域／科目與跨領域課程教學、學習及目標是否與「核心素養之官方計畫的課程」連貫？「核心素養之教學實施的課程」的實施水準是什麼？就學生學習結果而言，可能的情境分析資料來源，包括如學生知道什麼？學生能做什麼？是否有更多學生達成核心素養學習重點學習目標？

　　總之，透過蒐集「核心素養之評鑑研究的課程」情境分析資料進行課程評鑑，一方面需要蒐集「政府層面」教育系統的情境分析資料，作為未來推動課程改進之參考；二方面需要蒐集「學校層面」課程方案與實施效能之持續性情境分析資料，提供未來改進基礎；三方面需要蒐集改進「教室層面」學生學習核心素養為焦點的情境分析資料，以便指出必要的課程改進配套措施，協助學生學習獲得核心素養。是以核心素養的課程改進行動方案的規劃，涉及了蒐集「政府層面」、「學校層面」、「教室層面」的「核心素養之評鑑研究的課程」之情境分析資料，進而透過核心素養課程校準，以連貫「核心素養之官方計畫的課程」、「核心素養之教材支援的課程」、「核心素養之教學實施的課程」、「核心素養之學習獲得的課程」、「核心素養之評量考試的課程」、「核心素養之評鑑研究的課程」，這與下述的課程行動研究有著密切關係。

第三節　核心素養之課程行動研究

　　核心素養之課程行動研究，可以統合本書第一章所論「課程即經驗」、「課程即科目」、「課程即計畫」、「課程即目標」與「課程即研究假設」的課程意義，融合「目標模式」、「歷程模式」與「情境模式」的課程設計模式（黃光雄、蔡清田，2017）。因此，教師可針對「十二年國民基本教育」新課綱的核心素養進行行動研究，如進行特定教育階段核心素養的行動研究、特定學校的核心素養學校本位課程發展行動研究，針對「部定課程」或「校訂課程」的行動研究，針對特定領域課程發展的

行動研究、跨領域課程設計的行動研究、特定項目核心素養或特定年級學生教學的備課、觀課、議課等進行教育行動研究，以下加以說明。

一、透過核心素養之課程行動研究，進行「部定課程」與 「校訂課程」的核心素養學校本位課程發展之整體課程 方案發展

「學校本位課程」係指由學校本身對於學生的學習內容或活動所進行的設計、實施和評鑑之課程，學校本位課程可以是學校特色課程、新興議題課程，其發展類型是取決於學校所評估的學生需求而來（黃政傑、洪詠善，2016）。「十二年國民基本教育」的「學校本位課程」不只是國民中小學九年一貫課程的「學校特色課程」，而是包含「部定課程」及「校訂課程」的學校整體課程（教育部，2014），促使「部定課程」和「校訂課程」之間得以相互輝映，而能彰顯學校本位課程發展的統整性（周淑卿等，2018；吳俊憲、吳錦惠，2021）。「課程發展委員會」可以透過行動研究進行(1)審查全校各年級的課程計畫，以確保教育品質；(2)考量學校條件、社區特性、家長期望、學生需要等因素，結合全體教師和社區資源，發展學校本位課程，並審慎規劃全校總體課程方案和班級教學方案；(3)訂定學年課程實施計畫，其內容包括：「目標、每週教學進度、教材、教學活動設計、評量、教學資源」等課程實施相關項目（教育部，2014）。

學校課程發展委員會一方面可以參考本書第一章情境模式課程設計並透過行動研究，進行(1)分析情境、(2)擬定目標、(3)設計課程方案、(4)詮釋和實施，以及(5)檢查、評估、回饋及重新建構等要項，將學校課程發展置於社會文化架構當中，藉由提供學生瞭解社會文化價值的機會，改良及轉變學生經驗（蔡清田，2019）。另一方面可參考本書第三章「核心素養的學校本位課程發展模式」，透過核心素養的課程研究、規劃、設計、實施、評鑑、經營的核心素養學校本位課程發展理論建構模式，簡稱RPDIEM模式，進行核心素養學校本位課程發展實踐行動，此種課程行動研究途徑，針對學校所處的社會文化情境變遷加以分析，進行學校課程發展，其基本假定是以個別學校及其教師作為課程發展焦點（蔡清田，2019），乃是促進學校真正改變的最有效方法，而學校能否發展課程特

色，也隱然成為評鑑課程改革成果的效標（黃光雄，1996）。因此，透過行動研究，可以鼓勵教育實務工作者提升學校課程發展品質（蔡清田，2021）。

二、透過核心素養的課程行動研究，進行各領域／科目與跨領域課程的課程設計

十二年國民基本教育課程改革將賦予教育實務工作者發展課程的專業空間，特別是「部定課程」與「校訂課程」的核心素養學校本位課程發展，鼓勵學校教師發展學校課程方案和班級教學計畫，因此，學校教師不再只是教學者，也是「課程設計者」，更是「教師即研究者」。《十二年國民基本教育課程綱要》一方面保留傳統課程綱要優點，另一方面又注入核心素養的新生命力，可循序漸進逐步進行課程發展（蔡清田，2018）。

特別是十二年國民基本教育課程改革，不僅強調以學生作為學習的主體及師生互動參與，同時重視知識能力與態度情意的「領域／科目核心素養」，透過「領域／科目學習重點」的課程設計，統整學科知識的「學習內容」與核心能力的「學習表現」，並且配合學生認知結構發展，因應學生由國民小學、國民中學、高中職的認知／技能／情意之階段發展過程；而且延續「跨領域／科目」課程統整的特色，教師教學應調整過去偏重學科知識的教學型態，活化教學現場與學習評量，除了引導學生學習學科知識之外，也要強調轉化實踐行動的知能，培養學生因應生活所需的「跨領域／科目」核心素養。

尤其是《十二年國民基本教育課程綱要總綱》「校訂課程」彈性學習課程節數規劃，在國中小教育階段包含：1.「跨領域統整性主題／專題／議題探究課程」；2.「社團活動與技藝課程」；3.「特殊需求領域課程」；4.以及本土語文／新住民語文、服務學習、戶外教育、班際或校際交流、自治活動、班級輔導、學生自主學習、領域補救教學等「其他類課程」等四類課程來引導學校規劃，特別鼓勵「跨領域」探究及自主學習，促進適性學習的發展，活化領域學習。在高中階段「校訂課程」新增校訂必修及彈性學習，校訂必修讓學校能進行特色課程發展，彈性學習（自主學習、選手培訓、充實／補強性教學等），讓學生有更多自主學習機會

（教育部，2014：8）。學校教師，可以透過本書第三章的核心素養學校本位課程發展RPDIEM模式進行「校訂課程」行動研究，或參考本書第五章「核心素養課程實施教學設計OSCP模式」之「學習目標」、「學習情境」、「學習內容」、「學習表現」結合課程行動研究，並在課程目標的引導下，注重核心素養與學生生活經驗統整，就概念、通則、技能與價值等課程組織要素，妥善安排課程教材組織，有助於學生獲得認知、情意、技能的統整發展（Posner & Rudnitsky, 1997）。

三、透過核心素養之課程行動研究，進行教室層級的課程設計

教師最接近實際教學情境，不但瞭解學生發展，更實際觀察體驗學生發展過程與需要（McKernan, 1996）。因此，教師不但可以透過行動研究進行學校課程發展，同時也可設計教室層級的班級教學課程方案，如選擇課程內容要素、設計學習材料、規劃學習活動、組織學習經驗、評鑑學習經驗，以因應其教室情境的特殊需要（Walker, 1990）。特別是教師可以參考本書第五章「核心素養課程實施教學設計OSCP模式」之學習目標、學習情境、學習內容、學習表現，進行核心素養課程實施教學，並同步進行課程行動研究（蔡清田，2021；Elliott, 1991），一方面透過教學發展「行動所得的知識」，另一方面再經「觀察所得的知識」，有如課堂研究（lesson study）將理論與經驗知識轉化為實踐專業素養（鄭志強，2021；歐用生，2019；佐藤學，2006）。

特別是《十二年國民基本教育課程綱要總綱》，一方面強調校訂課程和公開觀課，讓教師專業社群經營成為學校行政與課程發展的重心，共同備課和觀課也將營造全新的學校團隊氛圍，翻轉傳統的教師教學（洪詠善、范信賢，2015）；另一方面《十二年國民基本教育課程綱要總綱》重視核心素養課程教學，強調以學生作為學習的主體及師生互動參與，尤其是以核心素養為十二年國民基本教育課程改革，同時重視知識能力與態度情意的教學與學習，透過「領域／科目學習重點」的課程設計，統整學習內容與學習表現，並配合學生認知結構發展，因應學生由國民小學、國民中學、高中職的教育階段發展過程。十二年國民基本教育課程改革，說明了教師可以扮演課程發展者（Elliott, 1991），更說明了「沒有教師專

業發展，就沒有課程發展」，亦即鼓勵教師採取行動研究，作為課程發展教學實施的配套措施，因應學校文化、教室情境、師生不同特質而加以靈活彈性運用；鼓勵教師透過行動研究，針對課程目標、核心素養、領域科目、教材大綱、教學指引、教師手冊、教科用書及學習活動，進行規劃省思檢討與再規劃實施，提升教學成效。

四、十二年國民基本教育課程行動研究主要程序步驟

行動研究過程包括：「行動『前』的研究」、「行動『中』的研究」、「行動『後』的研究」之指出問題領域焦點、規劃行動方案、尋求合作夥伴、實施行動方案、進行評鑑回饋省思等繼續循環不已的開展過程，這種開展過程可以進一步地加以明確化與系統化為表8-11 PPCIER行動研究歷程的三階段六步驟：第一階段**行動『前』的研究**：(一)Problem「提問」，指出行動研究問題與省思；(二)Project「提案」，規劃行動研究方案與省思；第二階段「**行動『中』的研究**」：(三)Collaboration「協作」，協同合作行動研究與省思；(四)Implementation「實施」，實施監控行動研究與省思；與第三階段「**行動『後』的研究**」：(五)Evaluation「評鑑」，評鑑與回饋與省思；(六)Report「報告」，呈現行動研究報告與省思之「問題方案合作實施評鑑報告」，簡稱為PPCIER行動研究「循環歷程模式」（蔡清田，2021），茲以圖8-1說明此「行動研究」歷程模式如次：

§表8-11　PPCIER行動研究歷程的三階段六步驟

行動研究歷程	PPCIER行動研究步驟
第一階段： 行動前的研究	Problem「提問」：指出行動研究問題與省思。
	Project「提案」：規劃行動研究方案與省思。
第二階段： 行動中的研究	Collaboration「協作」：協同合作行動研究與省思。
	Implementation「實施」：實施監控行動研究與省思。
第三階段： 行動後的研究	Evaluation「評鑑」：評鑑回饋行動研究與省思。
	Report「報告」：呈現行動研究報告與省思。

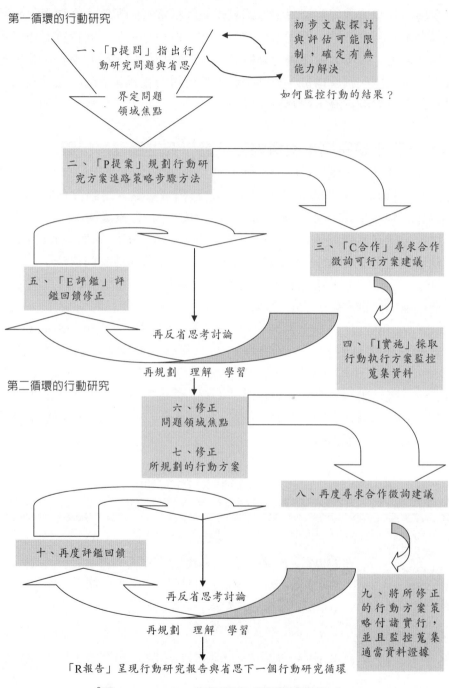

§圖8-1　PPCIER行動研究「循環歷程模式」

(一)行動研究歷程步驟一：Problem「提問」，指出行動研究問題與省思

　　行動研究歷程的步驟一是提出行動研究問題與省思，在進行十二年國教課程改革的教育行動研究之初，教育實務工作者應該確定所要研究的課程問題領域焦點，因為行動研究的問題不會無緣無故憑空而來，因此需要親自透過情境分析或進行需求評估，提出可能透過行動研究解決的問題。「提問」是行動研究的開端，可運用5W2H分析策略，又稱「七何分析法」提出尋求問題解答的疑問，包括：Why（為什麼）、What（做什麼）、Where（何處做）、When（何時做）、Who（由誰做）、How（如何做）、How much（成本是多少），並且可透過S（優勢）、W（劣勢）、O（機會點）、T（威脅點）、A（行動策略）的SWOTA情境分析策略，從更廣、更深的觀點提出最重要且必須解決的問題（蔡清田，2011）。是以下列「提問」有助於釐清行動研究的焦點，指出遭遇的**困難**與所產生的**問題**。

1. 說明課程問題**情境背景**，說明所關注問題的性質與背景，如學校所在地區特色、學校性質、年級、班級屬性、科目、學生性別等情境背景因素。

2. 說明課程問題的**領域**，如課程規劃、教材教法、資源媒體、學習活動等。

3. 說明課程問題的**焦點**，例如：想要提升高中3年級學生英語文閱讀理解能力。

4. 說明**為什麼**關心此課程問題，以及此課程問題的**重要性**。

5. 說明你對於上述課程問題，能作些什麼？說明預期達成的目標。

　　例如：蔡玉珊（2020）透過課程行動研究方法，以《普通高級中學英文課程綱要》和《十二年國民基本教育課程綱要（語文領域—英語文）》為導向，採運用合作學習於高中英文閱讀理解教學以提升學生的學習成效，探討學生的閱讀理解與後設認知是否有所提升，以改善在高層次上的閱讀理解，因此便針對研究場域「好好（化名）高中」的學校、教師，以及學生三向度進行S（優勢）、W（劣勢）、O（機會點）、T（威脅點）、A（行動策略）之研究情境SWOTA分析，藉此分析運用合作學習於高中英文閱讀理解教學之可行的行動研究方案。

(二)行動研究歷程步驟二：Project「提案」，規劃行動研究方案與省思

十二年國民基本教育課程改革的行動研究之第二個主要歷程步驟是規劃行動研究方案與省思，特別是透過情境分析提出問題後，宜針對問題進行課程行動方案規劃，擬定發展計畫，以因應所遭遇的難題。換言之，確定所要研究的問題焦點之後，則有必要進行課程改革的行動研究方案的規劃（Elliott, 1998），亦即需要：1.說明所構思的**可能解決課程問題之遠程課程行動計畫**。2.說明所構思的**可能解決課程問題之中程課程行動策略**。3.說明所構思的**可能解決課程問題之近程課程行動步驟**。4.指出可以透過什麼方法蒐集到何種**可能的資料證據**。

(三)行動研究歷程步驟三：Collaboration「協作」，協同合作教育行動研究與省思

行動研究歷程的第三個步驟是協同合作教育行動研究與省思，如果希望進行課程改革的行動研究，便需決定選擇適當顧問人選，以便進行諮詢請益，更可以透過批判的諍友（critical friend）提供課程改革建議諮詢（蔡清田，2021）。特別是當要決定所使用的方法時，有必要徵詢參與者的意見，因此，應該透過徵詢決定運用合適的策略，蒐集有用資料。同時考慮參與者是否有能力執行？參與者是否喜歡此種策略？此種策略是否能提供必要資訊？為了爭取合作，有必要向學生、家長、學校同仁或指導教授徵詢意見或尋求合作，並請其從批判觀點討論所提出的行動方案之可行性，共同研擬**可行的**方案。因此，下列的問題，可以協助行動研究之進行：1.說明**合作的主要參與對象**是誰，在課程行動研究過程中扮演何種**角色**，對所要進行的課程行動研究有何影響與**貢獻**？2.合作參與對象認為可行的解決課程問題之**遠程行動計畫**。3.合作參與對象認為**可行的**解決課程問題之中程行動策略。4.合作參與對象認為**可行的**解決課程問題之**近程行動步驟**。5.合作參與對象認為可以透過什麼方法蒐集到何種資料證據。

(四)行動研究歷程步驟四：Implementation「實施」，實施監控行動研究與省思

行動研究歷程的第四個步驟實施監控行動研究，與課程行動研究合

作參與對象建立必要的共識之後，便可進一步實施行動方案。而且在實施過程中，必須蒐集各種可能的資料證據，證明已經開始努力採取解決問題的具體行動（McNiff, Lomax, & Whitehead, 1996）。實務工作者若能妥善運用問題情境當中所獲得的資料，將能增進對問題情境的理解，並作為已經改進實務工作的證據。下列問題將有助於實施行動方案與蒐集有利的相關證據：1.指出所蒐集的**資料證據是什麼**，例如：教學活動照片、作業作品、檔案文件、訪談記錄、觀察記錄、學生輔導記錄、學生考卷、學生活動照片、自我省思札記、日記、工作現場筆記、練習手稿等。2.**舉例說明這些證據的內容是什麼**。例如：學生發問的次數增加、學生回答問題的正確比例增加、學生更熱烈參與上課討論的內容、學習考試成績的進步、師生互動頻率的增加等。3.指出**如何**進行資料證據的蒐集，如觀察、訪談、評量等。4.說明利用何種工具進行資料證據蒐集，如觀察表、訪談架構、評量表。5.這些證據可證明**達成何種目的或解決何種實際問題**。

行動研究過程透過「研究參與者」的三角交叉檢證（triangulation）：透過不同研究參與者的分析角度來檢視研究內容，對內容做建議或指正等，來審視研究發現；也透過「資料來源」的三角交叉檢證：在同一種方法中，檢證不同資料來源的一致性，包括：教學觀察記錄、研究者省思札記，參照研究訪談記錄與省思；「研究方法」的三角交叉檢證，採用多種蒐集資料的方法，多蒐集學生、家長及協同夥伴對課堂的反應以檢驗研究發現的一致性，包括：進行訪談、觀察、學習單、回饋單、文件資料蒐集等多種方法的校正，以增進研究的信實度。

此外，「四角交叉檢證」（quadrangulation）是一種蒐集資料的方法，也是一種監控證據的模式，因它可藉由主要的情境行動者透視各種不同的研究場面，以增進「三角交叉檢證」的效果（Elliott, 1991）。「四角交叉檢證」可以被視為四個研究視角，可從各種研究角度、不同的參與者（外來的觀察者／教學者／學生們）所進行行動描述與比較，所組成的「三角交叉檢證」所進一步發展出來的四個向度交叉檢證法，允許外來的觀察研究者、教室的教師和學生們所得的觀察研究記錄，以便協同合作並監控四個步驟的課程行動研究。「四角交叉檢證」，第一邊代表外來的觀察研究者和「教師即研究者」一起研究錄影裡的課堂教學行動；第二邊代表外來的觀察研究者和學生，在任課教師不出席的情況下討論錄影裡的課

堂教與學行動；第三邊代表「教師即研究者」播放錄影給行動研究專案計畫裡學校有關人員者觀看欣賞，並同時說明討論錄影中所發生的課堂教學內容和「教師即研究者」如何學得解決課堂教學的問題；最後的第四邊是當整個「個案」所有資料包括：錄影、實地筆記、備忘錄、方案課程指引、文件等被提出，並就整個「個案」所有資料都進行討論之後，整個四角交叉檢證（第四個邊或第四個研究視角）才算完整，其目的是使所有蒐集到的資料都能在研究過程中扮演應有的角色後，才會對於整個「個案」做一個全面評定（McKernan, 1996）。

(五)行動研究歷程步驟五：Evaluation「評鑑」，評鑑回饋教育行動研究與省思

　　課程行動研究之第五個主要歷程步驟是進行評鑑回饋與省思，協助教育實務工作者本身理解所規劃的行動方案之影響與效能，以獲致結論（Elliott, 1991）。就行動研究的效度而言，課程行動研究之效度是什麼（McKernan, 1996）？課程行動研究之導入，將導致何種課程改變？是否達成可欲的課程改變？學生學習是否變得更好？教師教學是否變得更有效能？課程行動方案之策略與步驟，可以類推應用到其他問題情境嗎？如未能順利解決課程問題，則須以新循環，重複上述步驟，力求問題解決。因此，有必要說明課程行動方案的**評鑑與回饋**？特別是：

1. 課程行動研究結束之後，提出了何種**結論主張與結果宣稱**？是否**解決**了所關注的課程問題？是否**改進課程實際工作**？是否**改善課程實務工作情境**？是否增進**本身對教育專業的理解**，有何**心得與收穫**？
2. 根據何種**專業規準**來判斷結論主張的有效性。教育實務工作者在哪個層面獲得**教育專業發展**？**有無舉出證據**支持的論點？所舉出的**證據適當**嗎？所舉出的**證據充分**嗎？**合作對象是否認同**課程改革的教育行動研究成效？
3. 再關注與下個課程行動研究的準備與暖身，根據評鑑的結果，判斷是否解決原先所關注的問題。如已解決問題，則可進行第六步驟呈現教育行動研究報告與省思

　　關注另一個課程問題，作為下一個課程行動研究計畫的起點。如**未能解決**原先的課程問題，應檢討**失敗情形與失敗的可能原因**，並繼續努力，

作為下階段課程行動研究繼續探究的問題，「修正」原先關注問題的焦點，研擬更適切的行動研究方案，並再度採取行動以解決問題。

(六)行動研究歷程步驟六：Report「報告」，呈現教育行動研究報告與省思

行動研究歷程的第六個主要步驟是呈現行動研究報告（Report）與省思，課程行動研究結果之發表，是非常重要的，而且既然課程行動研究能被稱為研究，應該是經得起公眾的審查批判。如果參與課程行動研究者，能透過適當管道，將其研究的結果向相關人員說明，將有助於類似課程改革問題的解決。

課程行動研究報告，通常述說一個故事，應該盡可能地以簡單明瞭的方式呈現報告內容，因此，個案研究與簡短的報告，可能是課程行動研究之適當溝通媒介（McKernan, 1996），不宜使用太多抽象理論概念，撰寫課程行動研究報告。課程行動研究者，必須習慣於批判自我的省思陳述，而且必須善於口頭報告陳述，在發表與呈現結果的過程中，進行反省地陳述。課程行動研究，應該是奠基於參與實際問題情境當中的討論與對話，因此所使用的語言，應該採用教育實務工作者日常工作現場活動的尋常語言與討論對話，來描述與詮釋課程行動研究歷程與結果（Elliott, 1998）。此種課程行動研究結果也適合加以公開推廣，甚至上網廣為宣導（黃光雄、蔡清田，2017）。例如：蔡玉珊（2020）透過行動研究以「好好高中」二年A班學生為合作研究夥伴，運用合作學習於高中英文閱讀理解教學之行動研究，將研究流程規劃為行動前的研究、行動中的研究及行動後的研究。1.陳述所關注的問題與省思；2.進行相關理論文獻探討規劃行動方案與省思；3.尋求教育行動研究合作夥伴與省思；4.實施課程發展之行動方案與省思；5.評鑑回饋與省思；6.呈現行動研究結果與省思，該行動研究實施結束後，便將實施行動研究的背景、目的、方案設計與實施歷程有條理呈現，過程中不斷行動反省思考判斷，並根據所蒐集的資料加以分析與評鑑，提出結論與建議後，參照論文寫作的通關密碼呈現行動研究證據（蔡清田，2010），最後將結果寫成學位論文，並在通過公開論文口試發表與答辯之後榮獲學位，並且幫助實務工作者分享珍貴的紀錄，可提供其他教育工作者之實務參考（蔡清田，2021）。

第九章

核心素養之課程學想像研究

　　本書一方面呼應國際組織與我國中小學課程基礎研究核心素養課程理念，探討核心素養課程想像，前瞻21世紀人類「工業4.0」智慧生活所需核心素養人才培育（OECD, 2021），邁向「經濟合作開發組織」2030年學習架構，彰顯核心素養有助學習者發展成為具備知識、能力、態度的全人，建構個人群體與全球人類生活的幸福感；另一方面呼應「重構主義」的課程概念重構，將「課程即科目」、「課程即目標」、「課程即計畫」、「課程即經驗」與「課程即研究假設」，重構為「課程即核心素養」之課程理念，將前述各章不同層次課程進行核心素養課程校準，重構為緊密連結的「核心素養之理念建議的課程」、「核心素養之官方計畫的課程」、「核心素養之教材支援的課程」、「核心素養之教學實施的課程」、「核心素養之學習獲得的課程」、「核心素養之評量考試的課程」、「核心素養之評鑑研究的課程」。

　　本章核心素養之課程學想像研究，強調透過課程學想像，前瞻核心素養的課程學想像，重視「重構主義」概念重構後的課程研究發展，涵蓋課程理念之重構、課程研究方法重構、課程理論之重構、課程模式之重構、課程發展之重構，將核心素養視同「十二年國民基本教育」課程發展與設計的DNA，透過「課程即核心素養」之課程理念，強化各教育階段課程連貫及各領域／科目課程統整，創新「核心素養的學校本位課程發展RPDIEM模式」、「核心素養課程實施教學設計OSCP模式」與「核心素養的SIE學習模式」及「核心素養的SIEA學習評量模式」，重構「十二年國民基本教育」核心素養課程研究發展，並透過核心素養的「課程發展」促進「個人發展」與「社會發展」，更可重構核心素養課程研究與課程理論，促進課程學研究發展。因此，本章包括第一節核心素養的課程學想像與重構主義的課程理論，第二節重構主義課程理論重新建構後的課程研究發展。

第一節 核心素養的課程學想像與重構主義的課程理論

本節探討課程學的想像，前瞻核心素養的課程學想像與重構主義的課程概念重構、研究方法重構與理論重構。

一、課程學的想像

「課程學」是課程研究者研究課程目標、計畫、科目、經驗、核心素養、發展設計、教學實施、評量評鑑等課程現象，以及針對有關什麼、何時、何處、為何、如何等課程問題、課程概念、課程理論、課程行動等，進行科學探究或哲學探討的研究領域（黃光雄、蔡清田，2017）；課程研究者可將課程概念想像如天空的星星，更可想像成彼此連結的星座，可就單一課程概念進行探究，也可探究課程概念間關係，並重構課程模式與課程理論。課程學的想像簡稱「課程想像」，是以課程研究人員為主角，針對過去、現在與未來的課程現象、課程問題、課程概念、課程理念及課程理論為主題，身歷其境在不同時空的浩瀚宇宙課程舞臺上，透過課程對話（curriculum dialogue）／課程會話（curriculum conversation）（Pinar, 2012），與課程行動交響演出跨越過去、現在與未來的時空之旅，持續不斷在不同世代時空間穿梭來回快閃演出，藉由「課程想像」解決課程問題、改善課程現象、重構課程理念及課程理論。

本書一方面回顧分析《課程發展與設計》、《課程發展與設計的關鍵DNA》、《50則非知不可的課程學概念》、《核心素養的課程發展》、《核心素養的學校本位課程發展》、《核心素養的課程與教學》與《十二年國教新課綱與教育行動研究》，並前瞻課程研究的課程理念與課程理論；另一方面參考《社會學的想像》（Mills, 1959），探究自我「個人領域」與所處「社會領域」的關係（Pinar, 2006），分析《教育學的想像：論學校課程設計與評鑑》（Eisner, 1994），綜整《課程與想像：歷程理論、教學與行動研究》（McKernan, 2008），透過教育想像將課程目標轉化成學生學習，前瞻「經濟合作開發組織」2030年學習架構，彰顯核心素養有助學習者發展成為具備知識、能力、態度的全人（OECD,

2019）。一方面呼應歐用生（2010）認同Vico主張「詩性智慧」（poetic wisdom）的想像，可以詩、故事、自傳、日記、敘說、音樂、戲劇、舞蹈、電影、建築等方式追求新意或重構現在的典範；另一方面更呼應派那（Pinar, 1975）主張curriculum源自拉丁字根currere向前跑之動態課程概念，不斷重構課程理論並持續探究未來課程學研究方向。

　　「課程想像」有助於課程研究者回顧過去、分析現況並綜合統整課程理念及課程理論、課程行動與課程研究方法，進而設法站在前輩肩膀上，以超越先前理解、前瞻願景、開拓更為寬廣、前所未知之課程理論並重構課程學研究。透過「課程想像」，可讓白紙黑字的「課程文本」，連結人類智慧生活「課程網絡」（Williamson, 2013），而豐富生活想像力如同愛因斯坦（Albert Einstein）所言：「想像比知識更重要。因為知識有限，而想像無窮包含全世界，可激發進步與進化」（Imagination is more important than knowledge. For knowledge is limited, whereas imagination embraces the entire world, stimulating progress, giving birth to evolution.），可鼓勵課程研究者用開闊視野去連結課程現象及其相關的課程概念與課程理論（Stacki, Caskey & Mertens, 2020）。如同葛林妮（Greene, 1995）的《釋放想像力》指出「想像可以超越藝術家的軌道，讀者可對作品進行揭露、再建構……」，可提升心靈視野、探索生命價值、點燃生命之光、拓展生命能量，釋放課程想像力。

　　「課程想像」可將過去的「課程即科目」、「課程即目標」、「課程即計畫」、「課程即經驗」與「課程即研究假設」，加以重構為「課程即核心素養」之課程理念。此種「課程想像」對課程科目、課程目標、課程計畫、課程經驗與課程研究而言都是相當重要的，「課程想像」涉及思想自由或自由想像，可以透過故事、比喻、隱喻等方法激發學生的想像力（Ornstein & Hunkins, 1993）。是以「課程想像」可以重構課程理念與課程研究，此處的課程就不只是一種授課大綱或講義，也不只是「課程即科目」、「課程即目標」、「課程即計畫」、「課程即經驗」、「課程即研究假設」的意義，而是可重構為「課程即核心素養」的課程理念，呼應核心素養的課程學想像。

二、核心素養的課程學想像

「核心素養」是指一個人統整知識、能力及態度之素養，就是21世紀「工業4.0」優質社會生活所需的智慧，有助個人因應現在與未來的生活挑戰（教育部，2014）。因此，核心素養的課程學想像十分重要，可接軌「聯合國教育科學文化組織」、「經濟合作開發組織」、「歐盟」核心素養國際學術研究與我國《十二年國民基本教育課程發展建議書》（國家教育研究院，2014a）與《十二年國民基本教育課程發展指引》（國家教育研究院，2014b）等課程基礎研究的雙重理據，培養新世紀人類社會生活所需核心素養，可引導學生學習體驗新時代人類社會資訊網路智慧生活所需知識、能力與態度之核心素養，邁向「經濟合作開發組織」2030年學習架構的理想願景（OECD, 2019）。

一方面，課程研究者宜理解因應人類智慧生活所需的核心素養，能跨越各級學校的主要學習領域科目內容及新興議題，如語文、數學、自然科學、社會科學、健康與體育、藝術、科技等主要學習領域科目，以及生命教育、性別平等教育、資訊教育、環境教育、人權教育、家政教育、海洋教育等重要的新興議題；另一方面，學校教育人員應適當地規劃設計課程，安排學生透過參與學習各級學校的主要學習領域科目內容及新興議題，協助學生學習獲得核心素養，因應新世紀社會生活需要與挑戰（Rychen & Salganik, 2001）。

核心素養的課程想像可以重構課程理念與課程理論，一方面可透過「課程想像」將過去「課程即科目」、「課程即目標」、「課程即計畫」、「課程即經驗」與「課程即研究假設」等加以重構為「課程即核心素養」之課程理念；如同將過去科目知識之「素養1.0」、進化到重視技術能力的「素養2.0」、再升級為用心態度之「素養3.0」，並加以想像重構為「智慧」統整知識、能力、態度的「素養4.0」之「核心素養」，此種「課程即核心素養」的課程理念，將「核心素養」視同「十二年國民基本教育」課程改革DNA，可作為各教育階段各領域／科目垂直連貫與水平統整課程設計的組織核心，因此，「核心素養」可想像成為課程發展與設計的關鍵DNA（陳伯璋、張新仁、蔡清田、潘慧玲，2007），可促成各領域／科目課程的統整與連貫，可作為課程目標重要來源、設計教材

教法及學習活動與學習評量等課程發展之重要依據（蔡清田，2012），亦即透過「課程即核心素養」之課程想像，重構培養新世紀社會生活所需課程綱要核心素養、領域／科目核心素養與相對應的學習內容與學習表現、核心素養學校課程計畫、核心素養學習目標、核心素養學習經驗與核心素養研究假設；另一方面更可透過核心素養的「課程校準」，將「理念建議的課程」、「官方計畫的課程」、「教材支援的課程」、「教學實施的課程」、「評量考試的課程」、「學習獲得的課程」、「評量考試的課程」及「評鑑研究的課程」，重構為緊密連結的「核心素養之理念建議的課程」、「核心素養之官方計畫的課程」、「核心素養之教材支援的課程」、「核心素養之教學實施的課程」、「核心素養之學習獲得的課程」、「核心素養之評量考試的課程」、「核心素養之評鑑研究的課程」，並透過「核心素養的學校本位課程發展RPDIEM模式」、「核心素養課程實施教學設計OSCP模式」與「核心素養的SIE學習模式」及「核心素養的SIEA學習評量模式」等具體實踐「課程即核心素養」的課程理念，呼應「重構主義」的課程概念重構。

三、「重構主義」的課程概念重構

　　「重構主義」強調課程概念需要重新建構（周淑卿、白亦方、林永豐、黃嘉雄、楊智穎，2021；黃光雄、蔡清田，2017；Pinar, 1978），這是派那（Pinar, 2004）在第一版《課程理論？》（*What is curriculum theory?*）強調課程概念重構（reconceptualization）的理論主張，他並在第二版的《課程理論？》（Pinar, 2012），再度強調可以透過課程概念重構的理論重構，以促進「個人發展」與「社會發展」。

　　「重構主義」的課程概念重構，可以說明本書第一章將「課程即科目」、「課程即目標」、「課程即計畫」、「課程即經驗」與「課程即研究假設」，加以概念重構為「課程即核心素養」之課程理念，尤其是「核心素養」的概念也是由學科知識之「核心素養1.0」、進化到重視基本能力的「核心素養2.0」、重視態度情意之「核心素養3.0」，並再升級為強調統整學科知識、基本能力、態度情意的「核心素養4.0」，亦即因應新世紀優質社會智慧生活所需的「核心素養4.0」＝（學科知識 + 基本能

力）^{態度情意}（蔡清田，2019），不僅擴展「九年國民義務教育」的學科知識與「國民中小學九年一貫課程改革」基本能力之成效，更擴展涵蓋寬廣豐富的態度情意內涵，強調培養因應現在與未來社會生活所需核心素養的重要性（教育部，2014；國家教育研究院，2014a、2014b），涵蓋「聯合國教育科學文化組織」建議的讀、寫、算等基本素養，以及「歐盟」《終身學習核心素養：歐洲參考架構》與「經濟合作開發組織」的《素養的界定與選擇》研究（UNESCO, 2003; EU, 2005; OECD, 2005）；兼具東方社會人文博雅與西方社會經濟競爭力的核心素養，是可透過核心素養課程發展，垂直連貫國小、國中、高中等各教育階段課程，並可跨越各領域／科目與各種社會生活領域（蔡清田，2020），此種核心素養的「課程發展」，可協助個人習得核心素養，以促進「個人發展」與「社會發展」，並可重構課程概念與課程理論，呼應「重構主義」的課程理論重構。

四、「重構主義」的課程理論重構

「重構主義」課程理論代表人物派那（William Pinar），原本在美國路易斯安那州立大學（Louisiana State University）主持該校「課程研究國際化研究中心」，後因2005年卡崔娜颶風對於路易斯安那州造成嚴重破壞，因而轉任至加拿大卑詩省不列顛哥倫比亞大學（University of British Columbia）課程與教學系。

1974年，派那於塞維爾大學（Xavier University）召開的課程理論會議發表一篇名為〈自我與他者〉（Self and others）的文章，首度使用「概念重構主義者」（reconceptualists）一詞，其後1975年派那在《課程理論建構：概念重構主義者》（*Curriculum theorizing: The reconceptualists*）一書將課程理論學者分為三派：第一學派「傳統主義者」（traditionalists）強調「實用的」課程發展設計、實施及評鑑的實務工作，以巴比特（F. Bobbitt）、查特斯（W. Charters）、泰勒（W. Tyler）為主要代表人物，其大部分著作是作為指導那些想要知道「課程設計方法」的學校人員進行公立學校課程管理。例如：巴比特（Bobbitt, 1918）倡導可透過「活動分析法」以確定課程目標來進行課程發展，隨

後查特斯（Charters, 1923）主張系統知識領域會改變，該領域的結構也隨著改變，因此透過「工作分析法」，分析特定行業的知識、技能與習慣，短期的職業訓練課程應運而生（黃光雄、蔡清田，2017）。其後，泰勒（Tyler, 1949）提出「目標模式」被譽為泰勒原理（Taba, 1962）。

第二學派的「概念經驗主義者」（conceptual-empiricist），許瓦伯（Schwab, 1969）認為課程是實際（practical）問題，課程發展旨在盡可能忠實地呈現實際的課程設計現象，課程發展者應對各種理論進行斟酌調整擇宜，以適應實際情境，此過程稱為慎思熟慮構想（deliberation），以彌補目標模式偏重目標，無法彰顯教育歷程的複雜現象之憾（Schwab, 1983）。吳克（Walker, 1971）提出「自然模式」（naturalistic model），鼓勵課程研究者應走進課程發展現場如實描繪課程發展實際過程，其所倡導的課程研究方式，構成了實際／實徵的課程研究典範。此一學派稱為「概念的」，是因為當中的課程研究者視其工作為概念性的，是根據社會科學理論的觀念來發展課程理論（甄曉蘭，2004）。此一學派又稱為「經驗的」，是因為有些課程研究者視其工作為利用社會科學的實證方法論來探究課程現象，認為理論目的在於行為預測及控制，如同社會行為科學工作一樣以實徵方式探討課程現象，著眼於預測和行為控制（鍾鴻銘，2008）。

第三學派是「概念重構主義者」，企圖綜整「傳統主義者」與「概念經驗主義者」兩大學派的課程概念，企圖超越先前課程概念之間的差異性並增進其共同性，進而重構「傳統主義者」與「概念經驗主義者」的課程理論。派那（Pinar, 1975）批評過去「傳統主義」特色在「目標模式」的課程目標、經驗選擇、組織與評鑑等課程語言，卻使課程人員被限制於行政管理及標準答案的語言系統中，而「重構主義者」挑戰此一傳統；派那（Pinar, 2006）出版《當代綜整性的文本與其他論文集：概念重構之後的課程發展》（*The Synoptic Text Today and Other Essays: Curriculum Development After the Reconceptualization*）一書，並重申其在1975年指出1918年巴比特（F. Bobbitt）出版《課程》一書是課程領域發展的開端，1969年許瓦伯（J. Schwab）警告傳統課程理論已經「瀕於死亡邊緣」（moribund），因此「課程概念」必須重構才能起死回生，因此須從傳統單一的理論取向，重構更多理論研究取向，這說明泰勒（R.

Tyler）傳統主義學派優勢已漸成過去，如同逐漸殞落的巨星，課程概念重構的時代已經來臨。

　　特別是派那（Pinar, 1988）主編《當代課程論述》（*Contemporary curriculum discourses*）一書，探討歷史研究、政治分析、美學評論、現象學研究及女性主義研究等課程論述，宣告課程理論研究方法的多元性有如百花齊放；其後派那等人編著（Pinar, Reynold, Slattery & Taubman, 1995）《理解課程》（*Understanding curriculum: An introduction to the study of historical and contemporary curriculum discourses*），從「理解課程為歷史文本」、「理解課程為政治文本」、「理解課程為後結構、解構及後現代文本」、「理解課程為自傳／傳記文本」、「理解課程為美學文本」、「理解課程為神學文本」、「理解課程為制度化文本」及「理解課程為國際文本」等「課程文本」進行多元論述，這些論述並不是各自分立，而是互相滲透的，不但單一論述研究之間跨出邊界而相互跨越，而且常是一個研究論述跨越若干研究論述，而形成多重跨越課程研究之課程現象、課程問題、課程概念與課程理論，其研究傾向關注世界內部存在的共同經驗，強調人文科學的「理解」功能，企圖「理解」教育經驗本質並重構課程概念（Pinar, 2011）。「重構主義」透過課程理論重構，開拓課程研究新領域（Pinar, 2012），不斷重構課程概念及課程理論，強調透過多元論述提供新課程研究取向，呼應了「去中心化」／「跨越疆界」／「多元混種」／「眾生喧譁」／「包羅萬象」／「百花齊放」／「百家爭鳴」，彰顯「重構主義」的課程研究方法重構（Pinar, 2015）。

五、「重構主義」的課程研究方法重構

　　「重構主義」的課程研究方法朝向跨界跨領域研究趨勢（Pinar, 2004），以後現代差異、複雜的視野重新理解課程，並進行課程概念重構，主張課程的動態過程，不同於「傳統主義者」與「概念經驗主義者」將其定義為跑道的名詞概念，「重構主義」主張課程如同生活經驗是永不停止向前跑的動態歷程，這是一種打破傳統概念的創舉，不只重構動態的課程概念，更重構了課程研究方法。特別是派那（Pinar, 1998）主編《課程邁向新的主體認同》（*Curriculum toward new identities*）一書，採取

概念重構的課程研究立場，從後結構、後現代、後殖民觀點，論述課程研究方法的多元性有百花齊放之感，因此，「重構主義者」有時被稱為後結構主義者、後現代主義者、後殖民主義者（蔡清田、楊俊鴻，2008），不僅延續社會學的孔茲（G. Counts）、羅格（H. Rugg）等人對社會秩序的批判，也採納艾波（M. Apple）等人對不公平的社會、種族、階級權力結構之批判並強調自由解放，重視心理學主觀意識和哲學存在經驗。

就「重構主義」的課程研究方法而言，重構主義旨在打破個人的「自我」界限（Pinar, 1975），探討「主體認同」（identity），引發對於自我身分反思論述的自我檢證以建立新主體認同，不斷重構「自我」與「社會」之間關係（黃光雄、蔡清田，2017）。因此，派那（Pinar, 1998）強調要跨越疆界、典範轉移，重新尋求課程主體，提倡課程概念重構，課程才能繼續向前跑，強調跨越疆界（border-crossing）與多元混種結合，因此加上後現代理論、混沌理論、複雜理論、美學、女性、小說、故事、自傳、酷兒（queer），擴大課程研究視野，重構課程研究豐富面向。

例如：利用文化人類學與後結構主義，從「自我故事」探究教師生活，以及教師生活政治學與教師工作的研究，理解歷史的轉變和當前與後現代有關的社會結構的改變，並持續不斷地進行自我認同理解與重構，在自我與社會之間的論戰，開啟了許多有關課程研究的討論，進行自我反省探究體驗超現實。又如，由傳統「生命故事」（life story）的描述方法，再重構為「生命歷史」（life history）的研究方法有助於傳達教師生命與工作變化（Goodson, 1998），有利於重構課程概念與課程理論，此種課程概念聚焦在特定的教育經驗，即學校教師和學生被鼓勵去回顧反思過去在學校生活的互動，並從精神世界去說明生命的體驗，此種課程意義引申為一趟求道之旅（Pinar, 1976），課程是在教室中師生互動的一種理解活動，而此理解活動變成一種詮釋活動，藉著師生共同探究課程文本，邁向課程理解（Pinar, 1988）。這呼應「重構主義」主張currere向前跑之「課程想像」（Pinar, Reynold, Slattery & Taubman, 1995），尤其是以存在經驗動態發展的課程概念，結合「自傳式理論」（autobiographical theory）與課程史的描述分析，詮釋課程理念與課程行動，以理解現在與未來的課程情境，有助於個體透過綜整理解情境問題，持續不斷地批判

解構傳統課程概念（Pinar, 2012），更進一步從「後再概念化」（Post-reconceptualization），進行課程理論化與課程理論的重構（蔡清田，2016）。

其次，派那（Pinar, 2006）出版《當代綜整性的文本與其他論文集：概念重構之後的課程發展》一書，指出過去課程研究方法主張概覽文本是不夠的，須透過「綜整」實踐教育參與文本分析探究等「課程學術探究」，引導師生回顧「課程文本」並連結個人主體性的「課程理解」。就課程研究方法而言，派那主張「綜整性」論文集，可供「重構主義者」綜整文本，並強調透過「回顧步驟」（regressive step）回顧過去與當前的關係、「前瞻步驟」（progressive step）描述個人前瞻未來的想像與當前的關聯、「分析步驟」（analytical step）分析在文化與政治脈絡下個人對課程的理解、「綜整步驟」（synthetical step）說明個人透過綜整的研究方法體驗經驗獲得意義以指引未來生活，可連結闡述課程理念的「課程文本」與脈絡情境的「課程網絡」（Williamson, 2013），並可超連結到學生的主體經驗意義與社會經驗，並重新建構課程理論。

「重構主義」的課程理論研究，從〈課程的去皮（unskinning）與植皮（reskinning）〉一文（Samara & Davis, 1998），借用文學人類學（literary anthropology）的借喻（trope）和隱喻（metaphorically），來說明課程概念重構的歷程，用敘說方式闡述課程必須是經由「去皮」與「植皮」的過程，亦即經由「身分認同」的解構及重新再建構的重構過程、改變自我想像和不斷變動的重構再造歷程，理解課程是動態發展的（蔡清田，2016），透過小說借喻「去皮」與「植皮」的重新再建構的再概念化過程，如同不斷地撕掉標籤重新定義、重新命名，能重構課程的新面貌，因此敘事探究的小說也具有課程研究價值，也能成為學術論文（莊明貞，2003）。特別是閱讀和寫作小說，通過這些文字不失真地展現「現實」，有助於超越經驗主義的夢想，甚至超越文字的自省性，有助於讀者可以自覺地展示敘事結構，從而產生反思自省與衍思批判的故事（Gough, 1998）。儘管Eisner（1994）對大學將來接受小說作為教育學博士論文持「樂觀」態度，但到目前為止都尚未實現，例如：《哈利波特》（Harry Potter）作者羅琳（J. K. Rowling）並沒有獲得大學博士學位，但是英國埃克賽特大學（University of Exeter）及亞伯丁

大學（University of Aberdeen）等皆授予她榮譽博士學位，因為她透過小說文筆幫助讀者想像故事並進行折射反思（reflections）與繞射衍思（diffractions），豐富了課程研究的想像。因此，借用《哈利波特》作為課程研究的材料，將小說作為課程研究是有其研究價值。

「重構主義」從〈折射與繞射：小說在課程探究中的功能〉（Reflections and Diffractions: Functions of Fiction in Curriculum Inquiry）一文（Gough, 1998），探討課程研究的小說探究之可能性與另類世界觀所能扮演的功能，理解到虛構小說可作為課程探究的透鏡，繞射能導引光線迴向個體自我本身，從他者原創性的多元的看法，再行繞射迴向自身，揭露課程概念重構的深層理解；更關心多元文化中的語言與權力關係、文化不利的原住民、同性戀的議題，以及從女性主義的觀點等協助課程研究者在變動不居的世界中擴大並豐富了課程理解，並勇於接受未來課程「旅程」的重構挑戰。小說探究的折射反思與繞射衍思，在研究方法上可借鏡的是研究方法不是只有二維的反射反思，繞射衍思可以應用到研究方法的「三角交叉檢證」（triangulation）與「四角交叉檢證」（quadrangulation）（McKernan, 2008；蔡清田，2021）。尤其是課程行動研究是建立在一個真實故事的研究，但因研究倫理問題，使用化名與變更地點事件，因此可以緩解個資問題，更可提升研究層次，是以行動研究不僅是說真實故事，還會從後設形式層次去推理詮釋分析綜合統整，並可開創課程想像。同樣地，「重構主義」從〈不要問；不要說：嗅出教育中的酷兒〉一文，探究理解並破除「非男即女」的二分對立性別課程；從〈課程如同撕裂的拼貼藝術：大眾文化與身分認同〉一文（Block, 1998），主張應鼓勵教育人員如同藝術家進行馬賽克（mosaic）拼貼藝術創作想像，不要如同環形監獄控制學生，逼迫學生遵照前人規定的跑道重蹈覆轍，宜容許學生擁有自由發揮的「課程想像」空間。

特別是，派那等人（Pinar, Reynold, Slattery & Taubman, 1995）出版《理解課程》，也呼應了《課程邁向新的主體認同》（Pinar, 1998），像是萬花筒百花齊放、又像百科全書（encyclopedia）的包羅萬象廣納各家學者論述，可以透過概覽看似不同的「課程文本」如同《當代綜整性的文本與其他論文集：概念重構之後的課程發展》（Pinar, 2006），這些課程文本並非各自分立而是可以綜整的「重構主義」課程理論文本，具有豐

富性（Richness）、再生性（Recursion）、相關性（Relation）、嚴謹性（Rigor）的後現代主義（Postmodernism）新4R精神，可透過跨領域跨越邊界地呈現理解課程研究的多樣面貌，不但單一論述之間跨出邊界而彼此跨越，且常是一個論述跨越若干論述，而形成多重跨越滲透的「綜整」，特別是透過綜整的課程研究方法運用多重課程文本、課程對話／課程會話，有如透過「四角交叉檢證」來重構課程概念，並說明課程概念之間可以是相互依存、相互跨越、相互建構，更可以重構課程理論，而且重構後的課程研究發展，可為課程學提供更豐富多元的課程研究視野，以下論述之。

第二節　重構主義課程理論重新建構後的課程研究發展

　　「重構主義」進行了課程概念重構、課程研究方法重構、課程模式重構與課程理論重構，不只將「課程」概念重構，更將「課程發展」概念重構，而且也促成「重構主義」課程理論重構之後的課程研究發展。特別是「重構主義」課程理論重構後的課程研究發展，開展了「社會領域」與「個人領域」之間「第三空間」的「課程發展」，也開展了核心素養的課程理論之重構，尤其是帶動核心素養課程理念之重構與核心素養課程模式之重構，呼應國際組織與各國學者倡導的核心素養「課程發展」，不僅可促成「個人發展」與「社會發展」，更可重構核心素養課程研究與課程理論促成課程學的研究與發展。

　　「課程研究」是一種系統化的活動，透過搜尋與再搜尋的重新審視歷程，可指出課程因素，以便理解課程現象（Pinar, Reynold, Slattery & Taubman, 1995），而且課程研究不只是在搜尋課程相關現象，更是以新視野重新搜尋探究課程相關概念、理念、理論、問題與行動；換言之，「課程研究」是指一種對「課程」追求更寬廣、更深層理解之努力行動，回顧過去分析課程概念、課程理念及課程理論、課程問題與課程行動，進而設法站在課程前輩肩膀上，研究課程前因、過程與後果，以建構或重構課程概念、課程理論及課程學的想像，並透過「課程想像」超越先

前理解、前瞻願景、開拓更為寬廣、前所未知之「課程學研究」（蔡清田，2016），「課程研究」包含課程的研究方法過程與課程概念、課程理念及課程理論與課程行動的結果，課程研究也是課程發展的推動器（黃光雄、蔡清田，2017），而且課程研究同時也可提供未來課程發展的指引，以便學校教師在教室情境中加以實施並進行課程現象與課程問題的研究假設之考驗與評鑑。「課程研究」不僅可提供課程發展之回饋，更可以幫助學校教師在教室情境當中採取課程行動，進而改進學校教師的教學實務品質，落實教室層次的課程發展。因此，課程研究發展並不是一種純粹以求知為目的，課程的研究發展，乃是結合了過去各自分立的研究與發展工作，成為改進課程的進路，發展課程成品和程序的有效過程，並可以保證課程成品和歷程的完美（黃政傑，1991）。但「課程發展」的理論基礎在實際運用上往往有所偏好，如「精粹主義」、「經驗主義」、「社會主義」、「科技主義」、「專業主義」、「重構主義」，是以調和各種課程理念的均衡課程理論實屬不易，因此，值得進一步探究理論重構之後的課程研究發展。

就「重構主義」課程理論重構之後的課程研究發展而言，派那（Pinar, 2006）在《當代綜整性的文本與其他論文集：概念重構之後的課程發展》一書指出「課程發展：生於1918年，死於1969年，再生於2001年」，其「課程發展」意涵為何？值得進一步深究。是否是「傳統主義」泰勒原理的古法復活？或如耶穌死而復生？當派那主張「遠離學校實務」的課程概念，派那是如何對學校教師們進行課程發展概念重構之建議呢？因此，本節評述「重構主義」課程理論的課程概念重構之後的課程研究發展，特別是核心素養的課程理念之重構及課程發展模式之重構。

一、課程概念重構之後的課程研究發展

「重構主義」的「第一波」課程概念重構之再概念化，主要是受到現象學、存在主義、社會批判理論等影響（Pinar, 1975），此期的「重構主義」課程理論的關注於「課程理論化」工作，遠離學校教育的教室教學實務，此種抽象的課程理論在教育應用上受到很大的質疑與挑戰。「重構主義」的「第二波」課程概念重構，是在原有的再概念化之外，

加上後現代思維、女性主義、酷兒理論等，而擴展了美學、多元文化主義等文學、社會理論於課程論述中（Pinar, 1988）。如同「重構主義者」Slattery（1995: 2）在《後現代的課程發展》（*Curriculum Development in the Postmodern Era*）提到：「在大學層級，這種課程領域的再概念化已經有許多討論，但是到現在，它卻尚未開始滲透到中學與小學」。「第二波」課程概念重構，還是忙於課程理論化的擴展，但終究未能成功結合中小學實務（Pinar, Reynold, Slattery & Taubman, 1995）。「重構主義」的「第三波」課程概念重構，開展了「後概念重構時代」（post-reconceptualization era）的後再概念論點，視課程為一種「課程對話」／「課程會話」，課程理論與文化研究、政治理論、精神分析、舞蹈、科學技術和其他領域相互激盪，採取多樣的觀點以超越傳統的論點。特別是派那（Pinar, 2006）指出「課程蒙太奇」（curricular montage）呼籲教師要具備創造性的課程創意，鼓勵教師要把這種課程想像引進公立學校教育（楊俊鴻，2018）。

在《當代綜整性的文本與其他論文集：概念重構之後的課程發展》的第一章中，派那（Pinar, 2006）參考許瓦伯（Schwab, 1969）的意見認為1960年代「學科知識」的傳統課程概念，如同夢魘一般令人難以忍受，他回顧在課程概念重構「之前」（pre-）是受到泰勒原理「目標模式」課程發展四個問題的框架束縛（Tyler, 1949），但派那分析「課程概念」重構「之後」（post-）的新型態課程發展的「實質內容」是具學科開放性的，科際整合的科目就如同受到歡迎的新興科目一樣，成為合法的課程議題（蔡清田、楊俊鴻，2008）。派那建議可將各種學科知識進行課程統整，如同科際整合提綱挈領提供教師進行當代藝術、人文學科、社會與自然科學的課程統整，以發揮課程統整設計的「綜整」之效。像這樣的課程統整，可提供一些如藥物濫用、防制毒品、防止兒童性虐待等主題課程統整，雖然這些「綜整」不隸屬於任何一個學科領域，但卻可以吸引家長、學生與教師關注。

派那不僅將「課程」概念重構，更將「課程發展」概念重構，並將學校教師原先放棄的課程發展能力，再度展現在學校課程發展中，教師不是學科知識的「消費者」，而是在課程發展動態過程扮演積極「發展者」角色，教師可從不同學科的科際整合進行「課程發展」並引進到教室當中

（Pinar, 2012），呼應了「重構主義」主張概念重構為課程是生活的教育經驗（Pinar, 2015），培養學生具備未來社會生活所需的素養，以便因應當代生活的不同需求與挑戰，如此教師能對於「自我」及「社會」進行重構，這種存在於「個人領域」與「社會領域」之間的「第三空間」（third space），就是派那所謂課程概念重構之後（post-）的「課程發展」（蔡清田、楊俊鴻，2008；Pinar, 2006），此種課程概念的重構之後的「課程發展」，可以促成「個人發展」與「社會發展」。

　　派那在第二章與第三章致力於處理環繞於毒品、性虐待等議題，呼籲教師去聽聽那些在校園環境中所不能說、不能講的議題（Miller, 2005），特別是去勇敢地面對當代社會的爭論議題。在第四章中，派那想像置身於一個類似無意識幻想的場所中，主張透過「身體體驗」可引導產生許多的課程想像。在第五章主要在於處理種族問題，探討在大眾文化研究中所存在的對於黑人身體的白人想像，從這件事中，引發了進一步探討存在於文化研究與課程研究兩者之間的關聯性問題。概念重構「之前」與「之後」的課程學者對於環繞在課程領域當中的許多重要問題，都可以透過「綜整性的文本」如同作為課程研究者一起共同觀賞的「課程文本」，並進行「課程對話」／「課程會話」。第六章討論到有關處以私刑（lynching）研究，以及不同學科視野的差異性；此外，也提到關於討論《美國課程研究促進協會期刊》（*Journal of the American Association for the Advancement of Curriculum Studies*）的編輯政策問題。

　　派那在第七章仍使用這種「綜整的」方法，並將他的注意力轉向到那些在課程發展動態過程當中的課程研究問題之上，探討了存在於「課程」、「教學」、「教導」之間的連結關係。在第八章中，是對於美國政治情境進行分析，並關注於Ted Sizer與David Labaree兩位學者著作的討論分析評議。在第九章回顧Bergamo會議與課程理論化期刊的課程複雜對話，提出透過傳記式的反省，在回顧過去與分析現在之間，察覺出存在的差異性及其間的連貫性。派那延續Foucault思維，極力要求在課程研究領域中，創造出教育的相互對抗文化。最後在第十章中，派那持續思考有關課程研究的文化問題，並以國家性及地域性為基礎的課程領域，試圖融入在地的與全球的觀點（蔡清田、楊俊鴻，2008）。

　　《當代綜整性的文本與其他論文集：概念重構之後的課程發展》說明

了「重構主義」強調課程概念重構之後的新型態課程研究發展，引導教師
不僅僅要熟悉更多所要教的學科知識，更是要多瞭解學科之間的關係與科
際整合的綜整課程設計，在閱讀新的課程研究之後，教師不僅僅知道更多
他們所教的學校科目內容，而且要知道更多科目之間的關聯性與課程統整
設計，以及這一些科目如何延伸到與「自我」及「社會」之間的關聯上。
處在課程概念重構「之後」的再概念化時期，課程建構的歷程中需要什麼
樣的訊息？派那主張概念重構之後的課程發展，可以鼓勵學校教師進行感
性的與知性的教室課程教學實務研究，教師對於存在於主體性、社會與學
術知識之間的關係進行研究，可以以自傳或文化研究的方式進行，這將可
協助課程概念重構「之後」的學校教師，突破課程理解不能落實於學校教
室實務情境當中的弊端（Pinar, 2006）。

二、課程概念重構之後的課程研究發展之評議

　　「重構主義」學派主張課程理論是教育經驗的綜合統整之綜整研
究，但是目前學校科目的分立現象，已無法解釋人類經驗的複雜性與多樣
性（Pinar, 2004），因此課程理論可以透過更多樣的學術視野，例如：從
美學、現象學、女性主義、存在主義、後現代主義、後結構主義、後殖民
主義及批判主義等多元視角理解課程（Pinar, 2012），以跨越學科經驗領
域的綜合統整方式進行課程學研究（黃光雄、蔡清田，2017），是以課
程學研究是一種獨特的研究領域，課程學的研究這一個獨特的研究領域是
受到人文、藝術美學、社會科學等理論的影響，由於受到課程領域的科際
整合結構，以及人文、藝術美學、社會科學等影響，使得課程學的理論成
為教育領域當中的一個專門獨特的研究領域，不同於教育領域淪為心理學
的次領域如教育心理學（蔡清田、楊俊鴻，2008）。

　　這種課程概念重構的課程研究新趨勢方法，顯示出「課程概念」不
僅可以超脫傳統權力控制再製意識型態之束縛，可重構再造並釋放課程
想像之可能性，例如：歐用生（2000）與陳伯璋（2001）便指出「重構
主義」往往用後現代的「課程美學」（curriculum aesthetic）之浪漫詩性
筆觸來描繪課程中的主體性與美感經驗，重視「互為主體」之「共鳴的
課程美感經驗」；一方面賦予教師／研究者／藝術家的多重角色（A/R/

Tography，簡稱ART），這些角色或思考並非各自獨立而是相關聯統整的，同時強調教師（T）經歷課程意義理解與課程概念重構過程不僅是研究者（R），也是藝術家（A），並且游移於這些角色之間的藝術教育生活課程研究（Irwin & Cosson, 2004; Pinar, Carter & Triggs, 2017），不斷進行教育研究、課程教學和藝術創作，擴充探究的課題和脈絡情境，不斷的質疑探究詮釋這些A/R/T角色的「課程間性」（curriculum in-between）之複雜經驗，從主體、思想和行動間的境遇產生新的組合情境，同時置入「理論／實踐／歷程／複雜」的多重論證的立場，探討更為複雜文本之間的（intertexuality）互文性「第三空間」（蔡清田、楊俊鴻，2008），並透過「行動研究」將理論、實踐和創造加以綜合統整。另一方面，也同時賦予課程的新概念思維與不斷開展的可能性，鼓勵課程研究相關人員，藉由課程的「去皮」、「植皮」、「折射反思」、「繞射衍思」而不是機械式投射刺激反應，而是如同「拼貼藝術」不斷解構與跨越原先固有的「概念」，並重新學習從動態、彈性、多元的角度看待課程／課程研究，進而以跨越疆界的方式省思課程、教學、學習、自我、性別、階級、族群等概念，以便能對「課程概念」有新的理解並重構課程概念，並且鼓勵課程研究發展人員進行課程想像。歸納而言，「重構主義」的課程理論學派所標榜的此種課程概念重構之後的課程發展觀點，主要因素來自於「重構主義」的外部批評與內部反省（蔡清田、楊俊鴻，2008）。

(一)重構主義課程理論的外部批評

　　「重構主義」課程理論，強調「課程概念」的重構，可以經由課程「概念」的結構解構與概念重構，並透過課程理論化的重構，不斷重構課程理論，一方面這正是「重構主義」理論所偏好的理論與意識型態，另一方面這也是「重構主義」課程理論本身需要重新再加以重構與不斷重構之處，可以引發後續課程學者繼續不斷進行課程想像及重新想像，與持續進行課程理論的重構，但其「概念重構」的分類理據未能充分論述（黃光雄、楊龍立，2012），而落入套套邏輯泥淖中；特別是派那等人（Pinar, Reynold, Slattery & Taubman, 1995）出版《理解課程》，這本「重構主

義」課程理論專書具有宗教意涵介紹「理解課程為神學文本」；更進一步地，派那（Pinar, 2006）透過《當代綜整性的文本與其他論文集：概念重構之後的課程發展》作為「重構主義者」共觀的「福音書」，如同傳播宗教信仰，其「課程理論」是否沉澱為宗教信仰的意識型態，值得稍後進一步評議。

黃光雄與蔡清田（2017）指出1971年麥當勞（J. MacDonald）發表〈課程理論〉（Curriculum theory）一文，闡述課程理論的三個學派：第一學派「傳統主義」視「課程理論」為課程發展的指導架構，因此，「課程理論」成為指導課程實務工作的一個開端。第二學派「概念經驗主義者」致力於社會科學的「課程理論」，企圖指出及描述課程發展模式當中變項及變項的關係，用來作為課程變項及變項之間關係的實徵測定，而不是作為檢驗課程方案的效率、效能（鍾鴻銘，2008）。第三學派「概念重構主義」將「課程理論」視為一種富創意的學術研究工作，希望以新方式重構「課程概念」。派那在1970年代倡導課程概念重構課程理論，藉由伯加摩（Bergamo）課程理論年會的召開及期刊雜誌《課程理論建構》（*Journal of Curriculum Theorizing, JCT*）的發行，影響面向相當廣泛。1981年派那發表〈課程學的概念重構〉（The reconceptualization of curriculum studies），指出須努力於「綜整」（synthetical）——同時是經驗的、解釋的、批判的及解放的觀點。這呼應了米勒（Miller, 1999）在〈重構課程概念：一種個人及部分的歷史〉（Curriculum reconceptualized: A personal and partial history）一文指出課程「重構主義」努力從傳統管理技術及實證取向，轉移到重構多重意義的課程理論。「重構主義」的課程重構乃是重構不同課程概念，不斷挑戰科層管理技術的傳統課程概念。「傳統主義」的課程概念採用的是技術方法，將內容、教學及學習分開成分立的、可觀察的及可測量的行為單元，這是一種靜態的傳統課程概念，將課程視為一種預先決定的、直線式的、分立的知識，這正是「重構主義」學派所要挑戰重構之處。

但「重構主義者」被其他學派批評為不食人間煙火的天上神仙，重視抽象的課程理論而不顧學校教師教學實務，也常被批評為遠離教室教師教學實際，根本不知學生學習的實際生活，而如何談論「經驗」（黃光雄、楊龍立，2012）。特別是，教師和學生的互動過程是值得深入研究

的學習經驗。所以，這就是「重構主義」進行課程概念重構之後的「課程發展」論點，企圖將教師教學實務融入「課程發展」的重新建構，藉以緩和其他學派批評其遠離學校課程教學實際的疑慮（蔡清田、楊俊鴻，2008）。

(二)概念重構主義課程理論的內部反省

派那在《當代綜整性的文本與其他論文集：概念重構之後的課程發展》一書（Pinar, 2006）指出「課程發展：生於1918年，死於1969年，再生於2001年」的課程發展意涵，值得深究。派那在聲稱「課程發展」已死之後，「重構主義」如何使「課程發展」死而復生呢？有趣的是，「重構主義」往往被視為是「理解課程」的烏托邦理論典範代表，不食人間煙火而容易忽視對學校實際教學的「課程發展」之關注，但派那（Pinar, 2006）指出「課程發展：生於1918年，死於1969年，再生於2001年」的課程發展意涵，說明其認為有必要性進行「課程發展」的重構。

派那所謂「概念重構之後的課程發展」，既不是「目標模式」，又不是「歷程模式」，而是在「目標模式」與「歷程模式」之間開展出來的第三空間，試圖創造「課程想像」浪漫情境，師生可以理解學科與學科之間的關係、理解社會與個人之間的關係。「重構主義」認為「課程」的概念，宜由單一的意義，轉變成一群複雜意義的綜合體，課程的概念並非展現於單一意義之中，課程存在生活之中是透過歷史、文化、空間、時間、主體等交互作用中的「間性」（in-between）而加以展現，課程是在理論與實踐間生成、是在計畫與經驗間生成、是在預期目標與非預期目標間生成、是在異質文化之間的碰觸生成（Pinar, Reynold, Slattery & Taubman, 1995）。這彰顯了「重構主義」動態課程概念的課程理論（楊俊鴻，2018；Fenwick & Edwards, 2010）。

派那（Pinar, 2006）進一步解釋概念重建之後，最有價值的「課程發展」是來自於個人學習者、知識與社會的交互作用歷程，而且與「個人領域」與「社會領域」之間的關係是息息相關的，此種「課程間性」（curriculum in-between）是源自於「重構主義」對動態課程currere的探討，並建立在一種新的學術立場，以一種新課程語言、思維，來重新

看待這種主體的存在體驗課程，特別是「間性」強調「和」（and）的思考，而不是「非此即彼」的思考，可在不同事物的邊界中生成新事物（Deleuze & Guattari, 1987），由此所衍生的「課程間性」第三空間可跨越「個人領域」與「社會領域」之原有疆界，就如同可以透過「課程想像」連結與綜整的「課程文本」及人類智慧生活「課程網絡」，可協助學習者因應當代社會智慧生活所需的核心素養，更有助於化解「傳統主義者」與「概念經驗主義者」的課程理論二元衝突對立（黃光雄、蔡清田，2017）。

「重構主義」主張的「課程間性」形成一種新的課程研究發展立場（Pinar, 2006），開拓課程研究新視野，透過這種視野交融過程可擴展課程研究者與學校教師教學實務工作之間的課程發展領域第三空間（楊俊鴻、蔡清田，2010；Malewski, 2010），此種「課程間性」是課程研究發展的第三空間，如同可讓「圈外人－走進來」（outsider-in），並讓「圈內人－走出去」（insider-out），亦即「重構主義者」重新建構的課程研究發展是在「傳統主義者」與「概念經驗主義者」等兩者之間辯證生成的第三空間，可以互補兩者不足而建構出一種新型課程理論，亦即課程間性是在「個人領域」與「社會領域」之間生成、課程間性是在課程理論與課程實務之間生成、是在課程理解與課程發展之間生成，課程間性更是在重構主義課程概念重構後的課程研究與課程發展之間生成（蔡清田、楊俊鴻，2008），並且透過「重構主義」概念重構之後第三空間的「課程發展」，可以促進「個人發展」與「社會發展」。

綜上所論，派那「重構主義的概念重構之後的課程發展」觀點，主要受到後結構主義、文化研究等當代學術思潮與研究領域的影響，派那試圖發展出「概念重構之後的課程發展」觀點，努力調和及超越存在於「傳統主義者」與「概念經驗主義者」兩者之間的對立，透過課程概念重構之後的課程間性之開展，進而賦予「課程發展」獲得死而復生的契機，並鼓勵教師重新進行課程研究發展，這應該是「重構主義」的概念重構課程理論最重要的啟示。但「重構主義」的概念重構的課程理論未能充分論述（黃光雄、楊龍立，2012），而且以派那（W. Pinar）為首的「重構主義者」之課程理論具有宗教意識型態，其一是派那（Pinar, 1976）指出「重構主義者」的自我覺醒旅程如同信徒「朝聖求道的靈性

旅程」（pilgrimage），此種課程概念具有宗教意圖；其二是派那等人（Pinar, Reynold, Slattery & Taubman, 1995）編著《理解課程》，這本專書專章介紹「理解課程為神學文本」（Understanding Curriculum as Theological Text）宗教色彩明顯；其三是派那出版《課程邁向新的主體認同》一書，又再次強調課程歷程如同「重構主義者」朝聖求道的靈性旅程（Pinar, 1998）；其四是「重構主義者」期待課程理論化典範轉移歷程也有如信徒「朝聖求道的靈性旅程」，更是派那主編《當代課程論述：二十年來的課程理論化期刊》（*Contemporary curriculum discourses: Twenty years of JCT*）的主要論述（Pinar, 1999）；其五是派那（Pinar, 2006）《當代綜整性的文本與其他論文集：概念重構之後的課程發展》（*The Synoptic Text Today and Other Essays: Curriculum Development After the Reconceptualization*）書名的「綜整性」（Synoptic），這個概念來自希臘語syn「共同」optic「觀察」，是指讀者共同觀察而能促成「視野交融」（fusion of horizon）（Pinar, 2006: 11）。「綜整性文本」（Synoptic text）是指信徒慕道共觀的「符類福音」（Synoptic Gospels），如同聖經前三卷《馬太福音》、《馬可福音》和《路加福音》以相似文本敘事次序、內容編排記載耶穌故事合稱「共觀福音」，可供信徒聚會讀經共觀回顧分析前瞻「綜整」文本的共同處，因此又名「綜觀福音」，此種課程理論（Pinar, 2012），豐富了課程研究之可能性（Pinar, 2015），但「重構主義」的「理論有如一種信徒禱告的行動」（Theory as a prayerful act）（MacDonald, 1995），也是「重構主義者」宗教信仰的實踐歷程（Slattery, 1995），更是「重構主義」信徒虔誠信仰的實踐行動（Schubert, 1992）。

從破除單一課程理論意識型態而開展多元課程研究視野而言，「重構主義者」有其課程理論重構的學術貢獻，但「重構主義者」不宜「五十步笑百步」，片面批評「傳統主義者」的課程設計目標模式與「概念經驗主義者」的歷程模式各有課程理論意識型態偏好之失；「重構主義者」也不宜自命清高處於高等教育的大學學術象牙塔，雖歷經三波課程概念重構之後，仍一味吹噓「重構主義」抽象課程理論的烏托邦天方夜譚，有如虛無飄渺的天上神仙不食人間煙火，遠離中小學現場卻低估學校複雜教學實務現況或不知教室師生之民間疾苦，或沉迷於「重構主義」信徒自我陶醉宗

教情懷的「朝聖求道的靈性旅程」，或醉心於教徒虔誠禱告行動或慕道共讀綜整性理論文本之「共觀福音」，或陷於崇拜理所當然的宗教信仰「意識型態」而難以自拔。

　　尤其是從「重構主義」的課程概念重構而言，沒有「課程目標」也是一種「課程目標」、沒有「目標模式」也是一種「目標模式」、沒有「課程傳統」也是一種「課程傳統」、沒有「意識型態」也是一種「意識型態」，因此不宜以唯一課程目標、唯一課程模式、唯一課程理念、唯一課程概念、唯一意識型態、唯一課程研究方法來束縛課程理論而失去「課程想像」，宜允許師生選擇提出不同的課程概念、不同的課程目標、不同的課程計畫、不同的課程理念、不同的課程模式、不同的課程理論與不同的課程研究方法，鼓勵師生提出課程問題，容許師生擁有學術自由而能發揮「課程想像」，以重新建構課程理念與課程理論，特別是鼓勵進行核心素養的課程理論之重構。

三、核心素養的課程理論之重構

　　因應國際組織倡導核心素養課程理念的「課程想像」，以及呼應「重構主義」課程理論重建，本書強調核心素養的課程理論之重構，特別是核心素養的課程理念之重構、核心素養的課程模式之重構，並將核心素養的「課程想像」轉化為課程行動方案，一方面將「核心素養」視同「十二年國民基本教育」課程研究的核心DNA，以「核心素養」作為「分教育階段」及「分領域／科目」的課程設計「核心」，強化各「教育階段核心素養」之間的課程連貫，以及各「領域／科目核心素養」之間的課程統整；另一方面進而透過核心素養的「課程校準」，透過核心素養與「理念建議的課程」、「官方計畫的課程」、「教材支援的課程」、「教學實施的課程」、「學習獲得的課程」、「評量考試的課程」及「評鑑研究的課程」等不同層次課程間性的綜整，加以統整連貫為緊密連結的「核心素養之理念建議的課程」、「核心素養之官方計畫的課程」、「核心素養之教材支援的課程」、「核心素養之教學實施的課程」、「核心素養之學習獲得的課程」、「核心素養之評量考試的課程」、「核心素養之評鑑研究的課程」，強化各教育階段之間的連貫，以及領域／科目之間的統

整，重構「十二年國民基本教育」課程一貫體系之課程理論，促成課程學研究的永續發展，以下進一步說明。

(一)核心素養的課程理念之重構

本書第一章「核心素養之課程研究發展設計」指出，因應21世紀人類社會已由「製造」升級轉型為「智慧製造」及人工智慧資訊網路時代的「工業4.0」之智慧生活趨勢，呼應新世紀人類生活所需「素養」隨著社會文明演進而不斷再概念化的重構與不斷重構，已由過去強調讀書識字的知識之「素養1.0」、進化到重視能力的「素養2.0」、再進化為態度之「素養3.0」，並再升級為統整知識、能力、態度的「素養4.0」，亦即「核心素養」，此種「課程即核心素養」的課程理念呼應第二章「核心素養之理念建議的課程」，指出「十二年國民基本教育」課程改革強調「核心素養」因應現在與未來社會生活，彰顯新世紀智慧生活所需知識、技能、態度的「核心素養」之重要性。

就「課程學」的想像而言，核心素養的課程想像，是教育的重要目的，學校與教師應當提供適當的學習機會，以激勵學習者透過課程想像進行自我反思與慎思熟慮構想，以達成個人發展的自我實現並促成社會發展（Pinar, 2012）。此種核心素養的課程想像，不以工具理性預先硬性規定固定目標，不以工廠生產技術模式不擇手段強制灌輸固定目標教導，而是倡導核心素養的課程教學想像期待的「表意結果」（expressive outcomes）（Eisner, 1994），鼓勵教師在核心素養課程發展歷程，發展動態的核心素養學習結果，鼓勵學生透過真實情境進行「真實學習」，並透過真實情境進行真實評量，強調核心素養的學習歷程與結果，而不是評量預先規定的固定目標，因為預定目標是預先規定的僵化目標會限縮教學的多樣性；學習歷程與結果可提供豐富的課程想像之可能性與發展性，因此可重構核心素養的課程研究與課程理論，並促成課程學研究發展。

(二)核心素養的課程模式之重構

本書第三章「核心素養之官方計畫的課程」指出「十二年國民基本教育」新課程綱要強調「核心素養」的重要性，而且核心素養的學

校本位課程發展可採圖3-7「核心素養的學校本位課程發展模式」，包括：「核心素養的課程研究（Research，簡稱R）」、「核心素養的課程規劃（Planning，簡稱P）」、「核心素養的課程設計（Design，簡稱D）」、「核心素養的課程實施（Implementation，簡稱I）」、「核心素養的課程評鑑（Evaluation，簡稱E）」、「核心素養的課程經營（Management，簡稱M）」等研究、規劃、設計、實施、評鑑、經營的核心素養學校本位課程發展理論建構模式（簡稱RPDIEM模式），進行「情境分析」、「願景建構」、「方案設計」、「執行實施」、「評鑑回饋、「配套措施」的核心素養學校本位課程發展實踐行動。

特別是本書第五章「核心素養之教學實施的課程」，呼應《中華民國教師專業素養指引—師資職前教育階段暨師資職前教育課程基準》的五大素養與「終身學習的教師圖像」之理想願景。教師在新課程綱要情境下，要能展現教育 4.0教師圖像，要能掌握「核心素養」是因應「工業4.0」智慧生活所需要統整知識、能力、態度的「素養4.0」，強調要能設計規劃符合核心素養導向之課程與教學，宜進行核心素養課程實施教學設計OSCP模式與核心素養的SIE學習模式及核心素養的SIEA學習評量模式，透過核心素養的課程校準串聯「核心素養之理念建議的課程」、「核心素養之官方計畫的課程」、「核心素養之教材支援的課程」、「核心素養之教學實施的課程」，將核心素養具體轉化為有助於學生的核心素養學習目標，並引導學生展現核心素養學習表現達成「核心素養之學習獲得的課程」，以下進一步綜整闡述：

1.核心素養課程實施教學設計OSCP模式

特別是「核心素養課程實施教學設計OSCP模式」，可以將本書第一章所論及過去傳統的「目標模式」、「歷程模式」或「情境模式」的課程發展模式加以重構，成為第五章「核心素養之教學實施的課程」圖5-1「核心素養課程實施教學設計OSCP模式」之四步驟，包括：(1)核心素養的「教學目標」宜包含知識、能力、態度價值等面向的統整，需再具體轉化成為學生的「學習目標」（Learning Objectives，簡稱O），並呼應「核心素養」及「學習重點」的「學習內容」及「學習表現」；(2)可透過「學習情境」（Learning Situation，簡稱S）分析設計導向「學習目標」的學習情境，引發學習動機並選擇組織學習經驗，亦即課程設計以學

生為主體，連結學生的生活經驗，引發其學習興趣動機及問題意識，並引導學生進行學習；(3)核心素養的「教學設計」，可透過選擇組織「學習重點」的「學習內容」（Learning Content，簡稱C），以發展學習方法及活動策略引導「學習表現」；(4)透過「統整活動」，活用實踐「學習表現」（Learning Performances，簡稱P），進行多元學習評量，如觀察、訪談、口頭發表、專題報告、實作、學習檔案等以瞭解學生整體學習情形，亦可納入自評與互評，以瞭解核心素養「學習目標」的達成程度（蔡清田，2020）。

「核心素養」理念再概念化的重構與升級轉型，涉及核心素養的教育、課程、教學、學習、評量等五論五珠連環的概念統整模式（蔡清田，2020），並落實在核心素養的「引起動機」、「發展活動」、「統整活動」的課程實施教學過程中，不僅綜合統整教學、學習、評量三合一實踐（蔡清田，2021），更可透過「課程行動研究」強調「學習情境」及教學反思的重要性以提高教與學的成效，協助教師主動運用所學知識解決問題，並具備批判思考的能力（張金蘭，2019），呼應Shulman（1987）提出教師教學應具備的七種知識範疇的重要性，特別是學科教學知識（PCK）乃是教師融合學科內容知識（SMK）及一般的教學知識（PK）於教學中，使教師知道如何針對學習者的能力興趣，將特定的教學主題加以選擇組織統整設計，以有效進行核心素養的教學，更呼應Dewey（1993）提出「做中學」與「體驗學習」的重要概念，強調教學反思的重要性，可提高教學成效（Paniagua & Istance, 2018）。

2. 核心素養的SIE學習模式

核心素養的課程發展，要能因應不同教育階段之教育目標與學生身心發展之特色，提供核心素養的「部定課程」與「校訂課程」的學習經驗（教育部，2014）。特別是，核心素養的「部定課程」與「校訂課程」經過規劃之後，學校教育人員就有必要進一步付諸課程行動，將課程目標與核心素養轉化成為可供「學習重點」之學習內容及學習表現，引導學生學習獲得核心素養以促進個人發展與社會發展，一方面這涉及本書第六章「核心素養之學習獲得的課程」有關核心素養的學習理念特質，可以結合第五章「核心素養之教學實施的課程」圖5-1「核心素養課程實施教學設計OSCP模式」，重構成為第六章圖6-1「核心素養的社會情境、內隱機

制、外顯行動學習模式」（Social Situation, Implicit Mechanism, Explicit Action），簡稱為「核心素養的SIE學習模式」，可以透過「情境學習」引導學生因應社會情境（S），並激發內隱機制（I）的內在動機與學習轉化「學習內容」，進而展現「學習表現」之外顯行動（E），以改善個人與社會生活，彰顯核心素養的教育功能、課程規劃、教學原理、教學模式、學習理念、學習模式等學習要素之間的動態發展，以及個體置身所處內部與外部情境互動的動態發展體系模式，更涉及「誠於中」而「形於外」的外顯行動，是核心素養的外顯展現的輸出系統，更牽涉到在社會情境當中培養出行動態度價值方向系統。

　　「核心素養的SIE學習模式」，可進一步重構為第七章圖7-1「核心素養的SIEA學習評量模式」或稱「核心素養的社會情境、內隱機制、外顯行動、學習評量模式」，具有四個重要構成要素：其一，「社會情境S」是指個體置身所處外部生活情境各種社會場域複雜需求，特別是指個體必須因應生活情境的各種社會場域之複雜需求；其二，「內隱機制I」是指個體內部心智運作機制的行動先決條件；其三，「外顯行動E」是指個體展現負責任之核心素養行動，展現個體行動所需的知識、能力、態度；第四「評量推估A」，特別是核心素養的學習評量，可評估核心素養的學習目標及學習表現達成程度。

　　「核心素養的SIE學習模式」牽涉到人因應情境的反省思考心智運作的主動學習而非傳統的被動學習，更觸及人類的深層心理與高階靈魂的「課程想像」，以激發積極主動的自主學習並讓學生成為學習主體，特別是由「被動學習」翻轉為「自主學習」，由「虛假學習」翻轉為「情境學習」的「真實學習」，由「個別學習」翻轉為「合作學習」（蔡清田，2019）。這也涉及了從「核心素養之教學實施的課程」如何落實到「核心素養之學習獲得的課程」，探討如何經由學習核心素養，而能協助學習者因應不同情境而調整其行動，以因應不同情境的各種社會需求與任務挑戰，可同時促進「個人發展」與「社會發展」。值得注意的是，核心素養是行動主體能動者與生活情境互動過程當中，具有主體能動性的行動實踐智慧，其中涉及到主體能動者能結合個體內部認知、技能與情意等複雜心智之行動先決條件，進而統整個體的知識、能力與態度，扮演「反思的實踐者」，透過行動反思與學習，促成個體展現主體能動者的負責任之行

動，以便能成功地因應生活情境的各種複雜任務（蔡清田，2012）。

「核心素養的學習」係指以學生為學習主體，是以人為中心，以學生為本、以學習為本，能活用所學並實踐於生活情境的一種學習。這種「核心素養的SIE學習模式」（蔡清田，2020），有別於以教師教學為主的「傳統導向」與以學科領域／科目知識學習為主的「內容導向」，藉由同時強調學習歷程及「學習表現」，並透過兼重思考與行動、理解與應用等高層次認知思考之規劃，讓學生能透過主動探索、體驗、試驗、尋求答案與合作學習，在與周遭人、事、物及環境的互動中尋求關係，並關注將所學內容轉化為實踐（蔡清田、陳伯璋、陳延興、林永豐、盧美貴、李文富、方德隆、陳聖謨、楊俊鴻、高新建、李懿芳、范信賢，2013）。

一方面，這呼應了「重構主義」主張存在於「個人領域」與「社會領域」之間的「第三空間」（Pinar, 2006），師生在教室課程進行「自主行動」、「溝通互動」、「社會參與」等核心素養的課程教學不只是為了自己「個人發展」，特別是可以透過核心素養的「課程發展」促成「社會發展」；尤其是「核心素養的學習」，是「人與生活世界」交織而成的學習歷程與結果（歐用生，2019；蔡清田，2019），牽涉到「人與自己」的相遇之「自主行動」，也涉及「人與事物」的相遇之「溝通互動」，涉及「人與他人」的相遇之「社會參與」，合乎「自發」、「互動」與「共生」的人類圖像特質，彰顯了「自己」、「人與他者」及「生活世界」等人類倫理系統圖像（馮朝霖、范信賢、白亦方，2011）。尤其是核心素養的學習是透過人與自己、他人、生活世界的事物之關聯及參與互動，包括和自己的「自主行動」實踐、認知世界事物的「溝通互動」實踐、與他人的「社會參與」實踐，可將傳統消極被動、虛假不實、單一個別的學習，翻轉為積極主動的「自主學習」、真實情境的「情境學習」與「真實學習」、團隊合作的「合作學習」，以培養自主行動、溝通互動與社會參與之「核心素養」。

另一方面，「核心素養的學習」也呼應「重構主義」重視動態學習經驗的「課程想像」，課程可以想像為是指由過去到現在到未來不斷在跑道上往前跑的學習經驗之「個人發展」與「社會發展」，這是一種動態的課程理念，而不只是靜態的跑道或教科書，而且特別重視個體所陳述過去與現在的學習經驗及未來的「課程想像」，不僅運用「重構主義」課程概念

重構之後的「課程發展」以促進「個人發展」與「社會發展」，進而透過運用「重構主義」課程概念重構之後「課程學術探究」的回顧、前瞻、分析、綜整之課程研究方法；特別是「回顧步驟」回顧過去與當前的關係，「前瞻步驟」描述個人前瞻未來的想像與當前的關聯，「分析步驟」分析在文化與政治脈絡下個人對教育的理解，「綜整步驟」說明個人透過綜整處理獲得豐富學習經驗，並實際體驗經驗以因應現代與未來生活。尤其是可以透過自傳或傳記的方式，讓學生寫下體驗學習過程，引導學生回到「課程文本」，藉以強化學生對於個體自我的心理分析及自我結構的拓展等「課程理解」學習經驗，並透過「課程想像」前瞻未來「社會領域」當中的「個人領域」的主體性之形成，促成個人主體性的發展重建與社會的重新建構發展。

　　這如同《莊子·齊物論》的想像：「昔者莊周夢為胡蝶，栩栩然胡蝶也，自喻適志與！不知周也。俄然覺，則蘧蘧然周也。不知周之夢為胡蝶與？胡蝶之夢為周與？周與胡蝶，則必有分矣。此之謂物化。」是以教育人員透過核心素養課程學想像，可重構課程理念與課程理論，可透過《核心素養的課程發展與設計》之課程學想像，協助個人習得因應現代與未來社會生活所需核心素養，並促進「個人發展」與「社會發展」，呼應「經濟合作開發組織」邁向2030年的學習架構（OECD, 2019），彰顯核心素養有助學習者發展成為具備知識、能力、態度的全人，可建構個人、群體與全球人類生活的幸福感，形塑一個功能健全社會之共同美好未來（OECD, 2021），並對未來課程學研究提供新的「課程想像」。

參考書目

中文部分

丁毓珊、洪健容（2021）。後疫情時代下中小學教師落實新課綱的策略與行動。**臺灣教育評論月刊，10**（8），8-15。

王世英、張鈿富、吳慧子、吳舒靜（2009）。**歐美澳「公民關鍵能力」發展之研究**。臺北市：國立教育資料館。

王如哲（1999）。**比較教育**。臺北市：五南。

王俊斌（2009）。**世界主義與共同責任意識──全球化狀況下的公民教育議題**。發表於國家教育研究院籌備處主辦「民主深化過程中的國家教育發展國際學術研討會」。國家教育研究院籌備處豐原院區。2009年11月7-8日。

王曉輝（2006）。法國新世紀教育改革目標：為了全體學生成功。**比較教育研究，27**（5），22-27。

方德隆（2001）。學校本位課程發展的理論基礎。**課程與教學季刊，4**（2），1-24。

方德隆（2009）。**九年一貫課程綱要總綱實施現況相關研究之後設分析**。國家教育研究院籌備處委託研究報告。高雄市：國立高雄師範大學教育系。

方德隆（2020）。臺灣課程審議制度運作之評析。**臺灣教育評論月刊，9**（1），46-56。

白亦方（2021）。課程實施，載於周淑卿、白亦方、林永豐、黃嘉雄、楊智穎合著。**課程發展與設計**（頁155-180）。臺北市：師大書苑。

古士傑（2021）。國三英聽策略課程設計之行動研究。國立中正大學課程研究所博士論文，未出版。

卯靜儒主編（2020）。**喚醒你的設計魂：素養導向專題探究課程設計指南**。臺北市：高教。

羊憶蓉（1996）。一九九〇年的澳洲教育改革：「核心能力」取向的教育計劃。**教改通訊，20**，2-3。

李子建、黃顯華（1996）。**課程：範式、取向和設計**。臺北市：五南。

李子建、姚偉梅、許景輝（2019）。**21世紀技能與生涯規劃教育**。臺北市：高教。

李文富（2011）。**國民中小學課程綱要理念與目標之擬議研究**。新北市：國家教育研究院。

李宗薇（1994）。**教學媒體與教育工學**。臺北市：師大學苑。

李坤崇（2002）。多元化教學評量理念與推動策略。**教育研究月刊，91期**，24-36。

李涵鈺（2019）。**十二年國教高中國語文領域教科書編者對領綱的詮釋與轉化**。國家教育研究院研究計畫。新北市：國家教育研究院。

行政院教育改革審議委員會（1996）。**教育改革總諮議報告書**。臺北市：作者。

何俊青（2002）。另類評量在社會領域概念評量的應用。**人文及社會學科教學通訊，12**（6），57-75。

余霖（2003）。公不公布組距，沒關係。**國語日報**，2003/07/07，13。

周祝瑛（2003）。**誰捉弄了臺灣教改**。臺北市：心理出版社。

周淑卿（2013）。課程綱要與教科書的差距——問題與成因。**課程與教學季刊，16**（3），31-58。

周淑卿（2021）。課程的基本概念，載於周淑卿、白亦方、林永豐、黃嘉雄、楊智穎合著。**課程發展與設計**（頁1-20）。臺北市：師大書苑。

周淑卿、白亦方、林永豐、黃嘉雄、楊智穎（2021）。**課程發展與設計**。臺北市：師大書苑。

周淑卿、陳美如、李怡穎、林永豐、吳璧純、張景媛、范信賢（2018）。**異同綻放——我們的校訂課程**。臺北市：教育部國民及學前教育署。

周珮儀（2012）。十二年國教與教科書。**教科書研究，5**（2），126-129。

林永豐（2018）。素養導向教學設計的要領。載於周淑卿、吳璧純、林永豐、張景媛、陳美如（2018）。**素養導向的教學設計參考手冊**（pp.1-3）。臺北市：教育部國民及學前教育署。

林永豐（2019）主編。**邁向素養導向的課程教學改革**。臺北市：五南。

林永豐（2020）。誰來解釋課綱的疑義？**臺灣教育評論月刊，9**（1），20-25。

林永豐（2021）。課程目標，載於周淑卿、白亦方、林永豐、黃嘉雄、楊智穎

合著。**課程發展與設計**（頁65-110）。臺北市：師大書苑。

林仁傑、林怡君（2021）。我國中小學校訂課程規劃實踐之初探。**臺灣教育評論月刊，10**（8），21-26。

林佳慧（2003）。**21世紀初紐西蘭第三級教育報告書與法案之研究**。暨南國際大學比較教育所碩士論文，未出版，南投。

林佳慧（2020）。**國中自主學習課程轉化之個案研究──以文化歷史活動理論為取徑**。國立臺灣師範大學課程與教學研究所博士論文，未出版。

林堂馨（2019）。**國小六年級自然領域自主學習方案之建構及成效研究**。國立中正大學課程研究所博士論文，未出版。

林海清、王智弘主編（2020）。**校本課程規劃的理論與實務**。臺北市：高教。

林清江、蔡清田（1997）。**國民中小學課程發展共同原則之研究**。嘉義縣：國立中正大學教育學程中心。教育部委託專案。

林清江（1998）。**國民教育九年一貫課程規劃專案報告**。立法院教育委員會第三屆第六會期。臺北市：教育部。

林進材（2019）。**核心素養下的教師教學設計與實踐**。臺北市：五南。

林佩璇（2012）。**課程行動研究**。臺北市：洪葉文化。

單文經、高新建、蔡清田、高博銓等譯（2001）。**校長的課程領導**。臺北市：學富。

沈珊珊（2005）。國民中小學九年一貫課程改革之探討。**教育資料與研究，65**，17-34。

柯華葳、劉子鍵（2005）。**18歲學生應具備基本能力研究**。教育部中教司委託研究。國立中央大學學習與教學研究所。

吳正新（2020）。**素養導向試題研發人才培訓計畫**。國家教育研究院研究計畫案（NAER-108-12-B-2-02-00-6-03）。新北市：國家教育研究院。計畫網址：https：//tpwli.naer.edu.tw

吳明烈（2004）。**終身學習**。臺北市：五南。

吳俊憲、吳錦惠（2021）。國小 108 課綱校訂課程計畫系統發展與問題評析。**臺灣教育評論月刊，10**（8），1-7。

吳清山（2018）。**邁向教育4.0──智慧學校的想像與建構**，15-24。臺北市：學富。

吳麗君（2002）九年一貫課程的首演：改革理念與實務面向的落差。載於中華

民國課程與教學學會主編**創世紀教育工程：九年一貫課程再造**。臺北市：揚智。

吳舒靜、吳慧子（2010）。經濟合作開發組織（OECD）與歐洲聯盟（EU）推動「公民關鍵能力」發展之國際經驗分析。**教育研究月刊，189，**40-52。

徐超聖（2004）。九年一貫課程七大學習領域設置的再概念化分析。第六屆「兩岸三地課程理論研討會」。**課程改革的再概念化（上集）**。臺北市：中華民國教材研究發展學會。

莊明貞（2003）。**後現代課程改革**。臺北市：高教出版社。

教育部（1998）。**國民教育階段九年一貫課程總綱綱要**。臺北市：作者。

教育部（2000）**國民中小學九年一貫課程暫行綱要**。臺北市：作者。

教育部（2003）。**國民中小學九年一貫課程綱要**。臺北市：作者。

教育部（2006）。**中小學一貫課程體系參考指引**。臺北市：作者。

教育部（2008）。**國民中小學九年一貫課程綱要**。臺北市：作者。

教育部（2014）。**十二年國民基本教育課程綱要總綱**。臺北市：作者。

國家教育研究院（2014a）。**十二年國民基本教育課程發展建議書**。臺北市：作者。

國家教育研究院（2014b）。**十二年國民基本教育課程發展指引**。臺北市：作者。

國家教育研究院（2014c）。十二年國民基本教育課程綱要總綱——規劃理念、設計與實施準備（簡報）。新北市：國家教育研究院。

聯合報（2020年7月21日）。**離譜！名私校課程計畫疑抄公校授課師名字都沒改**。

洪仁進、曾建銘（2020）。**教師資格考試評量架構之研究**（教育部研究計畫成果報告）。臺北市：教育部。

洪裕宏、胡志偉、顧忠華、陳伯璋、高湧泉、彭小妍等人（2008）。**界定與選擇國民核心素養：概念參考架構與理論基礎研究**。行政院國家科學委員會專題研究計畫成果報告（NSC 95-2511-S-010-001）。臺北市：國立陽明大學。

洪詠善、范信賢主編（2015）。**同行：走進十二年國民基本教育課程綱要總綱**。新北市：國家教育研究院。

洪慧萍（2021）。落實新課綱——實踐師生共學的探究歷程。**臺灣教育評論月**

刊，**10**（8），16-20。

高于涵（2020）。運用繪本實施國小一年級情緒教育之行動研究。國立中正大學教育學院教學專業發展數位學習碩士在職專班論文，未出版。

高新建（1997）。美國學科標準的訂定與推廣及其對我國課程修訂與推廣的啟示。中華民國課程與教學學會主編，**邁向未來的課程與教學**。臺北市：師大書苑。

胡志偉、郭建志、程景琳、陳修元（2008）。**能教學之適文化國民核心素養研究**。行政院國家科學委員會專題研究計畫成果報告（NSC95-2511-S-002-001）。臺北市：國立臺灣大學。

高湧泉、陳竹亭、翁秉仁、黃榮棋、王道還（2008）。**國民自然科學素養研究**。行政院國家科學委員會專題研究計畫成果報告（NSC 95-2511-S-005-001）。臺北市：國立臺灣大學。

施淑棉、翁福元（2020）。教育4.0教師圖像之我見。**臺灣教育評論月刊，9**（12），51-55。

徐明珠（2003）。升學制度的最佳量尺。**國語日報**，2003/07/07，13。

張新仁（2003）。**學習與教學新趨勢**。臺北市：心理。

張金蘭（2019）。**華語教學視角下的文化教學理論與實務**。臺北市：新學林。

張芬芬、陳麗華、楊國揚（2010）。臺灣九年一貫課程轉化之議題與因應。**教科書研究，3**（1），1-40。

張芬芬、謝金枝主編（2019）。**十二年國教的課程實施與問題因應**。臺北市：五南。

張芬芬、詹寶菁主編（2021）。**AI時代的課程與教學：前瞻未來教育**。臺北市：五南。

葉興華（2020）。從十二年國教課綱審議歷時論審議之運作。**臺灣教育評論月刊，9**（1），40-45。

葉蔭榮（2021）。推行「學會學習」課程的挑戰。載於鄭志強編著。**知識管理：課程與教學的應用**（pp. 4-19）。香港：香港教育大學。

黃光國（2003）。**教改錯在哪裡**。臺北市：心理出版社。

黃光雄（1984）。課程設計的模式。載於中國教育學會編輯小組，**中國教育的展望**（頁287-314）。臺北市：五南。

黃光雄（1996）。**課程與教學**。臺北市：師大書苑。

黃光雄等譯（2000）。**課程統整**（James A. Beane 原著）。臺北市：學富。

黃光雄等譯（2001）。**統整課程的設計**（Susan M. Drake 原著）。高雄市：麗文。

黃光雄、蔡清田（1999）。**課程發展與設計**。臺北市：五南。

黃光雄、蔡清田（2017）。**課程發展與設計新論**。臺北市：五南。

黃光雄、楊龍立（2012）。**課程發展與設計**。臺北市：師大書苑。

黃思華、張玟慧（2021）。AI時代的機器人教育理論與實務。載於張芬芬、詹寶菁主編，**AI時代的課程與教學：前瞻未來教育**（頁3-30）。臺北市：五南。

黃武雄（2004）。**學校在窗外**。臺北市：社大人文庫。

黃炳煌（1982）。**課程理論之基礎**。臺北市：文景。

黃炳煌（1996）。**教育改革——理念、策略與措施**。臺北市：心理。

黃政傑（1987）。**課程評鑑**。臺北市：師大書苑。

黃政傑（1991）。**課程設計**。臺北市：東華。

黃政傑（2020）。評課綱研修審議的政治性。**臺灣教育評論月刊，9**（1），1-7。

黃政傑、洪詠善（2016）。**學生學習與學校本位課程【簡報】**。2016邁向十二年國教新課綱研討會。取自https：//www.naer.edu.tw/ezfiles/0/1000/img/89/22446732.pdf

黃嘉雄（2021）。課程評鑑。載於周淑卿、白亦方、林永豐、黃嘉雄、楊智穎合著，**課程發展與設計**（頁181-235）。臺北市：師大書苑。

黃宏仁（2015）。社區資源融入國小五年級英語課程設計之行動研究。國立中正大學課程研究所博士論文，未出版。

黃琪鈞（2020）。國小一年級人際關係繪本教學之行動研究。國立中正大學教育學研究所碩士論文，未出版。

黃崑巖（2009）。**黃崑巖談有品社會**。臺北市：聯經。

單文經（2001）。解析Beane對課程統整理論的實際與主張。載於中正大學教育學院主編，**新世紀教育的理論與實踐**。高雄市：麗文。

彭小妍、王璦玲、戴景賢（2008）。**人文素養研究**。行政院國家科學委員會專題研究計畫成果報告（NSC 95-2511-S-001-001）。臺北市：中央研究院。

莊安祺譯（1998）。H. Gardner 原著，*Frames of mind: The theory of multiple intelligences*。7種IQ。臺北市：時報文化。

郭俊賢、陳淑惠譯（1999）。L. Campbell, B. Campbell, D Dickinson 原著，*Teaching and Learning Through Multiple Intelligences*。**多元智慧的教與學**。二版，臺北市：遠流。

郭俊賢、陳淑惠譯（2000）。D. Lazear 原著，*Multiple Intelligences Approaches to Assessment*。**落實多元智慧教學評量**。臺北市：遠流。

陳又慈（2020）。課程審議制度轉變的背景與規範之比較。**臺灣教育評論月刊，9**（1），26-31。

陳伯璋（2001）。**新世紀課程改革的挑戰與省思**。臺北市：師大書苑。

陳伯璋（2010）。臺灣國民核心素養與中小學課程發展之關係。**課程研究，5**（2），1-26。

陳伯璋、張新仁、蔡清田、潘慧玲（2007）。**全方位的國民核心素養之教育研究**。行政院國家科學委員會專題研究計畫成果報告（NSC 95-2511-S-003-001）。臺南市：致遠管理學院。

陳麗華（2008）。評介「為學習而設計的教科書」及其對我國中小學教科書設計與研究的啟示。**教科書研究，1**（2），137-159。

陳瓊森譯（1997）。H. Gardner原著，*Multiple Intelligences: The Theory in Practice*。**開啟多元智能新世紀**。臺北市：信誼。

許菊芳（1996）。「關鍵能力」啟動未來。**天下雜誌，178**，166-172。

鄭任君、蔡清田、楊俊鴻（2017）。跨越科目疆界的「健體與綜合活動」之跨領域主題課程設計。**教育脈動，11**，12-15。

鄭志強編著（2021）。**知識管理：課程與教學的應用**。香港：香港教育大學。

馮朝霖、范信賢、白亦方（2011）。**國民中小學課程綱要系統圖像之研究**（國家教育研究院委託研究報告）。臺北市：國立政治大學教育研究所。

楊秀全、李隆盛（2017）。從課程校準觀點探討新加坡科技教科書對我國生活科技教科書的啟示。**教科書研究，10**（3），37-67。

楊深坑（1999a）。教育知識的國際化或本土化？兼論臺灣近年的教育研究。**教育學報，27**（1），361-381。

楊深坑（1999b）。迎向新世紀的教育改革——方法論之省察與國際改革趨勢之比較分析，「教育改革、師資培育與教學科技：各國經驗」國際學術研討會。

楊思偉（1999）。**規劃國民中小學九年一貫課程基本能力實踐策略**。教育部委託專案研究報告。臺北市：臺灣師範大學教育研究中心。

楊俊鴻（2018）。**素養導向課程與教學：理論與實踐**。臺北市：高等教育。

楊俊鴻、蔡清田（2007）。課程研究方法論的轉向——從結構到後結構。**國教研究，19期**，313-338。

楊俊鴻、蔡清田（2010）。課程研究的下一個世代。**課程研究，5**（2），163-174。

楊智穎（2021）。課程設計的理論取向。載於周淑卿、白亦方、林永豐、黃嘉雄、楊智穎合著，**課程發展與設計**（頁21-33）。臺北市：師大書苑。

彭森明（2002）。新世紀教育改革研討會紀實：美國當前教育改革的趨勢。**翰林文教，2002**（3），49-56。

蘇永明（2000）。九年一貫課程的哲學分析——以「實用能力」的概念為核心。載於財團法人國立臺南師院校務發展文教基金會主編，**九年一貫課程：從理論、政策到執行**（pp. 1-20）。高雄市：復文。

薛承泰（2003）。**十年教改為誰築夢**？臺北市：心理。

薛雅慈（2020）。學生參與課程審議的理念溯源：民主教育中的「學生權利」視角。**臺灣教育評論月刊，9**（1），32-39。

謝名娟、程峻（2021）。**素養導向評量理論與實務**。臺北市：高教。

歐用生（1984）。**課程研究方法論**。高雄市：復文。

歐用生（1996）。**教師專業成長**。臺北市：師大書苑。

歐用生（1999）。從「課程統整」的概念評九年一貫課程。**教育研究資訊，7**（1），22-32。

歐用生（2000）。**課程改革**。臺北市：師大書苑。

歐用生（2002）。披著羊皮的狼？九年一貫課程改革的深度思考。載於中華民國課程與教學學會主編，**創世紀教育工程：九年一貫課程再造**。臺北市：揚智。

歐用生（2003）。課程統整再概念。歐用生與陳伯璋主編，**課程與教學的饗宴**（pp. 3-20）。高雄市：復文。

歐用生（2007）。課程理論與實際的「辯證」——一條漫長的課程改革之路。載於中華民國教材研究發展學會主編，**課程理論與課程改革**。臺北市：中華民國教材研究發展學會。又載於周淑卿與陳麗華主編，課程改革的挑戰與省

思（pp. 1-26）。**黃光雄教授七十大壽祝壽論文集**。高雄市：麗文。

歐用生（2010）。**課程研究新視野**。臺北市：師大書苑。

歐用生（2019）。**課程語錄**。臺北市：五南。

顏佩如（2019）。十二年國教課綱課程實施問題與解決之道。**臺灣教育評論月刊，8**（8），57-61。

甄曉蘭（2004）。**課程理論與實務：解構與重建**。臺北市：高教。

盧美貴（2000）。啐啄同心——學校本位課程發展的領導及其配合措施。載於中華民國教材研究發展學會主編，**邁向課程新紀元（下）**（pp. 242-278）。臺北市：中華民國教材研究發展學會。

盧雪梅（2001）。「九年一貫課程能力指標」知多少。**教育研究月刊，58，**73。

盧雪梅（2004）。從技術面談九年一貫課程能力指標建構：美國學習標準建構的啟示。**教育研究資訊，12，**2。

羅吉台、席行蕙譯（2001）。Thomas Armstrong（1994），**多元智慧豐富人生**。臺北市。

睿安（2003）。好老師薪火相傳。**國語日報**，2003/07/07，12。

潘慧玲、黃曬莉、陳文彥、鄭淑惠（2020）。學校準備好了嗎？國高中教育人員實施108課綱的變革準備度。**教育研究與發展期刊，16**（1），65-100。

蔡玉珊（2020）。**運用合作學習於高中英文閱讀理解教學之行動研究**。國立中正大學教育學院教學專業發展數位學習碩士在職專班論文，未出版。

蔡清田（2000）。**教育行動研究**。臺北市：五南。

蔡清田（2001）。**課程改革實驗**。臺北市：五南。

蔡清田（2002）。**學校整體課程經營**。臺北市：五南。

蔡清田主譯（2002）。**學習領域的課程設計**。臺北市：五南。

蔡清田（2003）。**課程政策決定**。臺北市：五南。

蔡清田（2004a）。**課程發展行動研究**。臺北市：五南。

蔡清田（2004b）。**課程統整與行動研究**。臺北市：五南。

蔡清田（2005）。**課程領導與學校本位課程發展**。臺北市：五南。

蔡清田（2006）。**課程創新**。臺北市：五南。

蔡清田（2007）。**學校本位課程發展的新猷與教務課程領導**。臺北市：五南。

蔡清田（2008）。**課程學**。臺北市：五南。

蔡清田（2009）。國民教育素養與課程改革。**教育研究月刊，188期**，123-133。

蔡清田（2010）。**論文寫作的通關密碼**。臺北市：高教。

蔡清田（2011）。**素養：課程改革的DNA**。臺北市：高教。

蔡清田（2012）。**課程發展與設計的關鍵DNA：核心素養**。臺北市：高教。

蔡清田（2013）。**教育行動研究新論**。臺北市：五南。

蔡清田（2014）。**國民核心素養：十二年國民基本教育課程改革DNA**。臺北市：高教。

蔡清田（2016）。**50則非知不可的課程學概念**。臺北市：五南。

蔡清田（2017）。**課程實驗：課綱爭議的出路**。臺北市：五南。

蔡清田（2018）。**核心素養的課程發展**。臺北市：五南。

蔡清田（2019）。**核心素養的學校本位課程發展**。臺北市：五南。

蔡清田（2020）。**核心素養的課程與教學**。臺北市：五南。

蔡清田（2021）。**十二年國教新課綱與教育行動研究**。臺北市：五南。

蔡清田、楊俊鴻（2008）。再概念化之後的課程發展。**當代教育研究，16**（2），133-142。

蔡清田、陳延興（2013）。國民核心素養之課程轉化。**課程與教學，16**（3），59-78。

蔡清田、陳延興、李奉儒、洪志成、鄭勝耀、曾玉村、林永豐（2009）。**中小學課程相關之課程、教學、認知發展等學理基礎與理論趨向**。國家教育研究院委託研究報告。嘉義縣：國立中正大學課程研究所。

蔡清田、陳延興、吳明烈、盧美貴、陳聖謨、方德隆、林永豐（2011）。**K-12中小學一貫課程綱要核心素養與各領域連貫體系研究**。國家教育研究院委託研究報告。嘉義縣：國立中正大學課程研究所。

蔡清田、洪若烈、陳延興、盧美貴、陳聖謨、方德隆、林永豐、李懿芳（2012）。**K-12各教育階段核心素養與各領域課程統整研究**。國家教育研究院委託研究報告。嘉義縣：國立中正大學課程研究所。

蔡清田、陳伯璋、陳延興、林永豐、盧美貴、李文富、方德隆、陳聖謨、楊俊鴻、高新建、李懿芳、范信賢（2013）。**十二年國民基本教育課程發展指引草案擬議研究**。國家教育研究院委託研究報告。嘉義縣：國立中正大學課程研究所。

賴志峰（2004）。課程連結理論之探究：課程標準、教學與評量之關係。**教育**

研究集刊，**50**（1），63-90。

謝政達（2010）。初探國中藝術與人文教科書教學和能力指標之校準研究。**教科書研究，3**（1），41-71。

顧忠華、吳密察、黃東益（2008）。**我國國民歷史、文化及社會核心素養之研究**。行政院國家科學委員會專題研究計畫成果報告（NSC 95-2511-S-004-001）。臺北市：國立政治大學。

鍾啓泉譯（2010）。佐藤學著（2006）。**學校的挑戰：創建學習共同體**。上海市：華東師範大學出版社。

關晶（2003）。關鍵能力在英國職業教育中的演變。**外國教育研究**，2003年第1期，32-35。

鍾鴻銘（2008）。William Pinar自傳式課程研究法之探析。**課程與教學季刊，11**（1），223-244。

英文部分

Airasian, P. W., & Gullickson, A. (1999). Teacher self-evaluation. In J. H. Stronge (Ed.). *Evaluating teaching: A guide to current thinking and best practice* (pp. 215-247). Thousand Oaks, CA: Corwin Press.

Alboher, M. (2007). *One Person/Multiple Careers: A New Model for Work/Life Success.* New York: Warner Business Books.

Aoki, T. (2003). Locating living pedagogy in teacher "research": Five metonymic moments. In E. Hasebe-Ludt & W. Hurren (Eds.), *Curriculum intertext: Place, language, pedagogy* (pp.1-10). New York:Peter Lang .

Apple, M. (1979). *Ideology and Curriculum.* London: Routledge.

Apple, M. (1988). Teaching and technology: The hidden effects of computers on teachers and students. In Beyer, L. E. & Apple, M. (1988)(eds.). *The Curriculum: Problems, Politics and Possibilities.* Albany: Sunny.

Apple, M. (1993). *Official knowledge: Democratic education in a conservative age.* London: Routledge.

Archibald, D., & Newmann, F. (1988). *Beyond standardized testing: Authentic academic achievement in the secondary school.* Reston, VA: National Association of Secondary School Principals.

Armstrong, D. (2003). *Curriculum today*. N.J.: Merrill Prentice Hall.

Australian Education Council (1989). Common and agreed national goals, Canberra, AGPS. Australian Education Council.

Beane, J. A. (1997). *Curriculum integration: Designing the core of democratic education*. New York: Teachers College Press.

Beauchamp, G. (1981). *Curriculum theory*. Wilmette, Ill: The Kagg Press.

Ben-Peretz, M., & Dor, B. (1986) *Thirty years of school-based curriculum development: A case study*. (ERIC No.ED274096)

Berliner, D. C. (1987). But do they understand? In V. Richardson. Koehler (Ed.), *Educators' handbook: A research perspective* (pp. 259-294). New York: Longman.

Bernotavicz, F., & Locke, A. (Spring 2000). Hiring child welfare caseworkers: Using a competency-based approach. *Public Personnel Management*, *29*, 33-42.

Betances, C. A. (1999). From Professional Development to Practices: Factors in the Implementation of Standards-Based Curriculum and Instruction. Ed. D. Dissertation of The George Washington University.

Beyer, L. E., & Apple, M. W. (1988)(eds.). *The Curriculum: Problems, Politics, and Possibilities*. Albany: Sunny.

Block, A. (1998). Curriculum as affichiste: Popular culture and identity. In W. F. Pinar (Ed.). *Curriculum toward New Identities* (pp. 325-341). NY: Routledge.

Bloom, B. S., Hastings, J. T., & Madaus, G. F. (1971). *Handbook on formative & summative evaluation of student learning*. New York: McGraw Hill.

Bobbitt, F. (1918). *The curriculum*. Boston: Houghton Mifflin Company.

Bobbitt, F. (1924). *How to make a curriculum*. Boston: Houghton Mifflin Company.

Brady, L. (1987). Explaining school-based curriculum satisfaction: A case study. *Journal of Curriculum Studies*, *19*(4), 375-378.

Brady, L., & Kennedy, K. (2019). Curriculum Construction (6th). Melbourne, VIC: Pearson.

Bridges, D. (1997). Personal autonomy and practical competence. In Bridges, D. (1997)(ed). *Education, autonomy and democratic citizenship: Philosophy in a changing world*. (pp. 153-164). London: Routledge.

Brophy, J. E. (1982). How teachers influence what is taught and learned in classroom. *The Elementary School Journal, 83*(1), 1-13.

Brown, D. S. (1988). Twelve middle-school teachers' planning. *Elementary School Journal, 89*, 69-87.

Brown, J. S., Collins, A., & Duguid, P. (1989). Situated cognitive and the culture of learning. *Educational Researcher, 18*(1), 32-42.

Bruner, J. (1960). *The Process of Education*. Cambridge, MA: Harvard University Press.

Bruner, J. (1966). *Toward a Theory of Instruction*. Cambridge, MA: Harvard University Press.

Bruner, J. (1967). Man: A Course of Study. In Bruner, J. & Dow, P. (Eds.). *Man: A Course of Study. A description of an elementary social studies curriculum.* (pp. 3-37). Cambridge, MA: Education Development Centre.

Bruner, J. (1971). *The Relevance of Education*. London: George Allen & Unwin LTD.

Bruner, J. (1977). *The Process of Education*. Cambridge, MA: Harvard University.

Bruner, J. (1978). *Toward a Theory of Instruction* (8th Ed.). London: Cambridge.

Bruner, J. (1980). Man: A Course of Study: Response 1. In Stenhouse, L. (1980a). *Curriculum Development in Action* (pp. 225-226.). London: Heinemann Educational Books.

Bruner, J. S. (1983). *In Search of Mind.* London: Harper & Row.

Bruner, J. (1986). *Actual Minds, Possible Worlds*. Cambridge, MA: Harvard University Press.

Bruner, J. (1996). *The Culture of Education*. Cambridge, MA: Harvard University Press.

Callon, M. (1986). Some Elements of a Sociology of Translation: Domestication of the Scallops and the Fishermen of Saint Brieuc Bay. In J. Law (Ed.). *Power, Action and Belief: A New Sociology of Knowledge?* (pp. 196-233). London: Routledge and Kegan Paul.

Canto-Sperber, M., & Dupuy, J. P. (2001). Competencies for the good life and the good society. In Rychen, D. S. & Salganik, L. H. (Eds.). *Defining and selecting key competencies* (pp. 67-92). Göttingen, Germany: Hogrefe & Huber Publishers.

Carr, J. F., & Harris, D. E. (2001). *Succeeding with standards: Linking curriculum, assessment, and action planning.* Alexandria, VA.: Association for Supervision and Curriculum Development.

Charters, W. W. (1923). *Curriculum construction.* N.Y.: Macmillian.

Cherryhomes, C. H. (2002). Curriculum ghost and visions-and what to do ? In W. E. Doll & Gough, N. (Eds.). *Curriculum visions.* New York: Peter Lang.

Clandinin, D. J., & Connelly, F. M. (1992). Teachers as curriculum makers. In Jackson, P. (ed.). *Handbook of research on curriculum.* (pp. 363-401). N.Y.: Macmillan.

Colby, R. L. (2017). Competency-Based Education: A New Architecture for K-12 schooling. Cambridge, MA: Harvard Education Press.

Connelly, M., & Clandinin, J. (1988). *Teachers as curriculum planners: Narratives of experience.* N.Y.: Teachers College Press.

Cornbleth, C. (1979). Curriculum materials and pupil involvement in learning activity. Paper presented at the Annual Meeting of the American research Association, San Francisco.

Counts, G. S. (1932). *Dare the school build a new social order?* NY: The John Day.

Dagget, W. (1995). Keynote address. OSSTF Grass Roots Conference. Toronto, ON.

Daignault, J. (1995). Understanding curriculum as poststructuralist, deconstructed, postmodern text. In Pinar, W. F., Reynold, W. M., Slattery, P., & Taubman, P. M. (1995). *Understanding curriculum: An introduction to the study of historical and contemporary curriculum discourses.* New York: Peter Lang.

Dealing, Sir Ron (1996). *Review of qualifications for 16-19 year olds.* London: School Curriculum and Assessment Authority, SCAA.

Deleuze, G., & Guattari, F. (1987). *Rhizome a thousand plateaus: Capitalism and schizophrenia* (pp. 3-25). Minneapolis: University of Minnesota Press.

Delors, J. et al. (1996) *Learning: The Treasure Within*; Report to UNESCO of the International Commission on Education for the Twenty-first Century. Paris: UNESCO Publishing.

Deng, Z. (2020). *Knowledge, Content, Curriculum and Didaktik*. London: Routledge.

Deng, Z. (2021). Constructing 'Powerful' Curriculum Theory. *Journal of Curriculum Studies, 53*(2), 1-18.

Department of Education, Science and Training. (2005). *School education*. Retrieved April 12, 2006, from http://www.dest.gov.au/sectors/school_education/

Dewey, J. (1900). *The school and society*. Chicago: The University of Chicago Press.

Dewey, J. (1902). *The child and the curriculum*. Chicago: The University of Chicago.

Dewey, J. (1993). *How We Think: A Restatement of the Relation of Reflective Thinking to the Educative Process*. Boston: D. C. Heath.

DfES (2003). *Children's Green Paper*. London: DfES.

DfES (2005). *The 14-19 Education and Skills – White paper*. London: DfES.

DfES (2006). *Education_in_England*. Retrieved Sep 13, 2006, from http://en.wikipedia.org/wiki/Education_in_England.

Dimmock, C. & Wildy, H. (1992). *School-based management and its Linkage with the curriculum in an effective secondary school*. (ERIC No.ED343225)

Doll, R. C. (1996). *Curriculum improvement: Decision making and process*. Boston: Allyn and Bacon.

Doll, E., Fleener, M., Trueit, D. & Julien, J., (Eds.)(2005). *Chaos, Complexity, Curriculum and Culture*. New York: Peter Lang.

Doll, E. & Gough, N. (2002). *Curriculum visions*. New York: Peter Lang.

Doyle, W. (1986). Classroom organization and management. In M. C. Wittrock (Ed). *Handbook of research on teaching* (3rd ed., pp. 392-431). N. Y.: Macmillan.

Drake, S. M. (1998). *Creating Integrated Curriculum: Proven Ways to Increase Student Learning*. Thousand Oaks, California: Corwin Press.

Drake, S. M. (2007). *Creating Standards-Based Integrated Curriculum: Aligning Curriculum, Content, Assessment, and Instruction*. Thousand Oaks, CA.: Corwin Press.

Egan, K. (2005). The curriculum as a mind-altering device. In P. B. Uhrmacher & J. Matthews (Eds.). *Intricate palette working the ideas of Elliot Eisner*. Ohio: Pearson Merrill Prentice Hall.

Eggleston, J. (1980). *School-based curriculum development in Britain*. London: RKP.

Eisner, E. W. (1990). *The enlightened eye qualitative inquiry and the enhancement of educational practice*. Ohio: Prentice Hall.

Eisner, E. W. (1994). *The Educational Imagination: On the Design and Education of School Program* (3rd ed.). New York: Macmillan.

Eisner, E. W. (2002). *The arts and the creation of mind*. New Haven: Yale University.

Eisner, E., & Vallance, E. (Eds.) (1974). *Conflicting conceptions of curriculum*. Berkeley, CA: McCutchan Publishing.

Elkin, S. L., & Soltan, K. E. (Eds.) (2000). *Citizen Competence and Democratic Institutions*. Pennsylvania: The Pennsylvania State University Press.

Elliott, J. (1983). A curriculum for the study of human affairs: The contribution of Lawrence Stenhouse. *Journal of Curriculum Studies, 15*(2), 105-123.

Elliott, J. (1991). *Action research for educational change*. Milton Keynes: Open University Press.

Elliott, J. (1998). *The curriculum experiment: Meeting the challenge of social change*. Buckingham: Open University Press.

English, F. W. (1992). *Deciding what to teach and test: Developing, aligning, and auditing the curriculum*. Newbury Park, CA: Corwin.

Erickson, H. L., Lanning, L. A., & French, R. (2017). *Concept-based curriculum and instruction for the thinking classroom* (2nd ed.). Thousand Oaks, CA: Corwin.

European Commission (2005). *On key competences for lifelong learning* [White paper]. Author.

European Communities (2007). The *Key Competencies for Lifelong Learning – A European Framework*. Luxembourg: Office for Official Publications of the European Communities

European Union (2005). Panorama of the European Union: United in diversity. Retrieved December 20, 2006 from http://europa.eu/abc/ panorama/index_ en.htm

Hamilton, D. (1990). *Curriculum history*. Geelong, Victoria, Australia: Deakin University Press.

Fenwick, T., & Edwards, R. (2010). *Actor-Network Theory in Education*. N.Y: Routledge.

Flinders, D., & Thornton, S. (Eds.) (2009). *The curriculum studies reader*. London: Routledge.

Finn, B. (1991). *Young people's participation in post-compulsory education and training*. Canberra: Australian Government Publishing Service.

Finn, C., & Ravitch, D. (1996). *Education reform 1995-1996: A report from the Education Excellence Network to its education policy committee and the American People*. Indianapolis, IN: Hudson Institute.

Fogarty. R. (1991). Ten ways to integrate curriculum. *Educational Leadership*, *49*(2), 61-66.

Fullan, M. (1989). *Implementing educational change: What we know*. Ottawa: Education and Employment Division, Population and Human Resources Department, World Bank.

Fullan, M. (1990). Beyond implementation. *Curriculum Inquiry*, *20*(2), 137-139.

Fullan, M. (1991). *The new meaning of educational change*. New York: Teachers College Press.

Fullan, M. (1992). *Successful School Improvement*. Milton Keynes: Open University Press.

Fullan M., & Miles, M. (1992). Getting reform right: What works and what doesn't. *Phi Delta Kappan*, *73*(10), 744-752.

Fullan, M., & Pomfret, A. (1977). Research on curriculum and instruction implementation. *Review of Education Research*, *47*(1), 355-397.

Fullan, M., Quinn, J. & McEachen, J. (2018). Deep Learning: Engage the World Change the World. Ontario: Corwin Press.

Gardner, H. (1983). *Frames of mind: The theory of multiple intelligences*. New York: Basic Books.

Geertz, C. (1975). *The interpretation of cultures*. London: Hutchinson.

Giddens, A. (1984). *The constitution of society*. Cambridge: Polity Press.

Glatthorn, A. (1987). *Curriculum leadership*. Glenview, Ill.: Scott, Foresman & Co.

Glatthorn, A. (1990). *Supervisory leadership*. New York: HarperCollins.

Glatthorn, A. (2000). *The principal as curriculum leader: Shaping what is taught and tested.* Thousand Oaks, California: Corwin.

Glatthorn, A., Bragaw, D., Dawkins, K. & Parker, J. (1998). *Performance assessment and standards-based curricula: The Achievement cycle.* N.Y.: Eye On Education Inc.

Glatthorn, A., Carr, J. F., & Harris, D. E. (2001). *Planning and organizing for curriculum renewal.* Alexandria, VA.: Association for Supervision and Curriculum Development.

Glatthorn, A., Jailall, J. M., & Jailall, J. K. (2017). *The principal as curriculum leader: Shaping What Is Taught and Tested* (4rd.). Thousand Oaks, CA: Corwin.

Goody, J. (2001). Education and competence: Contextual diversity. In Rychen, D. S., & Salganik, L. H. (Eds.). *Defining and selecting key competencies.* (pp. 175-189). Göttingen, Germany: Hogrefe & Huber Publishers.

Good, T. L., & Brophy, J. E. (1987). *Looking in classrooms* (4th ed.). New York: Harper & Row.

Goodlad, J. I. (1979). The scope of curriculum field. In Goodlad, J. I. and Associates., *Curriculum inquiry: The study of curriculum practice* (pp. 17-41). N.Y.: McGraw-Hill.

Goodson, I. F. (1998). Storying the self: Life politics and the study of the teacher's life. In W. Piner (Ed.). *Curriculum toward New Identities* (pp.3-19). NY: Routledge.

Gough, N. (1998). Reflections and Diffractions: Functions of Fiction in Curriculum Inquiry. In W. F. Pinar (Ed.). *Curriculum: Toward new identities* (pp. 93-121). New York: Garland.

Green, A. (1997). *Education, Globalization and National State.* London: Macmillan Press.

Greene, M. (1995). *Releasing the imagination: Essays on education, the arts and social change.* New York: Jossey-Bass.

Guskey, T. R. (1985). *Implementing mastery learning.* Belmont, CA: Wadsworth.

Guskey, T. R. (2001). Helping Standards Make the Grade. *Educational Leadership, 59*(1), 20-27.

Hall, G. E., & Loucks, S. F. (1977). A developmental model for determining whether the treatment is actually implemented. *American Educational Research Journal*, *14*(3), 263-276.

Hall, G. E., Wallace, R. C., & Dossett, W. F. (1973). *A developmental conceptualization of the adoption process within educational institutions*. Unpublished paper. Austin: University of Texas, Research and Development Center for Teacher Education.

Hamilton, D. (2009). On the Origins of the Educational Terms: Class and Curriculum. In Baker, B. (Ed.). *New Curriculum History* (pp. 3-20). Boston: Sense Publishers.

Harstad, E. (2001). Which Key Characteristics of Graduates Will a Technology. International Conference on Engineering Education. August 6-10, 2001 Oslo, Norway.

Halpin, D. (2006). Understanding curriculum as utopian text. In Moore, A. (Ed.). *Schooling, society and curriculum* (147-157). London: Routledge.

Haste, H. (1999). *Competence: Psychological realities*. DeSeCo Expert Report. Swiss Federal Statistical Office. Neuchâtel. (downloadable at www.deseco.admin.ch)

Haste, H. (2001). Ambiguity, autonomy, and agency: Psychological challenges to new competence. In Rychen, D. S., & Salganik, L. H. (Eds.) *Defining and selecting key competencies* (pp. 93-120). Göttingen, Germany: Hogrefe & Huber Publishers.

Henderson, J. G., & Hawthorne, R. D. (2000). *Transformative curriculum leadership*. Upper Saddle River, NJ: Merril.

Hess, K., Colby, R. L., Joseph, D. (2020). *Deeper Competency-Based Learning: Making Equitable, Student-Centered, Sustainable Shifts*. Thousand Oaks, CA: Corwin.

Hunter, C. S. J., & Harman, D. (1979). *Adult literacy in the United State*: A report to the Ford Foundation. New York: Mcgraw-Hill.

Hynes, W. (1996). *Kudos to our classrooms: Globe and Mail*. Toronto, Ontario, Canada.

Irwin, R. L., & Alex de Cosson (2004). *A/r/tography: Rendering Self through Arts-based Living Inquiry*. Vancouver, BC: Pacific Educational Press.

Jackson, P. (1992). Conceptions of Curriculum and Curriculum Specialists. In P. Jackson (Ed.). *Handbook of Research on Curriculum* (pp. 3-40). New York: Macmillan.

Jacobs, H. (1991). Planning for Curriculum Integration. *Educational Leadership*, *49*(2), 50-60.

Jacobs, H. (1995). *Mapping the big picture*. Alexandria, VA: Association for Supervision & Curriculum Development.

Joint Committee on Standards for Educational Evaluation with Sanders, J. R. (1994). *The Program evaluation standards: How to assess evaluations of educational programs*. Thousand Oaks, California: Sage.

Kellner, D. (2000). *Globalization and New Social Movements*: *Lessons for Critical Theory and Pedagogy*. In Burbules, N. C., & Torres, C. A. (Eds.). *Globalization and Education*: *Critical Perspectives* (pp. 299-321). N.Y.: Routledge.

Kelly, A. V. (1999). The curriculum and the study of the curriculum. In *The curriculum: Theory and practice* (4th Ed.). (pp. 1-22). London: Paul Chapman.

Kemmis, S. (1986). *Curriculum theorizing: Beyond reproduction theory*. Geelong, Deakin University Press.

Kempner (1998). *Post-Modernizing Education on the Periphery and in the Core*. International Review of Education, Vol, 44.

Kendall, J. S., & Marzano, R. J. (1997). *Content knowledge* (2nd ed.). Aurora, CO: Mid-continent Regional Education Laboratory.

Kenway, J. (1997). *Education in the Age of Uncertainty*: *An Eagle's Eye-View*. Paper commissioned by the Equity Section, Curriculum Division, Department for Education and Children's Services, South Australia.

Khine, M. S. (Ed)(2020). *Contemporary Perspectives on Research in Educational Assessment*. Charlotte, North Carolina: Information Age Publishing.

Klein, M. F. (1985). Curriculum Design. In Arieh Lewy (Ed). *The International Encyclopedia of Curriculum* (pp. 335-341) . Oxford: Pergamon.

Kim, D. (1993). The link between individual and organizational learning. *Sloan*

Management Review, 35(1), 37-50.

Kim, M., Youn, S., Shin, J., Park, M., Kyoung, O. S., Shin, T., Chi, J., Seo, D., & Hong, S. et al. (2007). A review of human competence in educational research: Levels of K-12, college, adult, and business education. *Asia Pacific Education Review, 8*(3), 500-520.

Kliebard, H. M. (2004). *The struggle for the American curriculum, 1893-1958* (3rd Ed.). New York: Routledge/Falmer.

Knapper, C. K., & Cropley, A. J. (2000). *Lifelong Learning in Higher Education* (3rd ed). London: Kogan Page.

Lave, J., & Wenger, E. (1990). *Situated Learning: Legitimate Peripheral Participation.* Cambridge: Cambridge University Press.

Lawton, D. (1983). *Curriculum studies and educational planning.* London: Hodder and Stoughton.

Leithwood, K. A. (1981). Managing the implementation of curriculum innovations. *Knowledge: Creation, Diffusion, Utilization, 2*(3), 341-360.

Levy, F., & Murnane, R. (2001). Key competencies critical to economic success. In Rychen, D. S., & Salganik, L. H. (Eds.).*Defining and selecting key competencies.* (pp. 151-173). Göttingen, Germany: Hogrefe & Huber Publishers.

Little, J. W. (1990). Conditions of professional development in secondary schools. In M. W. McLaughlin, J. E. Talbert & N. Bascia (Eds.). *The contexts of teaching in secondary schools* (pp. 187-223). New York: Teachers College Press.

Longworth, N. (2003). Learning in action: Transforming education in the 21st century. London: Routledge.

Loucks, S. F., Newlove, D. W., & Hall, G. E. (1975). *Measuring levels of use of the innovation: A manual for trainers, interviewers, and raters.* Austin: University of Texas, research and Development Center for Teacher Education.

Loucks-Horsley, S., Stiegelbauer, S. (1991). Using knowledge of change to guide staff development. In Liberman, A., & Miller, L. (Eds.). *Staff development for education in the 90s* (pp. 45-60). New York: Teachers College Press.

Macdonald, J. (1971). Curriculum theory. *Journal of Educational Research, 64*(5),

196-200.

Macdonald, J. (1995). An image of man: The learner himself. In B. J. Macdonald (Ed.). *Theory as a prayerful act: The collected essays of James B. Macdonald* (pp. 15-35). New York: Peter Lang. (Orginal work published 1964).

Malewski, E. (2010). Introduction: Proliferating curriculum. In E. Malewski (Ed.). *Curriculum studies handbook – The next moment* (pp. 1-39). N. Y.: Routledge.

Manalo, E. (2020). *Deeper Learning, Dialogic Learning, and Critical Thinking: Research-based Strategies for the Classroom*. N.Y.: Routledge.

Marsh, C. (2009). *Key concepts for understanding curriculum*. London: Falmer.

Marsh, C. J., Day, C., Hannay, L., & McCutcheon, G. (1990). *Reconceptualizing School-based curriculum development*. London: Falmer.

Marsh, C., & Willis, G. (1995). *Curriculum: Alternative approaches, ongoing issues*. Englewood Cliffs, N. J.: Merrill.

Marsh, C. J. (1997). *Planning, Management and Ideology: Key concepts for understanding curriculum 2*. London: The Falmer Press.

Marshall, R., & Tucker, M. (1992). *Thinking for a living: Education and the wealth of nations*. New York: Basic Books.

Martin C. (2000). Globalization and Educational Reform. In Nelly, P. & Karen, B. (Eds). *Globalizaton and Education*. N.Y.: Rowman & Littlefield publishers, INC.

Marzano, R., & Kendall, J. (1996). *Issues in brief: The fall and rise of standards-based Education*. N.Y.: MCRel Resources Center.

Marzano, R. J., Norford, J. S., Finn, M., D. Finn III., With Mestaz, R., Selleck, R. (2017). *A Handbook for Personalized Competency-Based Education: Ensure All Students Master Content by Designing and Implementing a PCBE System*. Bloomington. IN.: Marzano Resources.

Mayer, E. (1992). *Putting general education to work: The key competencies report*. Canberra: Australian Government Publishing Service.

Mayer Committee (1992). *Key Competencies*. Retrieved March 29, 2006, from http://www.dest.gov.au/NR/rdonlyres/F1C64501-44DF-42C6-9D3C-A61321A63875/3831/92_36.pdf.

McCutcheon, G. (1995). *Developing the Curriculum: Solo and Group deliberation.* N.Y.: Longman.

McKernan, J. (1996). *Curriculum action research: A handbook of methods and resources for the reflective practitioner.* London: Kogan Paul.

McKernan, J. (2008). *Curriculum and imagination: Process theory, pedagogy and action research.* London: Routledge.

McLaren, Peter (1998). Revolutionary pedagogies in Post-Revolutionary Times: Rethinking the Political Economy of Critical Education. *Educational Theory,* vol. 48, no. 4, 15-28.

McNeil, J. D. (1995). *Curriculum: The teacher's initiative.* New York: Merrill.

McNiff, J., Lomax, P., & Whitehead, J. (1996). *You and your action research project.* London: Routledge.

McTighe, J., & Ferrara, S. (1998). *Assessing learning in the classroom.* Washington, DC: National Education Association.

Miller, J. L. (1999). Curriculum reconceptualized: A personal and partial history. In W. F. Pinar (Ed.), Contemporary curriculum discourses: Twenty years of JCT (pp. 498-508). New York: Peter Lang.

Mills, C. W. (1959). *The Sociological Imagination.* Oxford: Oxford University Press.

Ministerial Council on Education, Employment, Training and Youth Affairs. (1999). *The Adelaide Declaration on National Goals for Schooling in the Twenty-First Century.* Retrieved March 10, 2006, from http://www.mceetya.edu.au/ mceetya/ nationalgoals/index.htm

Ministerial Council for Education, Early Childhood Development and Youth Affairs, (MCEECDYA)(2010). Foundation to Year 10 Australian Curriculum in Seventh MCEECDYA meeting COMMUNIQUE. 8 December 2010, Canberra. Retrieve July 19, 2012, from http://www.mceecdya.edu.au/ verve/_resources/c07_ Communique_8_Dec_2010.pdf.

Ministry of Education (2002). *DRAFT/Tertiary Education Strategy 2002-2007.*

Ministry of Education (2002). *Tertiary Education Strategy 2002-2007.* Retrieved May 20, 2006, from http://www.minedu.govt.nz/web/downloadable/dl7128_v1/ tes.pdf

Ministry of Education (2005). *KEY COMPETENCIES IN TETIARY EDUCATION*. Retrieved May 10, 2006, from *http://www.minedu.govt.nz/web/downloadable/ dl10354_v1/key-competencies.pdf*

Ministry of Education (2007).The New Zealand Curriculum. Learning Media Limited. Wellington, New Zealand.

Ministry of Education (2010). *Singapore MOE to enhance learning of 21st Century competencies and strengthen Art, Music and Physical Education*. Retrieved 07/21, 2010, from http://www.moe.gov.sg/media/press/2010/03/moe-to-enhance-learning-of-21s.php Singapore: Ministry of Education.

Mitchell, R. (1992). *Testing for learning*. New York: Free Press.

Moore, A. (Ed.) (2006). *Schooling, society and curriculum*. London: Routledge.

Morin, E. (1999). *The Seven Complex Lessons in Education for the Future*. UNESCO.

Murphy, J. (1990). The educational reform movement of the 1980s: A comprehensive analysis. In Joseph Murphy(ed). *The educational reform movement of the 1980s: Perspectives and cases*. Berkeley, CA: McCutchan Publishing Corporation.

National Council of Teachers of Teachers of English and International Reading Association (1996). *Standards for the English language arts*. Urbana, IL: National of Teachers of English.

National Council of Teachers Mathematics (1989). *Curriculum and evaluation standards for school mathematics*. Reston, VA: Author.

National Governors Association Center for Best Practices and the Council of Chief State School Officers (NGA Center & CCSSO) (2010a). *Common Core State Standards: English Language Arts & Literacy in History/Social Studies Standards*. Washington, DC. Author.

National Governors Association Center for Best Practices and the Council of Chief State School Officers (NGA Center & CCSSO) (2010b). *Common Core State Standards: Math Standards*. Washington, DC. Author.

National Governors Association (NGA)(2012). *Trends in State Implementation of the Common Core State Standards: Educator Effectiveness*. Washington, DC. Author.

National Research Council (2010). *Exploring the intersection of science education And 21st century skills: A workshop summary.* Washington, DC: The National Academies Press.

National Research Council (2011). *Assessing 21st century skills: Summary of a workshop.* Washington, DC: The National Academies Press.

National Research Council (2012). *Education for life and work: Developing transferable knowledge and skills in the 21st Century.* Committee on Defining Deeper Learning and 21st Century Skills.

Nespor, J. (1994). *Knowledge in Motion*: *Space, Time and Curriculum in Undergraduate Physics and Management.* Brighton: The Falmer Press.

Nitko, A. (1983). *Education tests & measurements: An introduction.* Orlando, FL: Harcourt Brace Jovanovich.

Noddings, N. (1986). Fidelity in teaching, teacher education, and research for teaching. *Harvard Educational Review, 56*(4), 496-510.

Norris, N. (1990). *Understanding educational evaluation.* London: Kogan Page.

Nussbaum, M. C. (1997). *Cultivating Humanity: A Classical Defense of Reform in Liberal Education.* Cambridge, Massachusetts: The Belknap Press of Harvard University Press.

Organisation for Economic Co-operation and Development (OECD)(2002). *Definition and Selection of Competencies(DeSeCo): Theoretical and conceptual foundations.* Strategy Paper. Retrieved June 12, 2010, From http://www.deseco.admin.ch/bfs/deseco/en/index/02.parsys.34116.downloadList.87902.DownloadFile.tmp/oecddesecostrategypaperdeelsaedcericd20029.pdf

Organisation for Economic Co-operation and Development (OECD) (2005). *The Definition and Selection of Key Competencies: Executive Summary* [White paper]. Author. https://www.oecd.org/pisa/35070367.pdf

Organisation for Economic Co-operation and Development(OECD)(2010). PIAAC (Programme for the International Assessment of Adult Competencies). Retrieved February 22, 2011 from http://www.oecd.org/documentprint

Organisation for Economic Co-operation and Development(OECD)(2016). Global competency for an inclusive world. Retrieved March 5, 2017 from http://www.

oecd.org/pisa/aboutpisa/ Global-competency-for-an-inclusive-world.pdf

Organisation for Economic Co-operation and Development (OECD)(2018). *The Future of Education and Skills 2030*. Paris: Author.

Organisation for Economic Co-operation and Development (OECD)(2019). *The Future of Education and Skills 2030: OECD Learning Compass 2030*. Paris: Author.

Organisation for Economic Co-operation and Development(OECD)(2021). *Positive, High-achieving Students? What Schools and Teachers Can Do*. Paris: Author.

Ornstein, A. C., & Hunkins, F. P. (1993). *Curriculum: Foundations, principles, and issues* (2nd ed). Boston: Allyn and Bacon.

Oliva, P. F. (1992). *Developing the curriculum* (3rd ed.). New York: Harper Collins.

Pacheco, J. A. (2012). Curriculum Studies: What is The Field Today? *Journal of the American Association for the Advancement of Curriculum Studies, 8*, 1-18.

Paniagua, A., & Istance, D. (2018). *Teachers as Designers of Learning Environments: The Importance of Innovative Pedagogies*. Paris Educational Research and Innovation, OECD Publishing.

Parsons, C. (1987). *The curriculum change game*. London: Falmer.

Partnership for 21st Century Skills (2019). Framework for 21st Century Learning Definitions. Retrieved from http://www.battelleforkids.org/networks/p21/frameworks-resources.

Perrenoud, P. (2001). The key to social fields: Competencies of an autonomous actor. In Rychen, D. S. & Salganik, L. H. (Eds.). *Defining and selecting key competencies*. (pp. 121-149) Göttingen, Germany: Hogrefe & Huber Publishers.

Pinar, W. F. (1975). Preface. In W. F. Pinar (Ed.). *Curriculum theorizing: The Reconceptualists* (pp. ix-xii). Berkeley, CA: McCutchan.

Pinar, W. F. (1976). Self and other. In W. F. Pinar & M. Grumet (Eds.). *Toward a poor curriculum* (pp. 7-30). Dubuque, IA: Kendall/Hunt(Orginal published 1974)

Pinar, W. F. (1978). The reconceptualization of curriculum studies. *Journal of Curriculum Studies, 10*(3), 205-214.

Pinar, W. F. (1988). *Contemporary curriculum discourses*. Scottsdale, AZ: Gorsuch

Scarisbrick.

Pinar, W. F. (1998) (ed). *Curriculum: Toward new identities*. New York: Garland.

Pinar, W. F. (1999) (ed). *Contemporary curriculum discourses: Twenty years of JCT*. New York: Peter Lang.

Pinar, W. F. (2004). *What is curriculum theory?* New Jersey: Lawrence Erlbaum Associates Publishers.

Pinar, W. F. (2006). *The Synoptic Text Today and Other Essays: Curriculum Development After the Reconceptualization*. New York: Peter Lang Publishing.

Pinar, W.F. (2012). *What Is Curriculum Theory?* (2nd ed). New York: Routledge.

Pinar, W. F. (2015). *Educational Experience as Lived: Knowledge, History, Alterity*. New York: Routledge.

Pinar, W. F., & Grumet, M. (Eds.)(1976). *Toward a poor curriculum*. Dubuque, IA: Kendall/Hunt.

Pinar, W. F., Reynold, W. M., Slattery, P., & Taubman, P. M. (1995). *Understanding curriculum: An introduction to the study of historical and contemporary curriculum discourses*. NY: Peter Lang.

Pinar, W. F., Carter, M. R., & V. Triggs (2017). *Arts Education and Curriculum Studies: The Contributions of Rita L. Irwin*. N.Y.: Routledge.

Pinnegar, S., & Hamilton, M. L. (2009). *Self-study of practice as a genre of qualitative research: Theory, methodology, and practice*. New York, NY: Springer.

Portelli, J. P. (1987). Perspectives and imperatives on defining curriculum. *Journal of Curriculum and Supervision, 2*(4), 354-367.

Posner, G. J. (1989). Making sense of diversity: The current state of curriculum research. *Journal of Curriculum and Supervision, 4*(4), 340-361.

Posner, G. J. (1995). *Analyzing the curriculum*. London: McGraw-Hill.

Posner, G. J. (1996). *Field experience: A guide to reflective teaching* (4th ed.). New York, NY: Longman.

Posner, G. J., & Rudnitsky, A. N. (2001). *Course design: A guide to curriculum development for teachers* (6th ed). New York: Longman

Pratt, D. (1994). *Curriculum planning: A handbook for professionals*. Orlando, FL:

Harcourt Brace College Publishers.

Price, D., & Stradley, A. (1981). The grassroots level of caring: An evaluation of school-based curriculum development. *Curriculum Perspectives*, *2*(1), 33-37.

Perrenoud, P. (2001). The key to social fields: Competencies of an autonomous actor. In Rychen, D. S., & Salganik, L. H. (Eds.). *Defining and selecting key competencies*. (pp. 121-149). Göttingen, Germany: Hogrefe & Huber Publishers.

Qualification and Curriculum Authority (1999a). *The National Curriculum: Handbook for primary teachers in England*. London: QCA.

Qualification and Curriculum Authority (1999b). *The National Curriculum: Handbook for secondary teachers in England*. London: QCA.

Qualification and Curriculum Authority (1999c). *Curriculum guidance for 2000*. London: QCA.

Qualification and Curriculum Authority (2000a). *Arrangement for the statutory regulation of external qualifications in England, Wales and Northern Ireland*. London: QCA.

Qualifications and Curriculum Authority (2000b). *Curriculum 2000: What Has Changed?* www.qca.org.uk/changes-to-the-nc/

Qualifications and Curriculum Authority (2000c). *Finding Your Way Around: A leaflet about the national qualifications framework*. London: QCA.

Qualification and Curriculum Authority (2006). *Developing Functional Skills* (consultation paper). London: QCA.

Qualifications and Curriculum Development Agency (2010). *The National Curriculum: Level descriptions for subjects*. London: QCDA.

Quinn, J., McEachen, J., Fullan, M., Gardner, M., & Drummy, M. (2020). *Dive into Deep Learning: Tools for Engagement*. Thousand Oaks, California: Corwin Press.

Raths, J. H. (1971). Teaching without specific objectives. *Educational Leadership*, *28*(7) (April 1971), 715.

Ross, A. (2000). *Curriculum: Construction and critique. London: Falmer Press*. Ruyle, O'Neill, Iberlin, Evans & Midles, 2019.

Rudduck, J., & Hopkins, D. (Eds.) (1985). *Research as a basis for teaching: Readings from the work of Lawrence Stenhouse.* London: Heinemann Educational Books.

Rugg, H. O., & Others (1969a). *Curriculum making: Past and present.* The twenty-sixth Yearbook of the National Society for the Study of Education. Part 1. New York: Arno Press Inc.

Rugg, H. O., & Others (1969b). *The foundation of curriculum making.* The twenty-sixth Yearbook of the National Society for the Study of Education. Part 2. New York: Arno Press Inc.

Rugg, H., & Schumaker, A. (1928). *The child-centered school: An appraisal of the new education.* Yonkers-on-Hudson, N.Y.: World Book.

Rychen, D. S., & Salganik, L. H. (Eds.) (2001). *Defining and selecting key competencies.* Göttingen, Germany: Hogrefe & Huber Publishers.

Rychen, D. S., & Salganik, L. H. (Eds.) (2003). Key competencies for a successful life and a well-functioning society. Göttingen, Germany: Hogrefe & Huber Publishers.

Sabar, N. (1991). School-based curriculum development. In A. Lewy (Ed.). *International encyclopedia of curriculum* (pp. 367-371). Oxford: Pergamon.

SCANS (1991). *What work requires of schools: A SCANS report for America 2000.* Washington DC, US Department of Labor.

Schon, D A. (1983). *The reflective practitioner: How professionals think in action.* New York: Basic Books.

Schröder, M. (2015). Competence-oriented study programmes. Retrieved from http://www.fibaa.org/uploads/media/13_Werkstatt_Kompetenzorientierung_ Mai_2015_V3_en_01.pdf

Schubert, W. H. (1986). *Curriculum: Perspective, paradigm, and possibility.* N.Y.: Macmillan.

Schubert, W. H. (1992). On mentorship: Examples from J. Harlan Shores and others through lenses provided by James B. Macdonald. *JCT*, 9(3), 47-69.

Schwab, J. J. (1969). The practical: A language for curriculum. *The School Review*, *78*(1), 1-23.

Schwab, J. (1983). The Practice 4: Something for curriculum professors to do. *Curriculum Inquiry*, *13*(3), 239-265.

Scott, D. (2006). Six curriculum discourses: Contestation and edification. In Moore, A. (2006)(Ed.). *Schooling, society and curriculum* (pp. 31-42). London: Routledge.

Sergiovanni, T. J. (1995). *The principalship: A reflective practice perspective.* San Francisco, CA: Allyn & Bacon.

Short, E. (Ed.) (1991a). *Forms of curriculum inquiry.* Albany: SUNY Press.

Short, E. (1991b). A perspective on understanding the nature of curriculum inquiry. *Curriculum and Teaching*, *6*(2), 1-14.

Short, E. (1991c). Inquiry methods in curriculum studies: An overview. *Curriculum Perspectives*, *11*(2), 15-26.

Shulman, L. S. (1987). Knowledge and teaching: Foundations of the new reform. *Harvard Educational Review*, *57*(1), 1-23.

Simpson, B. (2002). The knowledge needs of innovating organizations. *Singapore Management Review*, *24*(3), 51-60.

Sizer, T. (1984). *Horace's compromise: The dilemma of the American high school.* Boston: Houghton Mifflin.

Skilbeck, M. (1984). *School-based curriculum development.* London: Harper & Row.

Slattery, P. (1995). *Curriculum Development in the Postmodern Era.* NY: Peter Lang.

Smitherman, S. (2005). Chaos and Complexity Theories. In W. Doll, M. Fleener, D. Trueit & J. Julien (Eds.). *Chaos, Complexity, Curriculum and Culture* (pp.153-180). New York : Peter Lang.

Snyder, J., Bolin, F., Zumwalt, K. (1992). Curriculum implementation. In Jackson, P. W. (eds.). *Handbook of research on curriculum* (pp. 402-435). N.Y.: Macmillan.

Soltan, K. E. (1999). Civic competence, attractiveness, and maturity. In Elkin, S. L. & Soltan, K. E. (eds). *Citizen competence and democratic institutions* (pp. 17-37). Pennsylvania: The Pennsylvania State University Press.

Spencer, H. (1911). *Essays on Education and kindred subject.* London. J. M. Dent &

Sons Ltds.

Spencer, L. M., & Spencer, S. M. (1993). *Competence at Work: Models for Superior Performance*. New York: John Wiley and Sons.

Squires, D. A. (2009). *Curriculum alignment: Research-based strategies for increasing student achievement*. Thousand Oaks, CA: Corwin Press.

Stack, B. M., Vander Els, J. G. (2018). *Breaking With Tradition: The Shift to Competency-Based Learning in PLCs at Work*. Bloomington. IN: Solution Tree Press.

Stacki, S., Caskey, M., & Mertens, S. (Eds.) (2020). *Curriculum, Instruction, and Assessment*. Charlotte, NC: INFORMATION AGE PUBLISHING.

Stenhouse, L. (1975). *An introduction to curriculum research and development*. London: Heinemann.

Stenhouse, L. (1983). *Authority, education and emancipation*. London: Heinemann Educational Books.

Stein, S.(2000). *Equipped for the future content standards: What adults need to Know and be able to do in the 21st century*. Washington, DC: National Institute for Literacy.

Stiggins, R. J. (1987). *Design & development of performance assessments*. Washington, DC: National Council on Measurement in Education.

Stoltz, P. (1997). *Adversity quotient: Turning obstacles into opportunities*. New York:

Strauss, A., & Corbin, J. (1990). *Basics of qualitative research: Grounded theory procedures and techniques*. London: SAGE publishers.

Suchman, L. A. (1987). *Plans and Situated Actions: The Problem of Human-machine Communication*. New York: Cambridge University Press.

Sumara, D. J., & Davis, B. (1998). Unskinning curriculum. In W. F. Pinar (Ed.), *Curriculum: Toward new identities* (pp. 75-92). N.Y.: Garland.

Taba, H. (1962). *Curriculum development: Theory and practice*. N.Y.: Harcourt Brace Jovanovich.

Tanner, D., & Tanner, L. N. (1995). *Curriculum Development: Theory into Practice* (3nd ed.). Englewood Cliffs, NJ: Prentice-Hall.

Townsend, T. (Eds.) (2019). *Instructional Leadership and Leadership for Learning in Schools: Understanding Theories of Leading.* N.Y.: Palgrave Macmillan.

Trilling, B., & Fadel, C. (2009). *21st Century Skills: Learning for Life in Our Times.* San Francisco, CA USA: John Wiley & Sons, Inc.

Tucker, M. (1998, Spring). The state of standards: Powerful tool or symbolic gesture? *Expecting More, 1*(2). Washington, DC: NCEE.

Tuckman, B. W. (1985). *Evaluating Instructional Programs.* ERIC number: ED261015

Tyler, R. W. (1949). *Basic principles of curriculum and instruction.* Chicago: University of Chicago Press.

United Nations Educational, Scientific and Cultural Organization (UNESCO) Institute for Education. (2003). *Nurturing the Treasure: Vision and Strategy 2002-2007* [White paper]. Author. https://unesdoc.unesco.org/ark:/48223/pf0000131145

United Nations Educational, Scientific and Cultural Organization (UNESCO)(2005). *The plurality of literacy and its implications for policies and programmes: UNECSO Education Sector position paper.* Retrieved February 22, 2011 from http://unesdoc.unesco.org/ images/0013/001362/136246e.pdf

Van Zolingen S. J. (2002). The Role of Key Qualifications in the Transition from Vocational Education to Work. *Journal of Vocational Education Research, 23*(2). Retrieved June 6, 2006 from http://scholar.lib.vt.edu/ejournals/JVER/v27n2/vanzolingen.html#mertens1974

Vico, G. (1744). *New Science.* London: Penguin Classics.

Walker, D. F. (1971). A naturalistic model for curriculum development. *The School Review, 80*(1), 51-65.

Walker, D. F. (1990). *Fundamentals of curriculum.* N.Y.: Harcourt Brace Jovanovich.

Walker, K., Kutsyuruba, B., & Cherkowski, S. (2021). *Positive Leadership for Flourishing Schools.* Charlotte, North Carolina: Information Age Publishing.

Wallace, M. J. (1991). *Training foreign language teachers: A reflective approach.* Cambridge Press.

Wagner. T. (2008). *The Global Achievement Gap: Why Even Our Best Schools Don't*

Teach the New Survival Skills Our Children Need-And What We Can do About. New York: Basic Books.

Weinert, F. E. (1999). *Concepts of Competence*. DeSeCo Expert Report. Swiss Federal Statistical Office. Neuchâtel. (downloadable at www.deseco.admin.ch)

Weinert, F. E. (2001). Concepts of competence: A conceptual clarification. In D. S. Rychen, & L. H. Salganik (Eds.). *Defining and selecting key competencies* (pp. 45-65). Göttingen, Germany: Hogrefe & Huber.

Werner, M. C. (1995). *Australian key competence in an international perspective*. ERIC ED407587

White, J. (1973). *Towards a compulsory curriculum*. London: Routledge and Kegan Paul.

Whitty, G. with Sally Power (2002). The overt and hidden curricula of quasi-markets. In G. Whitty (Eds.). *Making sense of education policy* (pp. 94-106). London: Paul Chapman Publishing.

Wiggins, G. (1989). Teaching to the authentic test. *Educational Leadership, 46*(7), 41-47.

Wiggins, G. (1998). *Educative assessment*. Alexandria, VA: Association for & Curriculum Development.

Wiggins, G., & McTighe, J. (2005). *Understanding by design* (2nd ed.). Alexandria, VA: Association for Supervision and Curriculum Development.

Williamson, B. (2013). *The Future of the Curriculum: School Knowledge in the Digital Age*. Cambridge, MA: MIT.

Willis, G., Schubert, H. W., Bullough, R. V., Kridel, C., & Holton, J. (Eds.) (1994). *The American curriculum: A documentary history*. Westport: Praeger.

Young, M. (2006). Education, knowledge and the role of the state. In Moore, A. (Ed.). *Schooling, society and curriculum (19-30)*. London: Routledge.

Young, M., Lambert, D., Robert, C., & Robert, M. (2014). *Knowledge and the future school: Curriculum and social justice*. London: Bloomsbury.

Zais, R. (1976). *Curriculum: Principles and foundations*. New York: Harper & Row.

索引

八劃

十劃

十一劃

十三劃

▶英文部分

國家圖書館出版品預行編目資料

核心素養的課程發展與設計：課程學的想像/
蔡清田著.--初版.--臺北市：五南圖書出版股
份有限公司,2022.01
　　面；　公分.

ISBN 978-626-317-341-5（平裝）

1.核心課程　2.課程規劃設計

521.74　　　　　　　　110018133

114Y

核心素養的課程發展與設計
課程學的想像

作　　　者 ─ 蔡清田（372.1）

發 行 人 ─ 楊榮川

總 經 理 ─ 楊士清

總 編 輯 ─ 楊秀麗

副總編輯 ─ 黃文瓊

責任編輯 ─ 陳俐君、李敏華

封面設計 ─ 姚孝慈

出 版 者 ─ 五南圖書出版股份有限公司

地　　　址：106台北市大安區和平東路二段339號4樓

電　　　話：(02)2705-5066　　傳　　真：(02)2706-6100

網　　　址：https://www.wunan.com.tw

電子郵件：wunan@wunan.com.tw

劃撥帳號：01068953

戶　　　名：五南圖書出版股份有限公司

法律顧問　林勝安律師事務所　林勝安律師

出版日期　2022年1月初版一刷

定　　　價　新臺幣530元

經典永恆・名著常在

五十週年的獻禮——經典名著文庫

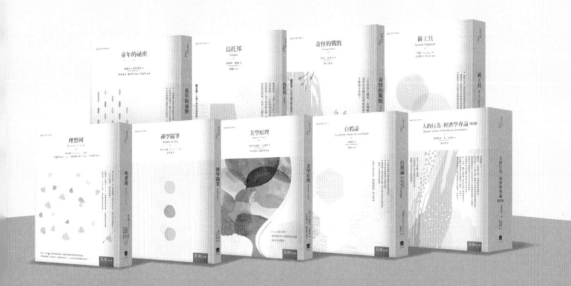

五南，五十年了，半個世紀，人生旅程的一大半，走過來了。

思索著，邁向百年的未來歷程，能為知識界、文化學術界作些什麼？

在速食文化的生態下，有什麼值得讓人雋永品味的？

歷代經典・當今名著，經過時間的洗禮，千錘百鍊，流傳至今，光芒耀人；

不僅使我們能領悟前人的智慧，同時也增深加廣我們思考的深度與視野。

我們決心投入巨資，有計畫的系統梳選，成立「經典名著文庫」，

希望收入古今中外思想性的、充滿睿智與獨見的經典、名著。

這是一項理想性的、永續性的巨大出版工程。

不在意讀者的眾寡，只考慮它的學術價值，力求完整展現先哲思想的軌跡；

為知識界開啟一片智慧之窗，營造一座百花綻放的世界文明公園，

任君遨遊、取菁吸蜜、嘉惠學子！